L'Empreinte du passé

Phyllis A. Whitney

L'Empreinte du passé

traduit de l'américain
par Lucie Ranger

ÉDITION DU CLUB QUÉBEC LOISIRS INC.
© Avec l'autorisation des Éditions Flammarion
© Éditions Flammarion ltée pour la trad. française, 1997
Titre original: Daughter of the stars
© 1994, Phyllis A. Whitney
Dépôt légal — Bibliothèque nationale du Québec, 1997
ISBN 2-89430-299-1
(publié précédemment sous ISBN 2-89077-162-8)

Imprimé au Canada

À Georgia,
ma fille, qui est aussi ma meilleure amie
et toujours ma première lectrice.

Dans les ténèbres de la nuit, le dimanche 16 octobre 1859, une petite troupe d'hommes marchaient en silence d'un pas lourd derrière un chariot tiré par un cheval. Ils suivaient une route sinueuse du Maryland menant à Harper's Ferry, en Virginie.

Chacun portait en bandoulière une carabine cachée sous une longue cape grise qui protégeait sa silhouette fantomatique du froid glacial à l'approche de l'hiver. Une bruine légère plongeait les imposantes Blue Ridge Mountains dans un brouillard sinistre. Rien ne venait briser le silence à l'exception du bruit des pas et des grincements du chariot.

Tiré de John Brown's Raid, *écrit à partir de rapports produits pour le Service des parcs nationaux par William C. Everhart et Arthur L. Sullivan.*

Avant-propos

Avant même d'avoir terminé la rédaction d'un roman, je commence habituellement à penser au cadre et au point de départ de mon prochain livre. Toutefois, au moment où mon roman La Disparition de Victoria *approchait de son dénouement, je n'avais aucune idée de ce que j'écrirais ensuite. Je situe maintenant mes romans dans des lieux relativement proches de ma résidence et je n'ai donc pas à rechercher des sites possibles dans tout le pays. Madeline Delgado, une amie de ma fille, eut alors l'heureuse idée de me suggérer Harpers Ferry, qui est à seulement deux heures de route de chez moi. De prime abord, je n'étais pas emballée. Pour moi, Harpers Ferry n'était qu'un petit point sur la carte rendu célèbre par John Brown, et son histoire avait déjà été rabâchée. Mais l'enthousiasme de Madeline pour la beauté de l'endroit (apparemment partagé par Thomas Jefferson) finit par me convaincre. Nous avons donc décidé de faire le voyage, et ma fille m'a conduite vers le nord, le long de la Shenandoah Valley.*

Les arbres de Judée et les cornouillers étaient en pleine

floraison, alors que celle-ci était déjà terminée à Charlottes-ville. J'espérais vivement vivre une nouvelle « aventure » et je ne fus pas déçue. Avant même d'avoir passé une heure à Harpers Ferry, j'avais compris que j'ignorais encore beau-coup de choses au sujet de John Brown et que les détails de son histoire prenaient un relief particulier à l'endroit même où tout s'était passé. Après avoir exploré les lieux, tout à fait différents de ceux que j'avais utilisés comme toiles de fond de mes autres romans, je revins à la maison les bras chargés de livres, de cartes et de photos. Je ne savais pas encore où tout cela allait me mener, mais il m'arriva alors quelque chose qui ne m'était jamais arrivé auparavant.

C'est dans un rêve que m'apparut la première scène de L'Empreinte du passé. *Les détails en étaient si vivants que je ne pus l'oublier. La signification de cette scène étrange m'échappait, mais je pressentais qu'elle jouerait un rôle essentiel dans mon histoire. Je l'ai reproduite dans mes pre-miers paragraphes sous le titre « Le passé ». Le cœur du roman se passe plus de cent ans après.*

Comme toujours, des étrangers, qui sont depuis devenus des amis, m'ont aidée à mener à bien mon entreprise. Linda Rago était au comptoir de la librairie de la Société historique sur Shenandoah Street le jour où nous y sommes entrées. Elle m'a remis un plein sac de livres, de brochures, de cartes et de photos ; elle nous a invitées à visiter sa merveilleuse maison, qui a résisté aux batailles et qui se dresse toujours au même endroit depuis sa construction, avant la guerre de Sécession. Le ravissant livre de Linda, Dooryard Herbs, *m'a donné l'idée du jardin de fines herbes de Vinnie.*

C'est grâce à Linda que nous avons rencontré Philip Stryker et Pierre Dostert dans leur remarquable maison du début du siècle.

Merci à vous, Phil et Pierre, pour votre hospitalité et votre intérêt, et pour ne pas m'en avoir voulu d'attribuer votre maison à l'un des personnages de mon roman.

Nancy Manuel, directrice de la bibliothèque publique Bolivar-Harpers Ferry, devint une source inépuisable de renseignements lorsque, de retour à la maison, je me rendis compte de tout ce que j'ignorais encore. Elle a même interrogé les gardes du parc pour moi et s'est rendue dans Virginius Island pour trouver des réponses à mes questions. J'aurais bien voulu utiliser cette charmante bibliothèque comme décor pour une scène, mais l'occasion ne s'en est pas présentée. La ville de Bolivar a reçu son nouveau nom (elle s'appelait Mudfort auparavant) environ cinquante ans après la Révolution américaine. Simon Bolivar était alors très populaire aux États-Unis. La presse l'avait surnommé le George Washington de l'Amérique du Sud. Ce fut la première ville des États-Unis à recevoir le nom de Bolivar, et un beau buste de ce héros se trouve devant l'entrée de la bibliothèque.

Tous mes remerciements à Paul R. Lee II pour son guide si vivant et si instructif sur Virginius Island et la légende de la Shenandoah.

Des remerciements tout particuliers également à Megaly N. Green pour son accueil enthousiaste lors de notre visite au Interpretative Design Building du Service des parcs nationaux. Elle nous a présenté Nancy Haack, dont les merveilleuses cartes, dessinées pour le Service des parcs, m'ont suggéré l'occupation qui passionne mon héroïne. Megaly nous a aussi invitées à aller à la Division of Conservation qui relève également du Service des parcs et où des antiquités sont réparées de façon experte pour être ensuite exposées dans les parcs dans tout le pays. C'est là que j'ai découvert un vieux tambour datant de la guerre de Sécession, dont j'ai évidemment attribué la propriété à l'un des personnages de mon histoire.

À Harpers Ferry, tout visiteur est impressionné par l'excellent travail de préservation et de mise en valeur des trésors de Harpers Ferry réalisé par le Service des parcs nationaux. Même si je me suis efforcée de respecter les données de l'histoire et de la géographie, je voudrais m'excuser pour toutes les libertés que j'ai prises, en tant que romancière.

Je me délecte encore du souvenir du parfum exotique qu'exhale la merveilleuse boutique Herb Lady. Je l'ai emprunté pour mon histoire.

Une bonne éditrice n'a pas de prix. J'en ai trouvé une en la personne de Shaye Areheart. Il y a longtemps que j'écoute ses conseils, et toute ma reconnaissance lui est acquise.

L'Empreinte du passé

Le passé

Dans la pâle lumière de l'aube, deux hommes vêtus de l'uniforme bleu des soldats de l'Union étaient debout, dos à dos. Une brume légère flottait autour d'eux, mêlée à la fumée produite par le tir des fusils.

Le plus âgé était grand et mince, presque émacié. Son visage traduisait l'exaltation causée par le geste qu'il venait de poser. Le plus jeune, son fils, avait l'air misérable et le regard hébété d'un homme pourtant bien ordinaire qui vient de commettre un crime. Il lui était évidemment déjà arrivé de tuer quelqu'un au cours d'une bataille, et même dans un combat corps à corps. Mais, cette fois, il s'agissait d'une véritable exécution.

Dans la brume qui s'amenuisait et la fumée des fusils qui se dissipait encore plus rapidement, gisaient les corps des trois hommes qu'ils avaient abattus. Les cadavres portaient eux aussi l'uniforme bleu.

Les survivants baignaient dans les senteurs douces et fraîches du matin en violent contraste avec la scène macabre. Peu après minuit, le tonnerre avait grondé dans le défilé où deux grandes rivières se rejoignaient pour n'en former qu'une, et le jeune homme avait aspiré l'air humide à pleins poumons pour essayer de se calmer. Il aurait tellement voulu retrouver la paix et la sécurité du temps de son enfance, et que cessent toutes ces tueries.

Le soleil était sur le point de paraître. La ville, bâtie plus bas sur la pointe de la péninsule, avait à peine bougé dans son sommeil, trop habituée au bruit des coups de feu pour y porter attention.

Le vieil homme glissa son fusil au creux de son bras et traversa le terrain couvert de chaume où, à peine une semaine plus tôt, des tentes se dressaient encore. On n'y voyait plus maintenant que les trois cadavres.

— C'est fait, c'est réglé, dit le vieil homme.

Il alla s'assurer que les trois hommes étaient bien morts. Son fils le regardait, l'air éploré. Puis ils partirent ensemble pour rejoindre leur régiment.

Mais tout n'était pas réglé. Le vrai dénouement ne viendrait que beaucoup plus tard. L'écho de leur action se répercuterait encore de génération en génération pendant une centaine d'années.

Un des hommes qui étaient tombés reprit conscience et gémit de douleur. Un petit garçon de dix ans, caché derrière le tronc d'un chêne, sortit prudemment. Il se pencha un instant vers le blessé, puis descendit en courant un raidillon qui menait vers la ville, là où les deux rivières se rencontraient. Il savait qu'à Harpers Ferry il trouverait de l'aide.

Aujourd'hui
en Virginie-Occidentale

La femme était assise près du jardin de fines herbes qu'elle affectionnait. Tout à côté, un arbre de Judée, qui s'apprêtait à arborer ses vives couleurs printanières, la protégeait du soleil matinal. Un bloc-notes posé sur ses genoux croisés, elle écrivait lentement, d'une main hésitante.

Elle trouvait difficile d'écrire à une nièce qu'elle avait tant aimée et qu'elle n'avait pas vue depuis trente ans, même si elle n'y était pour rien. Elle avait adoré la fillette aussi, l'enfant de sa nièce, Lacey, qui était maintenant adulte. Elle se disait qu'Amelia avait peut-être eu raison de partir avec l'enfant, après les événements horribles qui avaient bouleversé leurs vies.

Mais tout venait de changer, et elle ne se sentait pas capable d'affronter seule la peur et l'inquiétude qu'elle ressentait. C'est d'une main tremblante qu'elle avait tracé les mots et, quand elle eut terminé, elle relut la lettre à haute voix pour elle-même.

Chère Amelia,

Ce matin, j'ai repensé à la mort si tragique de ta mère. Tu n'avais que vingt-neuf ans, et j'étais ta très jeune tante. Je t'aimais beaucoup et je sais que tu m'aimais aussi. J'ai toujours regretté que tout ait été si différent entre nous après ton mariage.

Pauvre Ida. Ta mère a toujours été timorée. Son caractère a peut-être été à l'origine de tout ce qui est arrivé. Quand tu es partie avec ta petite fille après la mort d'Ida, nous avons tous eu de la difficulté à l'accepter. Comme Lacey n'avait que quatre ans, elle n'a pas dû comprendre grand-chose de ce qui se passait.

Je ne t'écris pas pour te faire des reproches. J'ai compris que tu avais fait pour le mieux. Tu as peut-être ainsi permis à Lacey de grandir sans que sa vie soit affectée par les horreurs du passé.

Mais tu dois rentrer à la maison maintenant, Amelia. *Il* est revenu en ville, et j'ai peur. Pourquoi faut-il qu'*il* revienne après si longtemps ? Que veut-*il* ?

Je me rappelle que toi seule étais assez forte pour lui tenir tête. Reviens près de nous, Amelia. Je me sens vieille et je n'ai plus de courage. Il n'y a personne ici qui puisse m'aider.

Elle signa la lettre « Tante Vinnie ». C'était ainsi qu'Amelia l'appelait, il y a bien longtemps, avant toutes ces morts.

1

Quand je passai prendre le courrier au bureau de poste ce jour-là, je remarquai aussitôt une lettre personnelle parmi les prospectus habituels. Elle était adressée à ma mère. Un peu déconcertée, je repris le chemin de la maison.

J'avais reconnu l'écriture bien nette; depuis toujours, je la voyais une fois par année, à Noël. L'arrivée inopinée, en avril, d'une lettre écrite de la même main me parut le signe d'une urgence à laquelle ma mère ne serait peut-être pas capable de faire face dans son état actuel.

Le cachet de la poste avait toujours été celui de Washington, D.C., et l'enveloppe ne portait jamais d'adresse de retour. Il était donc impossible de retracer l'expéditeur. Cette fois encore, il n'y avait pas d'adresse dans le coin supérieur gauche, mais le cachet de la poste était celui de Harpers Ferry, Virginie-Occidentale. D'une certaine façon, c'était un autre signe d'une situation d'urgence.

En atteignant les marches de la galerie avant de notre maison, j'entendis une voix qui venait d'une fenêtre du premier étage. L'infirmière de maman lui faisait la lecture à haute voix.

Je reconnus des passages de *A Tale of Two Cities*, un de ses romans préférés.

Le cancer du sein dont ma mère était atteinte m'avait inquiétée, même si ses médecins étaient satisfaits de la façon dont elle se rétablissait à la suite de l'opération et même si l'avenir s'annonçait bien. J'aurais seulement souhaité qu'elle fît davantage d'efforts pour se remettre. Elle paraissait indifférente aux soins qu'on lui prodiguait, indifférente à tout.

L'arrivée de cette lettre me plaçait devant un dilemme. Que se passerait-il si son contenu inquiétait ma mère au point de faire une rechute ? Par ailleurs, il n'était pas question que j'en prenne connaissance sans son autorisation. Elle avait droit à ses secrets, même si, en vieillissant, je le tolérais de moins en moins bien. Je n'avais jamais réussi à la convaincre que toutes ces choses qu'elle me cachait me concernaient également.

Après avoir gravi les marches, je m'assis sur la vieille balançoire qui avait toujours été sur la galerie depuis mon enfance. De là, je pouvais voir les montagnes lointaines qui entourent Charlottesville. Comme j'y avais grandi, j'étais attachée à cette charmante vieille ville de la Virginie, où les fleurs foisonnaient, où les arbres ombrageaient des rues sinueuses.

En ce début d'avril, les massifs d'azalées étaient en pleine floraison. Je pouvais entendre les bruits assourdis de la circulation sur les routes qui serpentaient au fond de la vallée, même si notre maison avait toujours semblé à l'abri de l'animation de la ville. D'où je me trouvais, je ne pouvais pas voir Monticello[1], mais l'histoire de la Virginie avait toujours fait

---

1. Résidence de style néoclassique construite par le président Thomas Jefferson (1743-1826), près de Charlottesville. (NDT)

partie intégrante de ma vie, même si je n'étais pas absolument certaine d'y être née.

En contrebas, dans la partie la plus ancienne de la ville, se trouvent les édifices de l'université Thomas Jefferson qui ont toujours donné un cachet particulier à Charlottesville. J'avais également étudié ici et j'en avais gardé un souvenir tout à la fois agréable et étrange. J'avais aimé mes études et je les avais bien réussies, mais toute petite déjà j'avais constaté que ma mère et moi n'étions pas comme les autres familles. Les autres filles avaient un père en plus d'une mère. Ou, du moins, elles savaient des choses au sujet de leur père. La plupart avaient des grands-pères et des grands-mères, une famille plus ou moins étendue. Je n'avais que ma mère, et personne d'autre pour justifier l'absence de toute parenté dans une région de notre pays où les liens familiaux revêtent une grande importance. C'est pourquoi je n'avais jamais réussi à me faire d'amis intimes.

Même mon prénom, Lacey, m'avait marquée. C'était un prénom ancien et curieux qui m'avait incitée à me singulariser.

Tout ce que je savais, c'est que j'avais reçu ce prénom en l'honneur d'une grand-mère que ma mère avait beaucoup aimée. C'était le seul lien, bien ténu, qui me reliait au passé.

Ma mère croyait me protéger, mais elle se trompait. Me protéger de quoi, au juste ? Son refus de me révéler quoi que ce fût m'isolait encore davantage. Les quelques idylles que j'avais vécues avaient vite tourné court. Les hommes n'aimaient pas le genre de mystère dont j'étais entourée. Il dissimulait peut-être quelque scandale, pensaient-ils. J'étais toujours sur mes gardes, je cachais mes émotions de peur de souffrir. Je n'en souffrais pas moins et j'avais fini par comprendre que je serais plus avisée de me consacrer uniquement à mon travail.

Ma mère m'avait toujours encouragée à développer mes propres talents, et j'avais créé ma propre petite entreprise qui me permettait de subvenir en partie à nos besoins. Ma mère recevait un chèque une fois par année à Noël, mais elle le déposait elle-même à la banque. J'ignorais donc qui le signait et quel en était le montant. Nous disposions toujours de l'argent nécessaire lorsque nous avions besoin d'une voiture ou de tout autre article coûteux. Les prospectus que je concevais et que j'illustrais pour plusieurs commerçants de la ville nous permettaient par ailleurs de vivre à l'aise. Je n'avais pas à chercher un emploi. J'avais bonne réputation et les clients venaient à moi. À ce moment-là, je me consacrais surtout à la création de livres pour les enfants.

Ces petits livres, je les avais baptisés « Coins de pays » et j'en avais déjà publié deux qui avaient été bien reçus. Mon éditeur appréciait ma façon de présenter certains endroits spécifiques avec des dessins, des photographies et un texte qui se rapportait à l'histoire locale. Pour ces livres, je produisais des cartes illustrées qui faisaient voyager mes jeunes lecteurs en imagination dans les lieux que je décrivais. J'étais très satisfaite de mes activités professionnelles, mais elles ne comblaient pas mon désir de connaître mes origines. Cette lettre insolite me permettrait peut-être enfin de découvrir des choses que j'aurais dû savoir sur ma mère et moi.

Chaque année, quand la lettre arrivait à Noël, ma mère l'emportait dans sa chambre et fermait la porte. Lorsqu'elle en ressortait un peu plus tard, je sentais l'odeur du papier brûlé et je savais que la lettre avait été aussitôt détruite. Je voyais bien que ma mère avait pleuré, mais comme elle serrait les dents, je comprenais que je ne devais pas lui poser de questions. Je ne savais pas s'il lui était déjà arrivé de répondre à l'expéditeur. Sa douleur semblait alors si grande et si évidente que je n'avais jamais pu me résoudre à l'interroger.

Étant donné que ma mère portait le nom d'Amelia Elliot et refusait de me parler de mon père, je n'aurais sans doute jamais connu le prénom de ce dernier si ces enveloppes annuelles n'avaient pas été adressées à « Mme Bradley Elliot ». Je n'en savais pas plus. Je me disais parfois que mon père avait sans doute commis un crime si horrible que ma mère avait dû s'enfuir avec moi, au péril de sa vie peut-être. Quelqu'un savait pourtant où nous habitions : l'auteur des lettres.

Même si j'avais un peu plus de trente ans et m'estimais plutôt raisonnable, ma mère n'en tenait aucun compte et continuait de me considérer comme une petite fille. Le lien qui nous unissait était fort, mais il était de plus en plus contraignant pour moi. Peu importe ce qu'il y avait dans cette lettre, c'était une occasion de me libérer. Me libérer du secret qui entourait mes origines.

Je montai à la chambre de ma mère et m'arrêtai dans l'embrasure de la porte. L'air indifférent, elle était assise dans un fauteuil roulant dont elle n'avait pas besoin. Apparemment, elle ne tenait pas à guérir. Elle était peut-être elle-même l'instigatrice de sa propre maladie. Quand j'étais petite, c'était moi qui comptais sur sa tranquille force intérieure, mais j'étais devenue la plus forte. Cette fois, elle ne pourrait pas s'emparer de cette lettre et s'enfuir avec.

Je l'observai un instant à son insu. Même avec son teint blafard, c'était toujours une très belle femme. J'avais souvent souhaité lui ressembler davantage. Mes cheveux étaient châtain foncé, ni bruns, ni tout à fait roux, alors que les siens étaient d'un ravissant brun clair et commençaient à peine à grisonner. Je lui avais demandé une fois si mon père avait les cheveux roux, mais la question l'avait tellement bouleversée qu'elle en avait laissé tomber une tasse de thé brûlant. Je n'avais plus jamais osé l'interroger à ce sujet.

Depuis des années, je me regardais souvent dans le miroir, cherchant désespérément des indices pour découvrir à qui je ressemblais. Je n'aimais pas mes traits. Ils formaient un ensemble qu'un artiste de ma connaissance avait qualifié d'« intéressant ». J'avais les os plus gros que ceux de ma mère et j'étais plus grande qu'elle. Elle avait l'air si fragile que je redoutais les conséquences du geste que je devais poser. Je cachai l'enveloppe dans mon dos en me penchant pour l'embrasser sur la joue. À cet instant, mon sentiment d'amour pour elle fut si fort que j'en perdis le souffle. Je n'avais qu'elle au monde. Nous avions toujours été seules toutes les deux.

Elle sentit tout de suite mon hésitation.

— Qu'y a-t-il, Lacey ? Qu'est-il arrivé ?

Je lançai un coup d'œil à son infirmière, Mme Brewster. Elle comprit et posa son livre.

— Appelez-moi quand vous aurez besoin de moi, dit-elle en fronçant légèrement les sourcils avant de quitter la pièce.

Elle voulait m'avertir que la journée n'avait pas été bonne. Je me sentis d'autant plus inquiète devant ce qui s'annonçait.

J'approchai une chaise de celle de ma mère et je me lançai.

— Une lettre est arrivée pour toi ce matin.

Elle regarda l'enveloppe, d'un bleu familier, que je tenais et se recroquevilla.

— Emporte-la ! Je me sens absolument incapable de répondre aux demandes qu'elle pourrait contenir.

Son teint blafard devint encore plus terreux. Sa main se mit à trembler lorsqu'elle tenta de repousser la lettre.

J'essayai de lui communiquer un peu de ma force.

— Veux-tu que je l'ouvre moi-même ?

Je devinais des émotions contradictoires sur son visage. L'habitude du secret était enracinée en elle depuis si longtemps qu'elle avait de la difficulté à s'en défaire.

— Laisse-moi t'aider, lui dis-je. Le cachet de la poste n'est pas le même cette fois-ci. C'est celui de Harpers Ferry. Quelque chose de particulier a dû arriver pour briser le scénario habituel, pour qu'on écrive, même si ce n'est pas Noël. Je veux t'aider à y voir clair. Peu importe ce qui se passe, il faut que tu le saches.

J'imagine qu'il y a toujours un moment dans la relation mère-fille où le modèle bien établi du parent qui soutient l'enfant est renversé. Ma mère parut même un peu soulagée et elle laissa tomber ses mains sur ses genoux en signe de capitulation.

— Ouvre-la, Lacey, et lis-moi cette lettre.

Je déchirai le rabat avec mon index et sortis les feuillets manuscrits. Je me demandai un instant si je ne devrais pas lire d'abord la lettre et peut-être en élaguer le contenu. Mais je n'en avais pas le temps et je lus la lettre mot à mot, à haute voix, malgré la crainte que j'éprouvais. J'apprenais tout à coup que j'avais une parente, une femme qui signait « Tante Vinnie ». Elle suppliait ma mère de rentrer « à la maison », à Harpers Ferry, et elle disait qu'elle m'avait beaucoup aimée quand j'étais petite.

Ma mère avait caché son visage dans ses mains dès que j'avais commencé ma lecture, et je l'entendis qui gémissait de douleur.

— Je ne peux pas y aller ! Je suis trop malade. Vinnie ne peut pas me demander cela. Après ce qui s'est passé, il n'est pas question que je retourne là-bas.

— Elle ne peut évidemment pas comprendre, dis-je. Elle n'a aucune idée de ce que tu viens de traverser. Puisqu'elle est ta tante, où se situe-t-elle dans l'arbre généalogique de la famille ? Qui est Vinnie ?

Elle me répondit si faiblement que j'eus de la peine à l'entendre.

— Lavinia Griffin est ma tante, et ta grand-tante. C'est la sœur de ton grand-père.

— Est-ce que l'homme qu'elle dit avoir vu est mon père ?

Elle écarquilla les yeux comme s'il était inimaginable que je pose une telle question.

— Non, bien sûr que non ! Ton père est mort.

— Tu ne me l'as jamais dit, lui fis-je remarquer, la voix pleine de ressentiment.

Nous nous sommes regardées longtemps les yeux dans les yeux.

— Comment est-il mort ?

Elle sembla retrouver un peu d'assurance, comme si la lettre avait fait tomber ses défenses en lui permettant de puiser dans des réserves intérieures qui lui avaient jadis donné de la force.

— Il a été assassiné, me dit-elle. Mais personne n'a jamais été châtié, son meurtrier n'a jamais été arrêté.

Stupéfaite, je restai sans voix. En grandissant, j'avais souvent inventé des fantasmes au sujet de mon père : j'imaginais que nous nous retrouvions et que le vide de mon existence était comblé par la relation d'amour et d'amitié qui se développait entre nous. Le passé aurait alors perdu toute son importance. Les paroles de ma mère venaient de réduire ce rêve à néant et l'avaient remplacé par deux mots effrayants, « assassinat » et « meurtrier ». Flouée de mon rêve, j'entrai dans une rage irraisonnée.

— Comment as-tu pu faire ça ? Comment as-tu pu me laisser croire qu'il était vivant pendant tout ce temps ?

Son visage sembla se décomposer ; on aurait dit qu'elle vieillissait à vue d'œil.

— Je suis vraiment désolée, Lacey. Ma seule intention a toujours été de te protéger. J'ai toujours voulu te tenir à l'écart de tous ces événements horribles pour qu'ils n'affectent pas ta vie. Ton père n'était vraiment pas quelqu'un de bien.

Je sentais tout son amour pour moi dans sa voix, mais je ne pouvais penser qu'à moi pour l'instant.

— Le fait de ne rien savoir m'a affectée à un degré dont tu n'as même pas conscience. La lettre dit que ma grand-mère a connu une mort tragique. Je ne sais même pas comment elle est morte, elle non plus. Il serait vraiment temps que tu me racontes l'histoire de ma famille.

Ses forces parurent l'abandonner de nouveau, la laissant faible, malade et désespérée. Je me mis aussitôt à me faire des reproches. Elle avait dû souffrir beaucoup. Peut-être n'était-il pas nécessaire qu'elle souffrît en silence, mais je ne pouvais pas le lui reprocher maintenant. Elle avait fait ce qui lui semblait le mieux à l'époque.

J'entourai de mon bras ses épaules d'une maigreur pitoyable.

— Ça n'a pas d'importance. Je suis désolée. Nous en parlerons une autre fois, quand tu te sentiras plus forte. Veux-tu que j'écrive à cette femme pour lui dire combien tu as été malade, et que tu ne peux absolument pas lui venir en aide ?

Elle ferma les yeux, les mains toujours abandonnées sur ses genoux. Elle sembla ensuite se ressaisir, comme si elle venait de prendre une résolution.

— Je te l'ai déjà dit, son nom est Lavinia Griffin. Si tu veux vraiment apprendre des choses sur la famille dont je t'ai tenue à l'écart, ne réponds pas à sa lettre et va plutôt voir sur place. Elle te dira tout ce que je ne t'ai pas dit. Je devrais le faire moi-même, mais je ne m'en sens pas la force actuellement. Viens-lui en aide si tu peux. Sois prudente cependant. Harpers Ferry est un lieu maudit pour notre famille, et pas seulement à cause de son histoire. Si de vieux fantômes sont revenus, je ne veux pas que tu sois blessée. C'est pourquoi j'ai voulu t'éloigner de tout cela.

Ses paroles m'inquiétèrent, mais je ressentais en même temps une grande exaltation. Mon besoin de savoir l'emportait sur n'importe quelle menace imprécise. Toute ma vie je m'étais sentie seule. Il semblait maintenant que j'avais des parents, pas très loin de chez moi. Une grand-tante qui m'avait aimée et qui parlait avec nostalgie de son affection pour moi.

— J'aimerais y aller, dis-je à ma mère. Je veux y aller. Mais il faudrait que tu me dises ce dont tante Vinnie a peur.

Sa faiblesse reprit le dessus.

— Je ne sais pas vraiment. Je ne peux pas t'expliquer.

— Est-ce de l'homme dont elle parle dans sa lettre ?

— Pourquoi donc serait-*il* retourné à Harpers Ferry ? Comment est-il possible qu'*il* ait osé revenir ?

Sa violence subite me surprit. Même si je ne comprenais pas ce dont elle parlait, je n'osai pas lui demander de me donner des explications. Je lui redis de ne pas s'inquiéter, appelai Mme Brewster, puis descendis au rez-de-chaussée.

Dans notre ville, les maisons anciennes comportent souvent un deuxième salon, une sorte d'équivalent de la salle de séjour actuelle. J'avais transformé le nôtre en salle de travail à mon usage. Comme je m'intéressais beaucoup aux cartes géographiques, j'en avais de pleines étagères, de toutes les régions du pays. J'avais plusieurs cartes de Harpers Ferry, des anciennes et des modernes, à cause du raid de John Brown et de l'importance de son rôle dans l'histoire du Sud du pays.

La configuration et l'emplacement de la ville sont exceptionnels, mais ont certainement limité son expansion. Au nord-est de la Virginie-Occidentale, près de ses frontières avec le Maryland et la Virginie, une langue de terre, assez large au début, mais de plus en plus étroite, sépare deux rivières, le Potomac et la Shenandoah. Harpers Ferry (qui s'écrivait avec une apostrophe jusque vers 1940[1]) occupe l'espace triangulaire où ces rivières se joignent pour s'engouffrer ensuite ensemble dans un défilé de la chaîne du Blue Ridge et former le Potomac. Le texte d'accompagnement de la carte m'apprit que cet endroit s'était d'abord appelé The Hole et que c'était là que M. Harper avait exploité son bac.

La ville elle-même semblait toute petite, sa partie la plus basse étant devenue un parc historique national. Ses habitants s'étaient installés à l'extérieur de cette zone, sur les terres plus hautes, à l'abri des inondations. C'était là sans doute que je trouverais Lavinia Griffin.

Je décidai de partir le plus tôt possible. Je n'avais aucun projet de prospectus en attente, seule mon inquiétude quant à l'état de santé de ma mère aurait pu me retenir. Il était évident qu'elle était partagée entre son désir de m'y voir aller et une crainte mystérieuse au sujet de ma sécurité.

Quand je lui fis part de mes projets, elle manifesta son inquiétude en me formulant toutes sortes de recommandations.

— Il vaudrait peut-être mieux que tu ne dises pas tout de suite à Vinnie que tu es venue. Prends une chambre dans une pension de famille et dis que tu es là pour écrire un autre de tes livres pour les enfants, tu pourras alors poser toutes les questions que tu voudras.

— Pourquoi ne devrais-je pas dire tout de suite à Vinnie qui je suis ?

---

1. Harper's Ferry veut dire textuellement : le bac de Harper. (NDT)

— Harpers Ferry est une petite ville où l'on fait beaucoup de commérages. Promène-toi, pose des questions et prête l'oreille. Tu vas sûrement entendre parler de cet étranger qui serait en ville. Ne donne pas ton vrai nom au début. Il est trop connu. Essaie de voir ce que tu peux apprendre. Et, si jamais quelque chose t'inquiète, reviens aussitôt à la maison.

Je n'avais pas du tout l'intention de rentrer avant de connaître tout ce que je pourrais apprendre sur mon propre passé. Mais je n'en dis rien à ma mère. Quand j'en saurais assez, je reviendrais à la maison et peut-être pourrais-je enfin apaiser toutes ses craintes.

Le lendemain matin, je pris la route vers le nord, le long de la vallée de la Shenandoah. Après avoir traversé la haute chaîne du Blue Ridge et gravi le mont Afton, la route s'éloignait à l'ouest de la rivière. Je ne revis la vaste surface boueuse qu'en arrivant à destination.

Tout au long du voyage, mon exaltation allait croissant parce que je posais enfin un geste concret pour changer ma vie. Je ne laisserais pas les craintes confuses de ma mère m'empêcher d'agir. L'air printanier était rempli d'espoir. Je me sentais intrépide et pleine d'impatience. J'éprouvais un sentiment de plaisir intense, tout nouveau pour moi, à me débarrasser des liens qui me contraignaient et à m'abandonner.

Débordante d'optimisme, je n'avais pas la moindre idée de ce qui m'attendait à Harpers Ferry.

Pourtant, même si je l'avais su, j'y serais allée malgré tout.

2

Même si le trajet n'avait duré que deux heures et demie – ma mère ne s'étant, en somme, pas enfuie trop loin de sa famille – j'avais quand même l'impression d'être à des milliers de kilomètres de mon point de départ, dans une autre vie et en terrain parfaitement inconnu.

En arrivant à Harpers Ferry, la route que je suivais me mena jusqu'à Washington Street, dans la partie élevée de la péninsule. En descendant la rue qui s'appelait assez curieusement High Street, je commençai à percevoir le cachet historique de la ville avec ses rues étroites, bordées de maisons à murs mitoyens et pignons datant du siècle dernier. Certaines avaient conservé leur revêtement de brique ou de pierre, d'autres avaient été restaurées. La plupart donnaient directement sur le trottoir, sans porche. Des enseignes de bon goût identifiaient les commerces. Le contemporain s'harmonisait parfaitement avec l'ancien et l'authentique. J'avais tout à fait l'impression de me retrouver dans le passé.

La veille au soir, j'avais étudié de nouveau des cartes anciennes et récentes de la région et j'avais identifié le lieu d'où je pourrais avoir une vue d'ensemble de cet endroit exceptionnel. Après avoir trouvé une place où garer ma voiture, je descendis à pied la Shenandoah Street qui longeait la pointe de la péninsule. Je passai devant l'Arsenal Square, où l'arsenal fédéral historique dont John Brown s'était emparé ne se trouvait plus depuis longtemps. Un vaste parc verdoyant occupait maintenant ce qui avait été, au siècle dernier, un quartier bâti et animé.

Une voie ferrée longeait la rivière. Je remarquai la couleur vert tendre du printemps naissant des arbres qui la bordaient. J'avais vu plus tôt un arbre de Judée couvert de bourgeons d'un pourpre vif. La saison était moins avancée qu'à Charlottesville, située plus au sud, et j'avais l'impression de profiter une deuxième fois du printemps. Je marchai jusqu'à l'endroit baptisé The Point et je posai mes mains sur le garde-fou en fer. Les deux larges rivières coulaient de chaque côté ; celle de gauche avait un cours paisible, celle de droite un cours plus rapide et tourbillonnant. À l'endroit où elles se rencontraient pour se diriger vers le défilé, le soleil faisait miroiter la surface apparemment calme de l'eau. Je respirai profondément, toute ragaillardie. Il était difficile de croire que cet endroit paisible avait déjà été gorgé de sang ou que ces rivières tranquilles s'étaient si souvent déchaînées, détruisant sur leurs rives toutes les installations humaines, comme le rapportaient les documents que j'avais consultés.

La veille, j'avais recueilli quelques informations sur Harpers Ferry et je m'étais fait une idée de sa géographie et de son histoire. À ma gauche, une passerelle longeait le viaduc de la voie ferrée qui menait au Maryland. Maryland Heights était situé au sommet de falaises abruptes et rocheuses. J'avais lu, dans un récit imagé, que les troupes des États confédérés avaient occupé cette hauteur qui dominait une garnison fédérale stationnée à Harpers Ferry en contrebas. Encerclée de toutes parts et située dans un espace à découvert, la garnison s'était rendue. Le nombre de prisonniers que firent les troupes conduites par Stonewall Jackson[1] à cette occasion fut le plus considérable de toute la guerre.

À ma droite, de l'autre côté de la rivière, sur une falaise un peu moins élevée, se trouvait London Heights, en Virginie. Je me trouvais donc, bien sûr, en Virginie-Occidentale.

Une voix me fit sursauter :

— J'aime la façon dont Thomas Jefferson l'a exprimé, dit l'homme en me rejoignant près du garde-fou. « À droite monte la Shenandoah... »

C'était précisément ce qu'elle faisait, coulant à flots comme une blanche dentelle scintillante sur les rochers qui émergeaient.

Le regard de l'homme était amical et, comme je n'ai jamais craint de parler à des étrangers, je lui souris. Un peu plus grand que moi, il était plutôt mince, avec des cheveux bruns courts et frisés, aux reflets dorés sous le soleil. Ses yeux évoquaient les rivières, d'un bleu-gris intense avec des étincelles au fond.

Son attitude était simple et naturelle, et je lui répondis spontanément.

— J'ai toujours préféré le nom « Shenandoah ». Ses syllabes ont un son vibrant. Comment se fait-il que lorsque les deux rivières se joignent pour n'en former qu'une, elles deviennent toutes deux le Potomac ?

Il regarda devant nous, vers le défilé, où un pont unissait maintenant les deux rives.

— La légende veut que Potomac ait été un puissant

---

1. Général sudiste (1824-1863). (NDT)

guerrier et Shenandoah une jeune fille fringante qui pouvait être dangereusement violente à l'occasion. Quand ils se rencontrèrent, ils se marièrent et elle prit le nom de son mari comme c'était alors l'usage.

J'aimais sa simplicité et j'étais heureuse d'avoir l'occasion de parler avec quelqu'un qui connaissait Harpers Ferry.

— Quelle est la signification du mot « Shenandoah » ?

— Il y a plusieurs hypothèses quant à l'origine de ce nom, mais c'est la légende que je préfère : il s'agirait d'un mot indien qu'on pourrait traduire par « Fille des étoiles ».

Je répétai les mots tout haut pour apprécier leur sonorité.

— « Fille des étoiles », c'est magnifique. Êtes-vous historien ?

— Dans un sens. Je m'appelle Ryan Pearce et j'enseigne l'histoire au Shepherd College. Je suis actuellement en année sabbatique et j'écris un livre sur le comté de Jefferson, ce comté-ci. Il représente un bouillon de culture pour l'histoire, vous savez.

— Y compris le raid de John Brown[1], j'imagine ?

— Oui, il a joué un rôle important. Harpers Ferry est célèbre à cause de lui. Le flambeau que ce bon vieux John Brown a allumé a probablement contribué à mettre le feu aux poudres de la guerre de Sécession, deux ans avant Fort Sumter[2]. Comment vous appelez-vous ? ajouta-t-il en me tendant la main.

---

1. Abolitionniste qui, à la tête d'une petite troupe (treize Blancs et cinq Noirs) s'empara d'un arsenal fédéral à Harper's Ferry le 16 octobre 1859, à la veille de la guerre de Sécession. Il fut pendu après l'échec de sa tentative. (NDT)
2. Forteresse fédérale gardant l'entrée du port de Charleston prise par les troupes confédérées le 12 avril 1861, signal officiel du début des hostilités entre le Nord et le Sud. (NDT)

J'hésitai parce que je savais que, si je lui donnais mon vrai nom, il saurait qui j'étais et je ne pourrais plus suivre les conseils de ma mère.

— Je m'appelle Lacey Dennis, dis-je en utilisant un nom de famille que j'avais choisi au hasard dans l'annuaire téléphonique avant de quitter Charlottesville. Je suis venue ici ramasser du matériel pour un livre destiné aux enfants.

Il me donna une poignée de main ferme, mais brève et nette.

— Lacey est un prénom rare de nos jours. Savez-vous qu'une grande dame dans cette ville porte ce prénom, Lacey Enright ?

Je regardai les flots qui se mêlaient sous mes yeux et je serrai mes doigts sur le fer glacé de la rampe. Lacey Enright devait être l'arrière-grand-mère en l'honneur de laquelle on m'avait donné ce prénom. J'étais bouleversée d'apprendre qu'elle était toujours en vie. Je me demandai si ma mère le savait. J'avais été privée de parents toute ma vie. Le fait d'apprendre l'existence d'une arrière-grand-mère qui vivait encore dans cette ville éveillait en moi des émotions que je n'avais jamais éprouvées.

Je fis mine d'être indifférente à ses paroles.

— Vous pourriez peut-être m'indiquer un endroit où je pourrais loger quelques jours. Quelque chose de simple et de modeste.

Il réfléchit un instant.

— Eh bien ! Il y a plusieurs chambres d'hôtes dans les parages. J'habite moi-même dans une maison très agréable, ici même à Harpers Ferry. Si vous voulez, je peux vous montrer où c'est et vous présenter la propriétaire. Mais je prévoyais d'abord aller déjeuner à *The Anvil*. Si ça vous plaît de vous joindre à moi, nous nous rendrons ensuite chez Mlle Lavinia Griffin pour voir si elle a une chambre libre pour vous.

Trop d'émotions devaient se lire sur mon visage à la mention du nom de Lavinia, car il parut saisi.

— Je suis désolé. Je sais que nous nous connaissons depuis peu et je ne veux pas m'imposer. Je pensais seulement que vous aviez peut-être faim et que je pourrais aussi vous faciliter la tâche de trouver un endroit où loger.

Je ne voulais surtout pas qu'il ait l'impression de devoir s'excuser.

— Ce n'est pas ça. Je serai heureuse de déjeuner avec vous. Je ne connais personne ici et j'apprécie votre gentillesse.

Il parut plus ou moins convaincu.

— D'accord. Nous pourrions prendre ma voiture et je vous ramènerai ensuite à l'endroit où vous avez garé la vôtre.

— Bien, dis-je en souriant, même si j'étais encore un peu troublée.

Non seulement cet homme connaissait-il mon arrière-grand-mère, mais il habitait chez la tante de ma mère, Vinnie. Je ne pouvais pas laisser passer cette occasion de rencontrer ma grand-tante. J'essayai de me détendre pendant que nous nous dirigions vers High Street. J'avais bien l'intention d'apprécier pleinement mon déjeuner et d'apprendre tout ce que je pourrais sur Harpers Ferry.

Il semblait tout à coup que nous n'avions plus rien à nous dire. Ryan Pearce s'arrêta devant une petite bâtisse en brique rouge.

— Voici un vestige de l'histoire de Harpers Ferry, dit-il. Cet endroit s'appelle John Brown's Fort, parce que c'est là qu'il s'est réfugié avec sa troupe avant d'être pris.

La vieille caserne de pompiers semblait bien paisible en cette journée ensoleillée. Elle était surmontée d'un campanile blanc, sans cloche, et trois portes cintrées donnaient accès à l'unique pièce à l'intérieur.

— Il y a déjà eu une cloche dans ce campanile, mais elle se trouve maintenant sur une caserne à Malboro, dans le Massachusetts. La bâtisse elle-même a été déménagée à quelques reprises, aussi loin qu'à l'Exposition universelle de Chicago. On l'a finalement réinstallée ici, tout près de l'endroit où elle se trouvait à l'origine. Un fait historique intéressant : l'officier de l'armée américaine qui a capturé John Brown n'était nul autre que le colonel Robert E. Lee[1]. Deux ans plus tard, il troqua son uniforme bleu contre un gris[2].

L'historien avait pris le dessus.

— Continuez, dis-je, bien contente d'être avec quelqu'un qui manifestait un tel intérêt pour tout ce qui s'était passé ici.

— Fermez les yeux. Imaginez que c'est la nuit. Il y a déjà eu effusion de sang, et Brown a capturé des otages qu'il garde à l'intérieur de la caserne. Les gens de la ville sont furieux et ont pris les armes. Partout, on voit des torches qui brûlent et on entend des coups de feu. Ça se poursuit toute la nuit, puis les soldats arrivent pour capturer Brown et ses hommes.

Les yeux fermés, je frissonnais au son de sa voix pendant qu'il me racontait cette histoire. Je ne sais pourquoi, il provoquait en moi des émotions inattendues, l'impression qu'un passé lointain avait pour toujours laissé des traces à Harpers Ferry.

Quand je le regardai de nouveau, je constatai qu'il avait une expression rêveuse et distraite, comme s'il avait perdu la

---

1. Commandant en chef des troupes confédérées au cours de la guerre de Sécession. (NDT)
2. Pendant la guerre de Sécession, les troupes confédérées portaient un uniforme gris et celles de l'Union un uniforme bleu. (NDT)

notion du présent en faisant revivre le passé. Il sentit mon regard attentif et me sourit.

— Je me suis encore laissé emporter, dit-il. Il me semble parfois que ce qui est arrivé il y a une centaine d'années a plus d'importance pour moi que ce qui se passe maintenant.

Nous avions repris notre route. Une question bien pratique me vint à l'esprit.

— Y a-t-il une bonne librairie en ville ? J'ai besoin de beaucoup de documentation sur Harpers Ferry pour mon propre livre.

Il m'indiqua une direction.

— Il y en a une très bonne de ce côté sur Shenandoah Street, tenue par la Société historique. Vous trouverez sur ses rayons une des meilleures collections au pays d'ouvrages sur la guerre de Sécession.

Je notai l'emplacement de la librairie pour la retrouver. Nous marchions en silence et la pensée de Lavinia Griffin me revint à l'esprit. Je songeais à l'avertissement que ma mère m'avait donné de ne pas chercher à la voir avant d'avoir appris un certain nombre de choses, mais je n'avais pas encore choisi la marche à suivre.

Nous remontâmes High Street jusqu'à l'endroit où l'humble Chevy bleue de Ryan Pearce était garée et roulâmes sur Washington Street jusqu'au restaurant.

Il me dit que *The Anvil* était aussi le titre d'une pièce de théâtre portant sur John Brown. Même si l'édifice où se trouvait le restaurant n'avait été construit qu'en 1985, son intérieur, fort agréable, évoquait plutôt un pub du dix-neuvième siècle.

Nous entrâmes dans une salle au plafond bas et aux murs couverts de bois foncé où on nous fit asseoir sur des banquettes au dossier élevé. Ryan Pearce me dit que, le soir, on ouvrait une salle plus grande pour le dîner, mais que, le midi, le menu était plus simple. Nous commandâmes tous deux une salade et une soupe maison aux tomates et aux légumes.

— Parlez-moi de ce que vous écrivez pour les enfants, me dit Ryan Pearce après le départ de la serveuse.

Je lui expliquai que je choisissais des localités qui me plaisaient et que j'écrivais de petites histoires à leur sujet. Je dessinais des cartes qui représentaient des emplacements-clés et j'y ajoutais des petites maisons et des petites bâtisses qui semblaient sortir de la page en trois dimensions quand on les regardait.

— Je prends évidemment beaucoup de photographies que j'utilise pour me rafraîchir la mémoire quand je travaille à mon bureau, de retour à la maison.

— Et où est-elle, cette maison?

Je lui répondis qu'elle était à Charlottesville, et il me dit qu'il connaissait bien la ville et la trouvait agréable. J'appréciai de nouveau sa gentillesse et éprouvai un intérêt réel à son égard. Si je n'avais pas été alors si préoccupée par Lavinia Griffin et par la meilleure façon de réagir lors de notre première rencontre, j'aurais été heureuse de profiter de sa compagnie et d'oublier tout le reste.

— Quand vous irez à la librairie, ajouta-t-il, regardez les livres sur les légendes de Harpers Ferry. Vous y trouverez des histoires intéressantes qui pourront vous être utiles. Il y a aussi évidemment toutes sortes d'histoires de fantômes. Une femme d'ici en a rassemblé un bon nombre et organise même des visites guidées passionnantes pour ceux qui s'intéressent aux maisons hantées.

— Ce doit être captivant. Y êtes-vous déjà allé?

— Non, mais j'en ai l'intention. Nous pourrions peut-être faire la visite ensemble.

— Ça me plairait bien, dis-je en détournant rapidement les yeux.

On nous servit notre repas et, tout en mangeant, je me demandai à nouveau ce que je devrais faire au sujet de la chambre d'hôte. Je pourrais m'acquitter beaucoup plus facilement de ma mission si je me rendais tout simplement à la maison de ma grand-tante avec Ryan Pearce et y prenais une chambre. Dans ce cas, il me serait toutefois impossible de dissimuler mon identité plus longtemps. Dès que je lui montrerais mon permis de conduire, Vinnie saurait qui je suis. Mais était-ce aussi grave que ma mère semblait le croire ? Je n'étais plus certaine qu'une mascarade fût nécessaire.

— À propos de fantômes... dit Ryan en interrompant mes pensées. Je crois qu'il y en a un qui vient d'entrer. La rumeur court en ville, plus ou moins sérieusement bien sûr, que John Brown serait de retour. Ou du moins quelqu'un qui lui ressemble.

Un peu abasourdie, je jetai un coup d'œil vers la table du coin où était assis un grand homme maigre. Ses cheveux poivre et sel bien fournis encadraient un front osseux, une moustache dissimulait sa bouche et une abondante barbe grise taillée en pointe complétait le portrait. Il ressemblait bien un peu aux photographies de John Brown que j'avais vues. Je fus décontenancée quand il me regarda droit dans les yeux, d'un air glacial. Ses yeux gris semblaient me dire que je le regretterais amèrement, si je me mêlais de ses affaires. Je me retournai aussitôt.

— Qui est-ce ? demandai-je à Ryan Pearce.

— Personne ne le sait. Il apparaît et disparaît inopinément. Il n'ouvre la bouche que lorsqu'il est contraint de le faire, et personne ne semble savoir où il habite.

Pouvait-il s'agir de l'homme auquel Vinnie avait fait

allusion dans sa lettre ? Ma mère avait paru alarmée par cette allusion, ce qui ne faisait qu'augmenter mon intérêt, mais je n'osai pas regarder de nouveau vers la table du coin.

À la fin de notre léger repas, une question de Ryan Pearce me fit comprendre qu'il savait que je réfléchissais toujours à son offre.

— Avez-vous pris une décision, Lacey ?

Il utilisait mon prénom tout naturellement, et ça me plaisait.

— Oui. J'aimerais bien loger à l'endroit que vous m'avez suggéré, s'il y a une chambre pour moi.

Il parut content.

— Je vais vous ramener à votre voiture, et vous pourrez ensuite me suivre jusqu'au sommet de la colline.

Je n'avais pas le temps de lui expliquer l'imbroglio concernant mon identité et ma présence à Harpers Ferry. Je devais m'en remettre à mon intuition et voir ce qui arriverait en temps et lieu.

Une fois dans ma voiture, je suivis Ryan le long de High Street. Il emprunta une courbe en lacet menant à une rue parallèle plus élevée, et se gara devant une maison en brique à la façade carrée, datant du siècle dernier. En sortant de ma voiture, après l'avoir garée à côté de la sienne, je me sentais de plus en plus mal à l'aise. Je savais bien que ce n'était pas moi que Lavinia Griffin attendait et que ma mère dirait que je faisais tout de travers.

La maison de deux étages était située sur un talus gazonné. Je gravis avec Ryan les deux volées de marches de brique qui menaient au petit porche à colonnes. Ce quartier de la haute ville était paisible et résidentiel, sans toute l'agitation piétonnière que j'avais observée plus bas, près du parc. À côté de la maison, un autre arbre de Judée était en fleurs.

Ryan ouvrit la porte d'entrée qui n'était pas verrouillée et me conduisit le long d'un corridor étroit qui traversait la maison sur toute sa largeur. J'avançais avec hésitation, ne sachant pas encore ce que je dirais ou ferais. Ça ne me ressemblait pas. J'avais l'habitude de prendre des décisions rapides et de passer aussitôt à l'action. J'eus tout à coup l'impression de redevenir une enfant, avec toutes ses inquiétudes. J'étais sans doute déjà venue dans cette maison quand j'étais petite. Ma mère avait sans doute déjà vécu ici. J'avais un sentiment étrange.

Un parfum léger, incroyablement familier, sucré et épicé à la fois, embaumait l'air. J'avais l'impression de retrouver des souvenirs, même si je ne reconnaissais consciemment rien de ce que je voyais. C'était comme si ce parfum avait été associé pour moi, bien longtemps auparavant, à un climat de sécurité et de bonheur.

Il y avait un comptoir en demi-cercle sous l'escalier raide qui montait de biais vers l'étage. Comme personne ne venait, Ryan agita une sonnette de cuivre qui tinta clairement dans le silence paisible.

J'eus aussitôt l'impression de reconnaître la femme qui apparut. Même si elle avait trente ans de plus que lorsque ma mère était partie avec moi et même si elle était maintenant dans la soixantaine avancée, j'ai tout de suite senti que je l'avais aimée quand j'étais petite. Un court instant, j'eus une envie folle de me jeter dans ses bras, mais je me contentai de continuer à la regarder.

Les épingles glissaient de ses cheveux gris et abondants qui retombaient en une sorte de rouleau sur son front. Elle n'avait pratiquement pas de rides, ce qui lui donnait un air de jeunesse. Elle n'avait sans doute jamais été aussi jolie que ma mère, mais elle avait bien vieilli.

Elle accueillit Ryan avec un sourire chaleureux. L'enfant

oubliée depuis si longtemps en moi aurait bien voulu que son regard affectueux se tourne aussi vers moi. Je m'efforçai de conserver mon sang-froid.

— Vinnie, dit Ryan, je vous ai amené une cliente. C'est Mlle Dennis. Elle prépare un livre pour enfants sur Harpers Ferry. J'espère que vous avez une chambre libre pour elle.

Elle s'adressa aussitôt à moi, avec beaucoup de gentillesse.

— Bien sûr. La chambre qui donne sur le jardin est libre et nous pourrons vous y installer, mademoiselle Dennis. Si elle vous plaît, évidemment.

L'heure de vérité sonna quand elle ouvrit le registre et me tendit une plume. Je parlai rapidement, sans regarder Ryan.

— Dennis n'est pas mon vrai nom. J'espère que vous me pardonnerez de vous avoir trompé, mais je ne voulais révéler mon nom de famille à personne avant d'avoir passé un certain temps ici.

J'écrivis résolument « Lacey Elliot » et mon adresse à Charlottesville sur la ligne qu'elle m'indiquait du doigt et j'attendis ensuite sa réaction.

Ma grand-tante mit ses lunettes et tourna le livre vers elle. À la lecture de ce que j'avais écrit, ses joues devinrent toutes roses d'émotion.

— Non ! C'est impossible ! J'avais demandé à Amelia de venir. Je n'aurais jamais pensé...

— Je suis désolée, dis-je. Ma mère a été très malade, alors je suis venue à sa place.

Je jetai un regard d'excuse à Ryan, mais il fixait le registre, le visage vide d'expression.

Vinnie me regardait toujours, les mains posées à plat sur la page où je venais de signer. Elle me les tendit ensuite et les larmes lui montèrent aux yeux.

— Petite Lacey ! J'ai pensé à toi si souvent.

31

— Je ne suis plus si petite, dis-je gauchement. Je n'avais jamais entendu parler de vous jusqu'à ce que votre lettre arrive hier et que je la lise à ma mère.

Elle sortit de derrière le comptoir en se tamponnant les yeux avec un mouchoir. J'aurais voulu la prendre dans mes bras, mais ce n'était pas un geste qui m'était familier. Si maman était peu démonstrative, ce n'était pas le cas de Vinnie qui m'embrassa chaleureusement.

Ryan intervint, un peu méfiant.

— De quoi s'agit-il? Quelqu'un pourrait-il m'expliquer ce qui se passe?

Vinnie lui sourit à travers ses larmes.

— La dernière fois que j'ai vu Lacey, elle avait quatre ans. Alors je suis un peu émue.

— Je suis désolée, dis-je à Ryan. Je sais que je n'aurais pas dû me comporter comme je l'ai fait. Je ne voulais pas...

— Oh! je ne sais pas, dit-il sèchement. Je pense au contraire que vous vous êtes très bien débrouillée. Vous êtes venue ici pour voir Vinnie Griffin et vous avez fait en sorte de vous retrouver dans sa propre maison quelques heures à peine après votre arrivée. Je ne comprends tout simplement pas pourquoi il fallait que vous m'induisiez en erreur.

Je le regardai droit dans les yeux, incapable de lui expliquer les avertissements alambiqués de ma mère ou les rigueurs d'une enfance et d'une adolescence consacrées à me demander si tout le monde avait une vie aussi empoisonnée par les secrets que la mienne.

Vinnie hocha la tête.

— Ne soyez pas rancunier, Ryan. Elle a eu raison d'être prudente. Ma lettre a dû inquiéter sa mère. Je vous suis reconnaissante de l'avoir amenée ici.

Il avait toujours le regard lointain et fixait un point derrière moi.

— Alors notre Lady Lacey est votre arrière-grand-mère ?

J'essayai timidement de lui expliquer la situation.

— Je n'avais jamais entendu parler de mon arrière-grand-mère avant aujourd'hui, même si on m'a donné son prénom. Je ne connaissais même pas l'existence de tante Vinnie avant que sa lettre arrive.

Vinnie m'entourait toujours d'un bras.

— Eh bien ! Je suis heureuse que tu sois ici et heureuse que tu prennes la chambre qui donne sur le jardin. Je vais te la montrer dans un instant, mais je dois d'abord parler à Ryan.

— Et moi, je voudrais téléphoner à ma mère, lui dis-je.

Pendant que je composais le numéro sur l'appareil posé sur le comptoir, Vinnie et Ryan se dirigèrent vers la porte d'entrée. Je n'avais pas encore pu remercier Ryan, mais j'espérais avoir l'occasion de le faire plus tard.

Mme Brewster prit l'appel et me passa aussitôt maman. Celle-ci me dit qu'elle se sentait plus forte, quoique inquiète, et qu'elle voulait tout savoir de mes allées et venues. Je lui expliquai rapidement où j'allais loger et lui promis de téléphoner tous les jours. J'étais encore trop bouleversée pour être capable de répondre à ses questions. Je lui dis que je la rappellerais bientôt et lui raconterais tout.

Ryan n'était plus avec elle quand Vinnie revint et prit une clé à un crochet derrière le comptoir. Elle me précéda pour m'indiquer le chemin, pendant que j'essayais de retracer mes souvenirs de cette maison que j'avais dû si bien connaître toute petite.

3

En suivant Vinnie, je constatai que, si la maison avait dû
être carrée à l'origine, il y avait à l'arrière une annexe plus
récente, quelques marches plus bas. Un long corridor avec un
tapis d'un beau rouge vif était bordé de fenêtres d'un côté et
des portes fermées des chambres d'hôtes de l'autre. Il n'y avait
que quatre chambres, donc peu de clients.

Arrivée au bout du corridor, Vinnie prit la clé pour ouvrir
la porte d'une chambre ensoleillée dont les fenêtres donnaient
sur le jardin. Je fus enchantée de constater qu'une porte au
fond de la pièce donnait directement accès au jardin.

Dès que j'entrai dans la chambre, une odeur familière
m'envahit et je respirai profondément.

— Je me souviens, m'écriai-je toute réjouie. Des pétales
de roses !

Vinnie m'indiqua un bol de cristal posé sur une table à
rallonges. Il était presque plein de particules colorées et parfu-
mées. Quand elle en agita d'un doigt le contenu, l'arôme des
fleurs séchées se répandit dans toute la pièce, porté par la brise
légère qui entrait par la fenêtre ouverte.

Je fermai les yeux pour essayer de ressaisir quelque chose qui venait à peine de m'échapper. J'aurais tant voulu me souvenir.

— Tu étais si petite, dit doucement Vinnie. Tu adorais ce vieux rosier, là-bas au fond de mon jardin de fines herbes. J'ai de la chance d'avoir des roses anciennes sur mon terrain. Ce rosier doit avoir plus de cent ans. Seules les roses anciennes ont ce parfum particulier. Je fais sécher les pétales et j'y ajoute quelques autres herbes pour donner du piquant au mélange.

Je humai de nouveau, retrouvant presque un bonheur enfui.

— Il y a aussi du sassafras, n'est-ce pas ? Je n'aurais pas pensé reconnaître cette odeur, mais mon nez, lui, se souvient.

Elle eut un rire cristallin. Comme j'avais dû aimer entendre ce rire autrefois !

— Quelle enfant vivante et touche-à-tout tu étais ! « Sassafras » était un de tes mots préférés, mais tu disais que l'odeur te piquait le nez. Tu écrasais une feuille entre tes petits doigts et tu reniflais à cœur joie, même quand ça te faisait éternuer.

Nous nous sommes tues un instant. J'étais tout à fait certaine d'avoir déjà profondément aimé Vinnie Griffin. Et maintenant, il y avait tant de choses qu'elle pourrait me dire, pas toutes attristantes.

En me faisant faire le tour de la chambre, elle adopta un ton plus sec et plus détaché, probablement pour cacher ses propres émotions.

— Est-ce que la chambre te plaît ? demanda-t-elle.

— Je l'adore !

Je regardai autour de moi le lit à quenouilles et sa courte-pointe en patchwork, le secrétaire, la haute commode bien cirée avec ses tiroirs aux poignées de cuivre et le fauteuil douillet recouvert de chintz. Le grand tapis ovale multicolore qui se trouvait au centre de la pièce avait certainement été tressé à la main. Sur le mur le plus long de la chambre, les cadres des deux fenêtres étaient peints en blanc et, sur leurs rebords, étaient alignées des agates colorées.

Au fond de la pièce, le soleil entrait à flots par la porte à moustiquaire, et j'entendais le chant des oiseaux dans le jardin. Un carré de fines herbes et le rose vif des lunaires contre une clôture blanche attirèrent mon regard. J'aurais bien voulu profiter simplement de ce qui s'offrait à moi, mais je ne pouvais pas m'abandonner. Pas encore. Il me restait trop de questions sans réponse. Vinnie ne voudrait peut-être pas répondre à toutes, il fallait pourtant que je commence quelque part.

— Je vous en prie, dites-moi pourquoi vous avez écrit à ma mère, pourquoi vous souhaitiez qu'elle vienne ici maintenant.

— Je n'aurais pas dû lui écrire. J'ai fait preuve de faiblesse en envoyant cette lettre. Je ne le regrette pas cependant puisque c'est ce qui t'a amenée ici.

— Que puis-je faire pour vous aider ?

— Personne ne peut rien faire en vérité. Je dois simplement attendre de connaître ses intentions à *lui*.

Elle paraissait si vulnérable, si facile à blesser, que je fis enfin ce que je n'avais pas encore osé faire. Je la pris dans mes bras et la serrai contre moi. Elle fleurait les herbes aromatiques, et je ressentis de nouveau le picotement d'un souvenir presque retrouvé.

— J'attendrai que vous soyez prête à m'en parler, tante Vinnie. Je sais si peu de choses. Je ne sais même pas pourquoi ma mère s'est enfuie ou ce qui est arrivé à mon père.

Elle m'éloigna un peu d'elle et me regarda bien en face.

— C'est terrible ! Tu devrais le savoir, même si c'est une histoire pénible à raconter parce qu'elle suscite trop d'émotions confuses. Je ne sais pas par où commencer.

— Commencez par où vous voudrez, si vous vous sentez capable d'en parler maintenant.

— Allons dehors, dit-elle. Sur le banc dans le jardin, je pourrai me détendre un peu et je me sentirai plus à l'aise pour te parler.

Elle ouvrit la porte à moustiquaire. Avant même de descendre les deux marches de brique qui menaient au jardin, nous vîmes un petit garçon qui nous regardait gravement. Il avait à peu près l'âge que j'avais au moment de mon départ de Harpers Ferry, peut-être un an de plus. Ses cheveux, couleur de maïs bien mûr, étaient taillés en frange sur son front. Il nous fixait de ses yeux bleus bordés de longs cils à peine plus foncés. Il portait sur une épaule une petite chatte de gouttière au pelage bariolé de noir, de brun et de blanc, le museau paresseusement blotti dans le cou de l'enfant.

— Voici Egan, me dit tout simplement Vinnie.

Egan en vint tout de suite aux choses importantes.

— Elle s'appelle Shenandoah, me dit-il en indiquant la chatte qui me considérait avec intérêt de ses yeux bleus. Il faut faire attention parce qu'elle nous mord les doigts des fois. Elle fait ça pour jouer. Il ne faut pas la gronder.

— Je ne la gronderais pour rien au monde, l'assurai-je. C'est un bien grand nom pour une si petite chatte. Est-ce que c'est toi qui l'as choisi?

— Non, c'est elle qui m'a dit son nom, me déclara-t-il solennellement.

Bien sûr! Aussi candides l'un que l'autre, la petite chatte et le petit garçon devaient bien être de connivence.

Vinnie paraissait inquiète et, tout en parlant à l'enfant, elle me regardait.

— Egan, voici Lacey Elliot. Lacey, Egan est le fils de ta demi-sœur, Caryl.

J'étais bien prête à faire des découvertes, mais cette nouvelle était si inattendue que je restai abasourdie. Vinnie posa doucement sa main sur mon bras.

— Est-ce que ça va, Lacey chérie?

Ça n'allait pas du tout. Comment se pouvait-il que j'aie une sœur dont je ne connaissais même pas l'existence? Je réussis quand même à prendre la menotte qu'Egan me tendait. Il se laissa serrer les doigts, et ce bref contact créa entre nous une affinité bien tangible. Je ne me serais pas attendue à ce qu'un tout petit enfant m'apportât du réconfort, mais ce fut le cas, et je réussis à formuler une réponse.

— Je suis heureuse d'apprendre que nous sommes parents, Egan.

Il parut considérer cette déclaration comme son dû.

— Egan veut dire « feu follet » en gaélique. Mon papa était irlandais. Il est mort quand j'étais tout petit, mais il prend encore soin de moi. Grand-maman Ardra est maintenant partie elle aussi, et Jasmine dit qu'elle ne reviendra jamais.

Ardra était-elle la sœur de ma mère? Je n'avais aucune idée de sa place dans l'arbre généalogique de la famille. Maman n'avait jamais mentionné qu'elle avait une sœur.

— Jasmine parle trop, dit Vinnie au petit garçon. Et elle se trompe parfois.

Egan ne lui prêta pas attention, bien résolu à m'en apprendre davantage.

— Ma maman est partie chercher grand-maman Ardra. Je suis sûr qu'elle va revenir. Elle me l'a promis.

Changeant de sujet, il me demanda si je voulais prendre Shenandoah.

— Ça me plairait beaucoup, lui dis-je.

Il dégagea les griffes de la chatte de son tee-shirt et me tendit la petite bête soyeuse en lui murmurant :

— C'est une amie, Shenna. N'aie pas peur.

La petite chatte était trop naïve pour s'en faire. Une fois dans mes bras, elle pencha la tête de côté pour mieux m'observer. Elle avait une tache noire en forme de diamant d'un côté du museau et une touche du même noir sur le pelage blanc sous son menton. Je l'installai contre mon épaule. Lorsque je commençai à la flatter doucement, elle se mit à ronronner profondément. Un ronronnement bien fort pour une si petite bête.

— Elle t'aime, confirma Egan. Mais elle ne restera pas tranquille bien longtemps.

J'essayais de ne penser à rien d'autre qu'à la petite boule de poils toute chaude sous mon menton. Je m'éloignai de Vinnie et du petit garçon, en suivant un sentier de brique.

— Le banc est par là, Lacey, dit Vinnie en s'approchant de moi. Allons nous y asseoir.

Je fus soulagée de sentir la solidité du marbre frais. Je n'avais pas prévu que les premières choses que j'apprendrais me bouleverseraient à ce point et je n'étais pas fière de ma réaction. Moi qui n'avais toujours eu que ma mère pour toute famille, je me retrouvais brusquement gratifiée d'une grand-tante, d'une arrière-grand-mère, d'un neveu, et d'une sœur en plus !

La petite chatte commença à se débattre et je la remis à Egan qui la déposa sur le sol où elle entreprit de courir follement après sa queue bariolée.

Vinnie sourit en la regardant.

— Egan, voudrais-tu s'il te plaît aller dire à Jasmine qu'il y aura une personne de plus pour le dîner ce soir ? Je ne sers habituellement pas de repas aux clients, sauf le petit-déjeuner, mais tu fais partie de la famille. Et comme Ryan est actuellement pensionnaire à demeure, il se joint aussi à nous le soir, ajouta-t-elle à mon intention.

Le garçonnet lui fit un charmant sourire qui creusa une profonde fossette sur une de ses joues.

Egan partit en courant et Vinnie le regarda aller.

— Parlez-moi de ma demi-sœur, dis-je. Mon père avait-il été déjà marié avant d'épouser ma mère ?

— Si seulement ça avait été le cas ! soupira Vinnie avant d'entrer dans le vif de l'histoire. Brad ne s'est marié qu'une seule fois, avec ta mère. Il a eu une liaison avec sa sœur cadette, Ardra, alors qu'il vivait toujours avec ta mère et avec toi. Caryl a quatre ans de moins que toi et elle est née avant le départ de ta mère de Harpers Ferry.

Je commençais à comprendre ce que ma mère avait enduré.

— Il n'est pas étonnant que maman soit partie !

— Ce n'est pas pour ça qu'elle est partie. Elle est partie après que Brad eut été soi-disant assassiné et...

— Soi-disant ? Vous n'en êtes pas certaine ?

— Il y a eu des doutes, mais personne ne sait ce qui s'est réellement passé. Vois-tu, ma chérie, le corps de ton père n'a jamais été retrouvé. On a bien trouvé sa veste percée d'un seul trou de balle sur des rochers en aval, mais sans cadavre, on n'a jamais pu le prouver.

D'une certaine façon, cette conversation me semblait irréelle. J'avais de la difficulté à croire qu'elle parlait vraiment de mon père.

— Maman croit qu'il a été assassiné.

— Elle n'est pas la seule. Des présomptions de culpabilité ont pesé sur mon frère, Daniel Griffin, le père de ta mère, ton grand-père. Les soupçons se sont amplifiés quand il a disparu à son tour. Les gens ont commencé à dire qu'il s'était enfui pour sauver sa peau.

Elle parlait un peu comme un perroquet ; il était évident qu'elle essayait de contenir ses émotions.

— Il y a autre chose, n'est-ce pas ? lui demandai-je.

Elle acquiesça sèchement.

— Daniel est revenu. J'ai peur. Même s'il n'a pas essayé de me voir. Pas encore. Il est plus âgé que moi, et nous n'avons jamais été près l'un de l'autre, mais je me rappelle qu'il était violent quand il était jeune. Je ne peux pas imaginer la raison pour laquelle il serait revenu maintenant, si ce n'est pour se venger.

— Après si longtemps ?

— Ça peut paraître étonnant et c'est d'autant plus inquiétant. Pour une raison ou pour une autre, j'ai l'impression qu'il a pris toutes ces années pour ressasser le passé et qu'il veut maintenant passer à l'action. Il n'était recherché que pour interrogatoire, et aucune charge ne pèse donc contre lui. Ta mère est la seule personne qui ait jamais réussi à lui tenir tête. Elle était sa fille préférée. Il a toujours fait peur à Ardra, et à moi aussi. Si Amelia était ici, peut-être... oh ! je sais que je n'aurais pas dû lui demander de venir. Il n'y a probablement rien que personne puisse faire.

— Cessez de dire cela. Comme je suis là, je pourrais essayer de le rencontrer. Je crois que je l'ai vu aujourd'hui en déjeunant à *The Anvil* avec Ryan Pearce.

En repensant au regard glacial qu'il m'avait jeté, je n'étais pas certaine de vraiment vouloir le rencontrer, mais pour aider Vinnie j'étais prête à essayer.

Ma grand-tante hocha la tête. En entendant le pas de quelqu'un se diriger vers le jardin depuis l'avant de la maison, elle se tut. Ryan s'avançait vers nous entre les massifs de thym et de marjolaine. Vinnie se redressa sur le banc à côté de moi.

— J'avais chargé Ryan d'une mission et j'ai hâte de connaître son rapport.

Il enjamba un carré de bourrache pour nous rejoindre, l'air à la fois amusé et ennuyé.

— L'avez-vous vue, Ryan ? Qu'a-t-elle dit ?

— Vous devez bien vous en douter, dit-il. Comme d'habitude, elle m'a donné ses ordres. Lacey, votre arrière-grand-mère veut vous voir. Je dois vous conduire chez elle à l'instant.

L'angoisse de Vinnie était tangible.

— Oh non ! Lacey n'est pas encore prête pour cela. Elle a déjà traversé tant d'émotions en si peu de temps.

— C'est vous qui m'avez envoyé chez Mme Enright, dit Ryan. Vous ne pouviez pas vous attendre à autre chose.

— Je n'aurais jamais osé taire à Lady Lacey la présence en ville de son arrière-petite-fille. Il n'y aura sûrement pas de problème. Elle a toujours adoré Amelia. Après tout, ajouta-t-elle en me regardant, tu es son homonyme, et elle ne peut pas t'en vouloir d'être partie avec ta mère alors que tu étais si petite. Tu ferais mieux d'aller la voir et de régler la question. Ryan va y aller avec toi. N'est-ce pas, Ryan ?

Cette convocation despotique ne me plaisait pas du tout. Vinnie avait raison, j'avais déjà traversé beaucoup d'émotions.

— Dois-je absolument y aller ?

L'expression de Ryan ne me laissa aucun doute.

— Je suis sûr que vous saurez très bien vous y prendre pour affronter le dragon dans son château.

Vinnie ronchonna avec impatience.

— Ça suffit, Ryan ! Dame Lacey n'est pas un dragon et, même si sa maison est imposante, ce n'est vraiment pas un château. Mais fais attention, ma chérie, et ne te laisse pas mettre en confiance trop facilement. Ne te laisse pas écraser par elle. Malheureusement pour moi, elle me mène par le bout du nez, mais tu n'es pas obligée de te laisser faire toi aussi.

— Je serais prêt à parier que la Lacey ici présente saura tenir tête à l'autre, dit Ryan.

Il était évident qu'il ne m'avait pas pardonné de l'avoir trompé, et ses paroles me piquèrent au vif.

En voyant ma réaction, Vinnie s'empressa d'intervenir.

— Ne brûlez pas les étapes, Ryan. J'ai l'impression que Lacey doit se sentir un peu démontée en ce moment. Elle vient à peine d'apprendre qu'elle a une demi-sœur dont elle avait toujours ignoré l'existence. Et il y a beaucoup de choses relatives à son père qu'elle commence tout juste à comprendre.

Après un instant de réflexion, Ryan reprit la parole, sans agressivité cette fois.

— Je crois que nous devrions laisser Lady Lacey patienter un peu et nous rendre chez elle par le chemin des écoliers. Voyez-vous ce clocher qui s'élève au-dessus des arbres, Lacey ? me demanda-t-il en m'indiquant un bosquet tout près. Il y a un parc de stationnement à côté de l'église où nous pourrons laisser ma voiture. Si vous êtes d'accord, nous prendrons ensuite la longue montée pour gravir la colline. C'est une bonne escalade, mais l'exercice physique vous permettra sans doute de replacer les choses dans leur contexte.

— Quelle bonne idée ! dit Vinnie.

Elle me serra dans ses bras pour me réconforter, puis je suivis Ryan jusqu'à sa voiture.

Quand je fus assise à ses côtés, il me dit d'un ton rassurant :

— Ne vous en faites pas. C'est une vieille dame habituée à tout régenter. Peu importe. Je m'amuse à la taquiner, et elle semble s'y résigner. Mais il vaudrait mieux que vous ne soyez pas trop nerveuse quand vous la rencontrerez. Bientôt, j'en suis sûr, vous vous sentirez mieux.

Je me sentais déjà mieux depuis que Ryan était redevenu amical. Grâce à son soutien, la rencontre avec mon arrière-grand-mère « le dragon » ne serait peut-être pas si pénible, après tout.

Pendant que la voiture s'éloignait du trottoir pour s'engager dans la rue, j'essayai de ne pas penser au fait que ma mère n'avait plus jamais communiqué avec Lady Lacey après sa fuite et qu'aucune des lettres qu'elle recevait de Harpers Ferry ne lui avait été envoyée par sa grand-mère.

4

Ryan gara sa voiture sur le terre-plein qui surplombait l'église catholique St. Peter. Je descendis et regardai autour de moi. Ryan me dit que le bel édifice actuel, avec son clocher et son toit pointu, avait été érigé à la fin du siècle dernier pour remplacer une construction antérieure plus modeste. On apercevait la haute flèche blanche de tous les points de Harpers Ferry. C'était un repère que j'avais déjà remarqué.

Nous montâmes un large escalier jusqu'au chemin de pierre qui, entre les bosquets, gravissait la colline. À notre gauche, des falaises abruptes surplombaient la Shenandoah. À notre droite, Ryan m'indiqua les pittoresques ruines d'une ancienne église épiscopale. J'ai toujours été attirée par les ruines anciennes ; avec mon appareil photo, je reviendrais sans doute les examiner plus à loisir. Ces vieilles pierres deviendraient probablement partie intégrante du livre que je me préparais à écrire.

Le chemin se transforma bientôt en un sentier de terre qui montait en pente douce. Pendant notre escalade, je remarquai que Ryan me jetait à l'occasion un regard à la dérobée. Je me sentais mal à l'aise. Même s'il avait pu me juger sévèrement quand il avait découvert que je l'avais trompé, je pensais qu'il m'aurait déjà pardonné.

Arrivés au milieu de la montée, nous nous arrêtâmes pour admirer la Shenandoah dont les eaux blanches se brisaient dans les rapides sur les rochers.

— Plus haut, on a encore une meilleure vue, dit Ryan.

Nous poursuivîmes notre route à flanc de coteau jusqu'à ce qu'un grand bloc de pierre se dressât devant nous.

— C'est le Rocher de Jefferson, me dit Ryan. On raconte que Jefferson se serait déjà assis ici pour observer Maryland Heights de l'autre côté de la rivière. Il a consigné tout cela dans son livre, *Notes on the State of Virginia*. Il y a décrit les deux grandes rivières qui arrivent de chaque côté de Harpers Ferry à la recherche d'une voie à travers les montagnes. Je me souviens de ses mots. Jefferson écrit qu'au moment où elles se rencontrent, elles « se ruent ensemble sur la montagne, la fendent en deux et poursuivent leur route vers la mer ». C'est pourquoi le défilé est là, à l'endroit précis où les rivières ont fait cette percée en des temps préhistoriques.

En l'entendant prononcer ces paroles avec volupté, je me sentis de nouveau subjuguée par son enthousiasme pour l'histoire.

Près du rocher, il me tendit la main.

— Nous pouvons grimper dessus si vous voulez. Cramponnez-vous. Ça n'est pas facile.

Le geste qu'il fit pour m'aider était tout naturel. Je prêtai pourtant tout à coup attention à sa main, toute chaude dans la mienne et rassurante. Je lâchai prise trop vite et faillis trébucher.

Il sourit doucement et renonça à m'aider. Je me sentais un peu ridicule et j'étais irritée d'avoir eu cette réaction.

Nous traversâmes un espace rocailleux et inégal jusqu'à une grosse pierre soutenue par quatre pieds courts, et qui supportait elle-même un grand bloc de schiste gris. Ryan m'expliqua que les pieds avaient été ajoutés au siècle dernier, après que les supports naturels du rocher eurent été rongés par les tempêtes, le passage des saisons et les grimpeurs. Maintenant, le rocher reposait solidement sur quatre pieds de grès rouge.

Je m'assis sur le bloc de schiste gris et j'essayai de me détendre pour jouir de la beauté du paysage qui m'entourait. Je commençais à me sentir étonnamment bien, malgré la présence de cet étranger à mes côtés. Il paraissait calme et un peu rêveur. Comme si ses pensées et ses émotions l'emportaient loin du présent, dans ce passé qu'il trouvait si intéressant et si exaltant. Je me demandai quelle était sa vie. Avait-il une femme et des enfants ? Mais je ne savais rien de lui, sauf le peu qu'il m'en avait dit.

— Après avoir observé ce panorama pour la première fois, Jefferson a écrit que ça valait la peine de traverser l'Atlantique pour venir l'admirer.

J'étais tout à fait d'accord.

Loin en contrebas, la Shenandoah coulait fébrilement, se préparant inlassablement à sa rencontre avec le Potomac.

— Voilà Virginius Island, dit Ryan en indiquant une étroite île boisée qui s'étendait le long de la rive la plus rapprochée de nous dont elle était séparée par un canal. C'est aussi un site historique. Quand il y avait des barrages sur les rivières, on y avait construit une minoterie, un moulin à papier et une forge. Des maisons aussi, pour ceux qui y travaillaient. Près de deux cents personnes ont déjà vécu sur l'île. Le canal avait été creusé pour permettre aux bateaux d'éviter les rapides. Il n'est plus en usage, mais les autorités du parc national ont aménagé le canal et l'île pour en faire un attrait touristique.

— Que sont devenues toutes les installations qu'il y avait sur l'île et toutes les personnes qui y vivaient?

— C'est la rivière qui a gagné. Les inondations ont tout balayé et entraîné la mort de tous ceux qui ne se sont pas enfuis assez vite par les ponts pour se réfugier sur les hautes terres. Il n'y a plus que des ruines là-bas maintenant. À propos de cette île, votre arrière-grand-mère connaît sans doute bien des histoires qui ont dû lui être transmises par sa famille. Votre famille, Lacey.

Je n'avais pas l'intention de poser à mon arrière-grand-mère des questions sur le passé lointain. Les événements qui m'intéressaient étaient beaucoup plus récents. Si j'en trouvais le courage, je poserais peut-être à l'inquiétante Lady Lacey quelques questions judicieuses. Pour l'instant, j'aimais mieux me cantonner à la géographie et à l'histoire.

— Pourquoi y a-t-il une Virginie-Occidentale? Pourquoi pas un seul État?

— Quand la guerre a éclaté, une partie de la Virginie s'est rangée du côté du Sud et a fait sécession. Mais une autre partie est restée fidèle au Nord et a refusé de se séparer. Tout au long du conflit, Harpers Ferry a été conquis par un camp puis par l'autre, à plusieurs reprises. Beaucoup de gens qui vivaient ici sont partis pour ne plus revenir. En 1867, la partie de l'État qui s'était rangée du côté du Nord a voté pour devenir la Virginie-Occidentale, un État indépendant.

Des hommes de ma famille s'étaient certainement battus pendant cette guerre, mais je ne savais pas dans quel camp. Je ne savais rien.

— Si vous aviez vécu à cette époque, dans quel camp vous seriez-vous rangé?

Il me sourit.

— Ma femme m'a déjà posé cette question, mais je n'ai

jamais pu lui donner une réponse ferme. Encore aujourd'hui, je ne peux m'empêcher d'éprouver en même temps de la sympathie et de l'hostilité envers les deux partis. Elle, par contre, avait toujours des opinions bien arrêtées sur tous les sujets. C'est probablement une des raisons pour lesquelles nous avons divorcé.

Dieu sait pourquoi, je me sentis curieusement soulagée en entendant cette déclaration.

Il se releva et me tendit la main.

— Nous devrions y aller maintenant. Lady Lacey n'aime pas qu'on la fasse attendre, et nous sommes déjà en retard. Quand elle est mécontente, ça peut produire des étincelles.

— Je n'ai pas l'impression qu'elle va me plaire, dis-je alors qu'il m'aidait à me relever. Je ne tenais pas vraiment à la rencontrer.

— Comme vous êtes son arrière-petite-fille, vous ne pouvez pas rester à Harpers Ferry pendant une semaine sans entendre parler d'elle. Aussi bien vous faire votre propre opinion à son sujet. Pensez-y un peu ; peu de personnes ont la chance de connaître leur arrière-grand-mère. C'est une dame très âgée et exceptionnelle. Peut-être apprendrez-vous même à l'apprécier quand vous vous serez habituée à sa façon d'être. Allons-y. Nous n'avons pas fini de grimper.

En poursuivant notre escalade, nous longeâmes l'enceinte d'un ancien cimetière. En d'autres circonstances, je me serais sans doute arrêtée pour examiner les pierres tombales, mais Ryan marchait de plus en plus vite pour rattraper le temps perdu.

Le sentier que nous avions emprunté suivait en serpentant le rebord d'une falaise de grès tombant abruptement jusqu'à un chemin qui longeait la rivière. La plupart des routes au sommet de la colline passaient par contre loin de la rivière. La courbe suivante nous éloigna du bord de la falaise. Ryan s'arrêta brusquement.

— La voilà ! la maison de Lady Lacey. Elle a été épargnée par la guerre et, bien sûr, juchée à cette hauteur, elle a été préservée des inondations. Ces murs sont des témoins de l'histoire. Lady Lacey y a vécu toute sa vie, Lacey Fenwick Enright. Quel nom ronflant !

C'était la première fois que j'entendais son nom tout au long et je lui trouvai une résonance particulière. Ce nom incarnait un statut social particulier, la richesse sans doute, et certainement le pouvoir. En tout cas, Ryan semblait admirer Lady Lacey. Ça me rassurait un peu.

Notre destination étant en vue, je pris quelques instants pour observer la maison. Que ça me plaise ou non, cet endroit jouerait sûrement un rôle important dans ma vie, à la fois à cause de son histoire et à cause de sa propriétaire.

La maison était isolée, simple et solide, une construction qui se distinguait des autres et qui semblait consciente de sa propre valeur. Ce n'était pas par sa beauté qu'une maison comme celle-là attirait l'attention.

Deux étages recouverts d'étroits bardeaux gris s'élevaient sur de hautes fondations en briques. Trois fenêtres aux volets verts s'alignaient sur la façade. Les volets étaient fermés. La maison s'étirait en longueur vers l'arrière. À l'avant, au niveau du premier étage, une vaste galerie à balustrade permettait de s'asseoir à l'extérieur.

Quatre minces piliers blancs supportaient le toit de la galerie, bien différents des colonnes grecques qu'on voit dans les livres d'images qui évoquent le Sud. Un peu en retrait, une haute porte d'entrée donnait sur la galerie. Elle était close. J'avais l'impression que c'était la maison elle-même qui, avec suspicion, observait notre approche derrière les rideaux de ses fenêtres. Déjà, me semblait-il, nous ne nous aimions pas beaucoup, elle et moi.

Je me dis que c'était une idée saugrenue et je gravis avec Ryan l'escalier abrupt qui s'élevait à une extrémité de la galerie. Un rideau bougea vivement à l'une des fenêtres, et je sus que quelqu'un nous avait vus arriver. Ryan n'avait pas encore sonné quand une femme ouvrit la porte. Elle nous jeta un regard rien moins qu'accueillant. Elle portait une robe noire informe qui recouvrait son corps anguleux.

— Bonjour, Anne-Marie, dit Ryan.

Il se pencha pour embrasser une joue qu'elle ne lui tendait pas. Elle le repoussa avec mauvaise humeur, et il éclata de rire.

— Je sais que Lady Lacey nous attendait plus tôt, poursuivit-il. Nous avons pris la montée derrière l'église pour que cette autre Lacey puisse voir le Rocher de Jefferson et son panorama.

— Vous avez dû traîner en route, lui répondit la femme. Lady Lacey est furieuse.

Ryan feignit d'être complètement désespéré.

— C'est entièrement ma faute. Lacey, voici Anne-Marie St. Pol qui s'occupe de presque tout ici. Ne manquez surtout pas de la traiter avec beaucoup de respect. Anne-Marie, voici Lacey Elliot.

Le ton taquin qu'il utilisait avec ce cerbère pouvait laisser croire qu'elle n'était peut-être pas aussi féroce qu'elle en avait l'air. Je lui tendis la main.

Elle me la serra fermement, mais brièvement. J'eus l'impression qu'elle me jugeait déjà d'une manière défavorable.

Je l'observai alors qu'elle se retournait vers Ryan. Comme ma mère, elle était sans doute dans la cinquantaine avancée, assez grande et mince. Ses cheveux bruns étaient impeccablement teints.

— Entrez, dit-elle courtoisement. Je vais prévenir Lady Lacey de votre arrivée.

Elle ouvrit la porte toute grande, et j'entrai dans un corridor étroit avec un escalier raide le long du mur à ma droite. Anne-Marie nous fit entrer dans une pièce du côté gauche, face à l'escalier, un petit salon à l'ancienne qui semblait sortir tout droit d'un livre d'antiquités de style victorien.

En tout autre temps, j'aurais été ravie de me retrouver dans cette charmante pièce, mais j'étais alors incapable de penser à rien d'autre qu'à ma rencontre imminente avec la mater familias. Je remarquai seulement qu'un éclairage légèrement rosé, avec quelques touches de vert fougère, donnait à la pièce une ambiance de rêve plutôt rassurante.

Seul un canapé noir au cadre en noyer sculpté tranchait sur les couleurs pastel du reste de la pièce. Attirée par sa grande élégance, je m'y assis et essayai encore une fois de rassembler mes forces. Son rembourrage était si peu moelleux que je pensai qu'il devait encore s'agir du crin de cheval d'origine.

Ryan semblait aux aguets. J'eus l'impression désagréable qu'il avait hâte d'assister à la rencontre qui se préparait. Après tout, il était d'abord et surtout un historien et un observateur.

Anne-Marie nous avait quittés. Pendant que nous attendions, on aurait dit que mon corps devenait peu à peu aussi raide que le rembourrage sur lequel j'étais assise.

Ryan avait choisi un siège d'apparence plus confortable et il semblait parfaitement détendu.

— Tout va bien aller, m'assura-t-il. Elle aime faire attendre les gens pour faire une entrée remarquée.

Je me rappelai que je ne devais rien à cette femme. Je

n'avais rien à voir avec les problèmes qui avaient pu désunir notre famille.

J'essayais toujours de me remonter le moral quand elle fit soudain son entrée en provenance du corridor. La femme qui se tenait dans l'embrasure de la porte à deux battants ne correspondait pas du tout à l'image que je m'en étais faite, ni à ce que le mot « redoutable » évoquait pour moi.

Ryan se leva aussitôt, et je l'imitai sans réfléchir, comme une écolière devant un inspecteur. Elle fit quelques pas dans la pièce, appuyée sur une canne dont le pommeau sculpté représentait une tête de griffon. Ses cheveux blancs, tirés vers l'arrière, dégageaient un front étonnamment sans rides. Son visage formait un petit triangle, avec un menton qui avait peut-être déjà été pointu, mais qui se fondait maintenant dans les plis de son cou. Sa robe, taillée dans un brocart chinois à motifs de chrysanthèmes, avait la même couleur ivoire que le reste de sa personne. Le col chinois classique dissimulait en partie son cou, ce qui était certainement intentionnel. Elle n'était ni grasse ni maigre. Sa robe, qui ne révélait rien d'autre, laissait cependant voir qu'elle avait encore le dos bien droit, malgré son grand âge.

Elle s'avança dans la pièce sans me quitter des yeux. Puis, à ma grande surprise, elle fit glisser sa main le long de sa canne, la saisit par le milieu et brandit la tête de griffon vers moi. J'allais apprendre que c'était un de ses gestes typiques lorsqu'elle donnait des ordres. Même s'ils sont des créatures mythiques, les griffons sont considérés comme des créatures féroces, et je me demandai si la personne qui avait fabriqué cette canne pour Lady Lacey lui avait trouvé cette même férocité.

— Viens ici, m'ordonna-t-elle.

Malgré la recommandation de Vinnie de ne pas me

« laisser écraser par elle », je n'aurais jamais eu le courage de résister à cette injonction. Comme elle ne portait pas de lunettes, elle voyait probablement mieux de près. Elle attendit que je traverse la pièce pour la rejoindre. Sous son regard inquisiteur, je me sentais maladroite et déplacée. Je compris qu'elle prenait plaisir à rendre les gens mal à l'aise.

— Pourquoi penses-tu qu'ils t'ont donné mon nom ? me demanda-t-elle en fronçant les sourcils.

Son attitude et son ton de voix me piquèrent, et je retrouvai un peu mes esprits.

— Je n'en ai aucune idée. Ce n'est pas moi qui ai choisi mon nom.

— Donne-moi ta main, dit-elle. Ta main droite.

Intriguée, je la lui tendis, la paume vers le bas. Elle la prit dans ses petits doigts et la retourna pour en examiner la paume.

— Pouah ! grogna-t-elle. C'est exactement ce à quoi je m'attendais.

Je n'étais pas venue me faire lire les lignes de la main et je la lui retirai vivement.

— Et à quoi vous attendiez-vous ?

— Je n'ai jamais aimé ton père et je le retrouve présent dans ta main.

Je n'avais aucune idée de ce qu'elle voulait dire et je ne voulais pas vraiment le savoir. Je ne me sentais aucune affinité avec cette femme et j'étais certaine que c'était réciproque.

Même si elle n'avait prêté aucune attention à Ryan depuis son entrée dans la pièce, il s'approcha d'elle, un peu comme s'il voulait la protéger.

— Je ne crois pas que les présentations soient nécessaires, n'est-ce pas ? Alors je vais vous laisser faire connaissance toutes les deux.

— Oui. Allez bavarder avec Anne-Marie, dit Lady Lacey en le congédiant d'un geste de la main.

Il me lança un regard comme s'il voulait me transmettre un message que je ne compris pas et sortit de la pièce. J'eus l'impression qu'il était soulagé de se retirer et de me laisser faire face seule à mon arrière-grand-mère.

5

Quand Ryan fut sorti, Lady Lacey se dirigea majestueusement vers le fauteuil qu'il avait occupé et s'assit.

— Assieds-toi, Lacey, m'ordonna-t-elle. Dis-moi pourquoi tu es revenue après toutes ces années.

Sa voix était ferme, et non chevrotante comme il arrive parfois avec l'âge.

Je me rassis sur le canapé raide, en pensant que je devais constamment me tenir sur mes gardes avec cette femme. Si Vinnie semblait intimidée par elle, un peu craintive même, j'avais bien l'intention, quant à moi, de suivre son conseil et de tenir tête à mon arrière-grand-mère.

— Ma mère est en convalescence à la suite de l'opération d'un cancer, dis-je. Lavinia Griffin lui a écrit pour lui demander de revenir. Sa lettre traduisait une certaine urgence, alors ma mère m'a envoyée à sa place.

— Amelia a toujours été la meilleure de mes petites-filles, même si elle s'est parfois comportée comme une imbécile. Tu es son enfant, mais aussi, malheureusement, la fille de Bradley Elliot. Alors, de qui tiens-tu?

Je ne sais pas ce qui me poussa à dire ces paroles, mais les mots fusèrent d'un ton provocant, comme un gant que l'on jette.

— C'est peut-être de vous que je tiens.

Elle se tut un instant en m'observant attentivement, puis sourit doucement, comme si je lui avais fait plaisir.

— Cela reste à voir. Pourquoi Vinnie a-t-elle écrit à ta mère ?

— Je ne sais pas précisément. Je pense qu'elle a peur de son frère, Daniel Griffin, qu'elle croit revenu en ville.

Lady Lacey hocha la tête, ses cheveux ivoire flottant sur son front.

— Vinnie est une gourde. Elle s'effraie d'un rien.

— J'aime beaucoup tante Vinnie, ripostai-je, prête à la défendre. Je n'ai pas l'impression qu'elle soit une femme stupide. Elle est peut-être trop douce, et c'est ce qui la rend vulnérable.

— Tu ne la connais pas depuis aussi longtemps que moi. Continue ton histoire.

— Il n'y a rien d'autre. Il me fallait venir à Harpers Ferry pour découvrir ma famille. Avant l'arrivée de cette lettre, je ne savais pas que j'avais d'autres parents que ma mère.

— Que sais-tu de ce qui s'est passé autrefois ?

— Presque rien. Il est évident que ma mère a voulu faire une coupure claire et nette. Je ne savais même pas que j'étais née à Harpers Ferry. Et je n'avais jamais entendu parler de vous avant aujourd'hui.

Elle parut choquée. Elle y voyait, j'imagine, un affront à l'image qu'elle se faisait de sa propre importance.

— Sais-tu comment ton père est mort ?

Je lui répondis calmement.

— Ma mère m'a dit hier qu'il avait été assassiné. Je ne sais rien d'autre.

Lady Lacey se leva et s'approcha d'un petit piano à queue, tout au fond de la pièce. J'eus l'impression que sa canne lui servait plus à se donner une contenance qu'à la supporter vraiment.

— Viens ici, dit-elle en me regardant par-dessus son épaule.

J'allai la rejoindre et je vis que le dessus du piano était couvert de petites photos encadrées. Elle en prit une qu'elle me tendit.

— Voici ma fille, Ida, quand elle était jeune. C'est ta grand-mère. L'homme à ses côtés est son mari, Daniel Griffin. Le frère de Vinnie, bien entendu. Ce sont les parents de ta mère.

Je pris la photo et observai les deux visages juvéniles. Celui de la jeune femme était heureux et plein d'espoir, celui de son mari était plus sérieux. Il avait toujours dû être sévère, même dans sa jeunesse. Son visage était carré et buriné avec des yeux sombres dont le regard semblait bien glacial pour un si jeune homme. J'étais de plus en plus certaine que c'était Daniel Griffin que j'avais vu à *The Anvil*.

— Cet homme est actuellement à Harpers Ferry, n'est-ce pas? demandai-je à Lady Lacey. Vinnie semble avoir peur de lui. Pourquoi? Que s'est-il vraiment passé autrefois? De quoi retourne-t-il? Peut-être ne le savez-vous pas?

— Oh! je sais!

Elle m'avait répliqué d'un ton sec, comme si je l'avais provoquée de nouveau.

— Racontez-moi ce qui s'est passé, je vous en prie.

Je voulais connaître sa version pour pouvoir la comparer avec celle de Vinnie.

Elle hésita un instant, puis sembla se décider à parler.

— Mon mari et moi avons eu une enfant unique, Ida. Elle

est née dans cette maison. Mais elle ne nous ressemblait ni à l'un ni à l'autre. C'était un petit être timoré. Devenue grande, elle l'a épousé, lui, ajouta-t-elle en désignant de l'index le visage de l'homme sur la photo. Il était arrivé ici tout enfant, avec sa sœur Vinnie, quand leurs parents s'étaient installés à Harpers Ferry. Vinnie est devenue beaucoup plus proche de notre famille que lui. Mon mari et moi ne l'avons jamais aimé et nous ne lui avons jamais fait confiance. Mais Ida s'en était entichée.

Elle m'arracha brusquement la photo des mains et la posa à l'envers sur le piano.

Entichée, pensai-je. Un mot suranné qui en disait long. Je ne savais pas ce que c'était d'être *entichée,* j'espérais bien ne jamais le savoir.

— Joues-tu du piano ? me demanda-t-elle tout à coup.

— Malheureusement pas.

— Évidemment ! Dans mon temps à moi, les jeunes filles apprenaient quelques arts d'agrément.

— Je sais jouer de la guitare, lui proposai-je en souriant.

Sa réaction m'indiqua clairement le peu de cas qu'elle faisait de la guitare. Mais ce bavardage nous éloignait de mon principal sujet de préoccupation.

— Je voudrais bien savoir ce qui s'est passé. « Assassinat » est un mot effrayant.

— Nous ne savons même pas si c'est le mot approprié. Mais je vais te raconter le peu que je sais, dit-elle en redressant ses épaules sous le brocart ivoire comme pour se donner la force d'affronter une fois encore la triste réalité. Ida et Daniel ont eu deux filles. L'aînée est Amelia, ta mère. Ardra a un an de moins. Amelia a épousé Bradley Elliot. Il était né ici. Il n'a jamais été bon à grand-chose d'autre qu'à séduire les jeunes femmes écervelées.

La phrase était mordante, elle traduisait la rancœur de toute une vie.

— Nous nous sommes opposés à son mariage avec Amelia, mais elle était aussi têtue qu'Ida, et follement amoureuse de cet homme qu'elle n'aurait même pas dû considérer. Amelia a quand même toujours gardé son bon sens pour tout le reste. Ardra, elle, était complètement écervelée, mais elle était physiquement très séduisante, et gâtée. Elle avait toujours eu presque tout ce qu'elle avait voulu, sauf le mari de sa sœur. Elle a évidemment fini par l'avoir aussi.

Lady Lacey s'interrompit et s'éloigna du piano comme pour montrer qu'elle pouvait se passer de tout soutien. Elle reprit la parole sans me regarder.

— Quand ton père a séduit la sœur de ta mère et qu'il l'a mise enceinte, Daniel a perdu la tête. Il a proféré des menaces contre Brad.

— Vinnie m'a dit que la veste de mon père avait été retrouvée sur un rocher en aval de Harpers Ferry, percée d'un trou de balle.

Lady Lacey répondit avec circonspection.

— J'imagine que si son cadavre a été emporté par le fort courant de la rivière jusqu'à la mer, il est normal qu'on ne l'ait jamais retrouvé dans l'océan. Quand Daniel a vu que des présomptions de culpabilité pesaient sur lui, il a disparu à son tour, sans doute pour éviter d'être arrêté et de subir un procès.

— Pauvre Ida, dis-je.

— Peuh! C'était une tête de linotte! répliqua Lady Lacey en laissant percer tout le mépris qu'elle avait eu pour sa fille. Les autres membres de la famille ont assumé ce qui était arrivé, mais elle, elle a choisi la solution de facilité pour s'en sortir. Elle s'est jetée dans la rivière, à la pointe de la péninsule de Harpers Ferry. Ta mère non plus n'a pas réussi à accepter ce qui était arrivé. Après le suicide d'Ida, elle a décidé de s'enfuir en t'emmenant avec elle. D'une certaine façon, tu as alors disparu, toi aussi.

À ce point, je ne pouvais rien reprocher à personne. C'était une histoire affreuse, pire que tout ce que j'avais pu imaginer. Ida et ma mère méritaient toutes deux toute la sympathie du monde.

Lady Lacey posa ses deux mains sur la tête de griffon et s'appuya lourdement sur sa canne pour la première fois.

— Vinnie a hébergé Ardra avec son bébé et elle en a pris soin. C'est tout à son honneur.

— Pourquoi n'avez-vous pas recueilli vous-même votre petite-fille et son bébé ? demandai-je. Avec cette grande maison si vaste, il vous aurait été facile de le faire.

— Mon mari était malade. Ces événements horribles avaient empiré son mal. Je ne pouvais pas laisser Ardra, la source de tous nos malheurs, s'installer dans ma propre maison.

Je vis qu'elle évitait mon regard en me débitant ses explications et je me demandai si c'était bien la vérité qu'elle me disait.

Plutôt que de l'affronter, je lui posai des questions sur mon grand-père.

— Pourquoi Daniel Griffin serait-il revenu ici maintenant ?

— Pour se venger peut-être ? Cela lui ressemblerait tout à fait.

— Se venger de qui ? Et pourquoi si longtemps après coup ?

D'un air ironique, elle me fit un sourire grimaçant.

— Pourquoi ne lui poses-tu pas directement tes questions ?

Voyant que j'étais stupéfaite, elle se dirigea vers la porte donnant sur le corridor et me fit sortir de la pièce. Ni Anne-Marie ni Ryan n'étaient en vue. Je la suivis vers l'arrière de la maison où une porte donnait sur une vaste pelouse au-dessus d'un massif de chênes bien touffu qui tapissait la pente jusqu'au bord de la falaise.

Lady Lacey m'indiqua un petit cottage qui se trouvait au fond de la pelouse.

— On y faisait la cuisine autrefois. On l'utilise surtout pour l'entreposage maintenant, mais il y a quand même le téléphone. Je lui ai dit qu'*il* pouvait s'installer là, s'il faisait un grand ménage.

Je regardai vers le petit bâtiment, mais il n'y avait personne en vue.

— Vous voulez dire que vous avez vraiment permis à cet homme d'habiter ici ?

— Il n'avait pas d'autre endroit où aller, dit-elle comme si c'était évident. Daniel est un homme enragé. J'ai pensé qu'en gardant l'œil sur lui on lui éviterait de s'attirer des ennuis. Va lui parler, si tu veux. Va lui poser tes questions, si tu en as le courage.

— Contre qui est-il enragé ? demandai-je.

— Tu devrais plutôt demander : y a-t-il quelqu'un contre qui il n'est pas enragé ? Mais je voulais seulement te mettre à l'épreuve. Je ne t'aurais pas laissée y aller. Je veux que tu te tiennes loin de ton grand-père.

Je n'avais pas l'intention de m'exposer à la colère de quiconque, surtout pas à celle d'un homme cinglé qui avait peut-être tué mon père. Quand j'aurais réussi à me débarrasser de la présence troublante de cette femme, je retournerais chez Vinnie pour découvrir ce qu'elle attendait vraiment de ma mère. Si je pouvais faire quelque chose pour elle, je le ferais avec plaisir. Puis je rentrerais à la maison à Charlottesville, là où je me sentais à ma place. J'imaginais déjà que je serais bien plus satisfaite qu'auparavant de la vie que j'y menais.

Lady Lacey me jeta un regard perçant et referma la porte arrière, avant de me précéder dans l'étroit corridor. Je pris la parole sans lui laisser le temps de me poser une autre question.

— Maintenant, je voudrais retrouver Ryan et partir.

J'avais adopté intentionnellement un ton sec et hostile.

Mais elle n'en avait pas terminé avec moi.

— Ne voudrais-tu pas monter à l'étage et visiter le reste de la maison ?

— Et pourquoi donc ?

Elle me foudroya du regard.

— Parce que tu es chez toi dans cette maison autant que moi. Tu es une Fenwick en partie, que ça te plaise ou non. C'est un Fenwick qui a bâti cette maison, et des Fenwick ont toujours habité ici. Je te la laisserai peut-être en héritage quand je mourrai.

Pour rien au monde je n'aurais voulu posséder cette maison, qui devait coûter les yeux de la tête, ou avoir quoi que ce soit à faire avec la vieille dame un peu cinglée qui y vivait. Je ne m'étonnais plus de ce que ma mère ne m'ait jamais parlé d'elle.

Elle s'arrêta pour me faire face dans le corridor faiblement éclairé. Dans la pénombre, suspendu au mur au-dessus de sa tête, j'aperçus un tableau, le portrait d'un homme.

Voyant que mon attention était attirée, elle alluma le lustre du corridor.

— C'est Jud Fenwick, un des ancêtres de l'illustre lignée à laquelle tu appartiens. Il y a encore bien des choses que je dois te dire et t'apprendre.

Le regard profond du personnage du portrait semblait vouloir m'envoûter, mais je résistai, comme j'avais l'intention de rejeter tout ce qui avait un rapport avec cette maison.

— Je n'ai pas ma place ici, Lady Lacey. Ma mère a eu raison de laisser derrière elle ce qui s'était passé et de s'enfuir.

Elle releva un peu plus le menton.

— On ne peut jamais rompre les liens du sang. Certainement pas avant d'en savoir assez pour faire un choix éclairé, en tout cas.

J'avais déjà arrêté mon choix et je fis un ultime effort pour partir.

— Je reviendrai peut-être vous voir avant de quitter Harpers Ferry. Vinnie nous attend pour le dîner, et je voudrais me reposer un peu avant...

Elle repoussa cette excuse du revers de la main.

— Je veux d'abord que tu montes à l'étage. Vas-y seulement pour voir. Ça ne sera pas long. Tu verras bien s'il y a là quelque chose de significatif pour toi. Comme le petit Egan, tu percevras peut-être une présence.

Ça ne me plaisait pas du tout.

— Quel genre de présence?

— Celle du poids de l'histoire. Je n'ai jamais laissé Ryan monter là-haut, même s'il me l'a souvent demandé, à cause du livre qu'il est en train d'écrire. Mais tu es une Fenwick. La maison elle-même s'en rend compte et accepte que tu t'y déplaces à ta guise.

Je me demandai si elle avait toute sa raison. Le plus simple était probablement de faire ce qu'elle me demandait et de m'en aller ensuite.

— D'accord. Dois-je porter attention à quelque chose en particulier là-haut?

— Tu t'en rendras bien compte si tu trouves quelque chose. L'histoire laisse des traces. Monte vite pendant qu'il fait encore clair dehors. Tu trouveras des bougies, si tu en as besoin. Ne touche pas aux interrupteurs électriques. Tu troublerais le climat qui règne là-haut.

Je refusai de me laisser effrayer et j'entrepris de monter l'escalier abrupt, la main bien serrée sur la rampe. Je me retournai pour lui poser une dernière question avant d'atteindre l'étage.

— Que pense Anne-Marie du fait que vous laissiez Daniel Griffin habiter dans votre cottage?

Elle fit un sourire narquois.

— Elle lui ferait volontiers avaler un bouillon d'onze heures, mais elle fait évidemment ce que je lui dis de faire.

Et il était évident que Lady Lacey s'attendait à ce que tout le monde en fasse autant! Arrivée à l'étage, j'avançai à pas rapides dans le corridor faiblement éclairé. Les tentures étaient tirées, et je vis que j'aurais besoin des bougies, même si le soleil brillait encore à l'extérieur. Il y avait plusieurs chandeliers et des pochettes d'allumettes sur une petite table près du haut de l'escalier. Je choisis un bougeoir ancien en étain, avec une anse en forme de boucle à sa base et fis craquer une allumette. La flamme s'éleva dans l'air sans vaciller. Je pris le bougeoir avec sa grosse chandelle et je le dressai au-dessus de ma tête. Des ombres mouvantes s'animèrent sur les murs. Comme j'étais habituée à l'éclairage électrique, la vue de ces ombres vacillantes me mit mal à l'aise.

Je me dirigeai d'abord vers l'avant de la maison. Le corridor et l'escalier longeaient le mur extérieur, et il y avait une grande pièce sur la façade. Par la porte grande ouverte, j'entrai dans une chambre où trônait un grand lit à quenouilles entouré d'un mobilier ancien. Sur une commode, était posé un pot à eau en porcelaine à motifs de fleurs, avec sa cuvette. Sur une tringle, d'un côté, il y avait des serviettes de toilette propres, comme si un invité était attendu. Une savonnette à la lavande déposée dans un petit plat embauma l'air quand je la humai.

Contre l'un des murs, il y avait une penderie ancienne

garnie d'un miroir ovale sur une des portes. L'espace entre les fenêtres aux lourdes draperies était occupé par une coiffeuse avec une jupe à volants. Des dames d'antan avaient dû s'asseoir sur le banc placé en face du miroir rond pour se coiffer.

Je circulai dans la pièce, à la recherche des émotions auxquelles Lady Lacey avait fait allusion, mais je ne perçus aucun message, aucune impression laissée par les hommes et les femmes qui avaient fait leur toilette, avaient dormi et avaient vécu une bonne partie de leur vie dans cette chambre. Il était évident qu'elle n'était plus occupée.

La porte voisine donnait sur une autre grande chambre qui s'étendait jusqu'à l'arrière de la maison. Le mobilier était semblable. Entre les deux pièces, seul le papier peint marquait une différence de goûts. Avec son papier d'un jaune fané au motif géométrique effacé, la première chambre avant avait dû être claire et ensoleillée, tandis que les murs de cette autre chambre étaient couverts de bouquets de minuscules violettes fanées également et quelque peu mélancoliques. Mais, ni dans une pièce ni dans l'autre, je ne ressentis ce que Lady Lacey avait évoqué en parlant de l'histoire qui laisse des traces.

Je retournai dans le corridor et m'aperçus qu'il y avait une troisième chambre que je n'avais pas encore explorée, une chambre arrière située un peu en retrait, de l'autre côté de l'escalier. La porte était fermée. Je posai la main sur la poignée de porcelaine et la tournai sans réussir à ouvrir. Je me demandai pourquoi seule cette chambre était fermée à clé. Mais je ne voyais pas de raison pour poursuivre cette exploration futile. Une femme aussi âgée que Lady Lacey avait bien droit à ses lubies. Je pouvais redescendre maintenant que j'avais fait ce qu'elle m'avait demandé.

— La porte n'est pas fermée à clé, dit une voix derrière moi.

Saisie, j'en laissai presque échapper le bougeoir. Je me retournai vivement et me trouvai face à face avec Anne-Marie St. Pol qui m'observait du palier. Elle avait dû monter d'un pas intentionnellement silencieux pour me surprendre. Ses vêtements noirs se fondaient presque dans la pénombre.

— Lady Lacey a pensé que vous auriez peut-être besoin d'aide, dit-elle innocemment. Laissez-moi faire.

Elle posa la main sur la poignée et appuya son épaule contre le panneau de bois foncé.

La porte s'ouvrit avec un grincement inquiétant. L'air confiné et poussiéreux me fit éternuer. Anne-Marie actionna l'interrupteur à côté de la porte, et le lustre suspendu au plafond s'illumina d'une lueur jaunâtre. Elle ne semblait pas se préoccuper du décret relatif aux bougies.

— C'est ici que ça s'est passé, dit-elle. Lady Lacey n'aime pas que nous venions dans cette chambre. Elle est restée telle quelle, même le vieux papier peint n'a pas changé. En gardant la porte fermée, on fait peut-être taire l'écho des cris qui ont dû résonner dans cette pièce.

La main sur mon épaule, elle me poussa légèrement à l'intérieur de la chambre où j'entrai avec réticence. Le papier peint était taché et déchiré par endroits ; des lanières s'étaient décollées en dénudant les murs. Ce qu'il en restait était couvert d'un motif de guirlandes de lierre vert qui semblaient grimper le long du papier.

Anne-Marie se dirigea vers l'une des deux hautes fenêtres arrière et ouvrit d'un coup sec les draperies en lambeaux, faisant jaillir d'entre leurs plis une poussière suffocante. Elle agita la main avec agacement pour l'éloigner de son visage, et je compris qu'elle aurait souhaité faire un peu de ménage ici. Elle ouvrit une fenêtre pour faire pénétrer de l'air frais dans la chambre. Elle y resta, les yeux baissés vers la cour arrière.

Je m'approchai d'elle pour respirer l'air frais et je vis ce qui retenait son attention. Daniel Griffin se prélassait devant la porte du cottage, regardant les arbres dans le vague. Il avait à la main une tasse en terre cuite dans laquelle il buvait une gorgée de temps à autre. Il sentit probablement notre regard peser sur lui, car il se retourna vivement et leva les yeux vers la fenêtre où nous nous tenions. Je reculai hors de sa vue, mais Anne-Marie ne bougea pas. En la voyant à la fenêtre, il leva sa tasse en guise de salutation narquoise.

Anne-Marie referma brusquement la fenêtre et tira les draperies. La poussière jaillit de nouveau et j'éternuai.

Elle se dirigeait vers la porte quand je lui demandai :

— Si l'homme qui est en bas a assassiné mon père, pourquoi Lady Lacey lui a-t-elle permis de s'installer ici ?

Elle me jeta avec impatience un regard méprisant.

— Vous feriez mieux de le lui demander à elle. Nous pourrions bien nous retrouver mortes toutes les deux dans nos lits, si vous voulez mon avis.

— Que savez-vous de lui ? me hasardai-je à lui demander.

— Je sais que vous n'auriez jamais dû venir ici. Vous pourriez être l'étincelle qui va tout faire exploser en mille morceaux.

Je tentai de lui poser une autre question.

— Que s'est-il passé dans cette chambre ? Est-ce ici que l'histoire est censée avoir laissé sa trace, comme l'insinue Lady Lacey ?

Elle acquiesça gravement.

— Si vous restez très tranquille et que vous écoutez de toutes vos forces, vous l'entendrez peut-être pleurer, elle. Je l'ai entendue une fois.

— Je ne crois malheureusement pas aux fantômes.

— Vous avez tort. Comment Harpers Ferry pourrait-il être exempt de fantômes avec tout ce qui s'y est passé ?

— Racontez-moi ce qui s'est passé dans cette chambre.

Elle parut considérer ma question sérieusement et peser le pour et le contre avant de se décider à me répondre.

— Ce qui a été perpétré dans cette chambre il y a plus de cent ans n'est un secret pour personne. Pendant la guerre, il y avait souvent des renégats, tant du Nord que du Sud, qui rôdaient, terrorisant les vieux et les femmes qui n'avaient personne pour les protéger. La plupart des hommes engagés dans la guerre étaient des ouvriers ou des fermiers. Ce n'étaient pas des soldats de carrière. Certains déserteurs étaient des hommes violents, des voleurs, des assassins. Trois hommes, qui avaient déserté les troupes de l'Union, se sont introduits dans cette maison. Ellen Fenwick dormait dans ce lit que vous voyez. Ils l'ont violée, tous les trois ! Le père d'Ellen, Jud Fenwick, était parti à la guerre et sa mère venait de mourir le mois précédent. Il n'y avait que les serviteurs ici, des affranchis, pas des esclaves, mais les déserteurs avaient des fusils et personne n'a pu leur résister. Pauvre petite Ellen.

Je regardai le lit, et un sentiment de douleur et de désespoir m'envahit. Les yeux fermés pour échapper à cette vision, je pouvais presque l'entendre pleurer et implorer ses bourreaux. À la vue des tiges de lierre qui grimpaient vigoureusement à l'assaut des restes du papier peint, j'éprouvai un vertige morbide en ouvrant les yeux.

Anne-Marie poursuivit dans un chuchotement.

— Neuf mois plus tard, Ellen Fenwick est morte en couches dans ce même lit où elle avait été violée.

— Qu'est devenu le bébé ? demandai-je.

— Cette pauvre petite fille bâtarde qui n'a jamais connu son père ? Les serviteurs en ont pris soin jusqu'à ce que les hommes reviennent de la guerre. Puis on s'en est débarrassé.

J'étais horrifiée.

— Vous voulez dire que...

Elle hocha la tête.

— Non, pas de cette façon-là. Elle aurait été confiée à un couple qui venait de perdre son propre enfant. La famille Fenwick n'a jamais revu le bébé.

— Comme c'est terrible! Le père d'Ellen n'a même pas voulu le garder en mémoire d'elle?

— Pas Jud Fenwick. C'était sûrement un homme sévère. Il y a plein d'histoires sur son compte. Vous pourrez demander à Lady Lacey de vous en raconter, si vous voulez.

Je ne voulais rien demander à Lady Lacey. J'en avais assez des tragédies, les anciennes comme les plus récentes. Je laissai Anne-Marie refermer la porte et descendis vivement l'escalier à la recherche de Ryan. Je voulais quitter au plus tôt le climat sinistre de cette maison pour retourner chez Vinnie.

6

Je trouvai Lady Lacey à l'extérieur. Elle était assise sur la galerie avant en compagnie de Ryan qui se berçait du bout des pieds dans une balançoire. Debout dans l'embrasure de la porte, je les observai un moment à leur insu. J'étais heureuse, ravie même, de retrouver Ryan, car il me ramenait au bon sens et à la stabilité rassurante des choses de la vie quotidienne. Il m'avait offert un répit en me faisant grimper jusqu'au Rocher de Jefferson parce qu'il savait mieux que moi à quel point serait rude l'épreuve que je m'apprêtais à traverser. Je me rendais compte maintenant que je ne lui avais pas assez manifesté ma reconnaissance. Je parlai brièvement à Lady Lacey, sans lui mentionner ce qu'Anne-Marie m'avait dit. Puis je me tournai vers Ryan.

Je souhaitais le voir seul et partager avec lui l'expérience que je venais de vivre dans la maison de Lady Lacey. Mon sourire épanoui sembla l'étonner un peu.

— Je voudrais retourner chez Vinnie tout de suite, lui dis-je.

Il se leva aussitôt.

— Bien sûr. Il faut que nous partions. Il se fait tard.

Mais Lady Lacey n'en avait pas encore tout à fait terminé avec moi.

— Eh bien ? m'interpella-t-elle. As-tu ressenti quelque chose là-haut ?

— Anne-Marie m'a raconté ce qui s'est passé dans cette chambre. Cela m'a horrifiée. Pauvre jeune fille !

— Il y a plus que de l'émotion dans cette chambre, me répliqua-t-elle sèchement. C'est pourquoi je garde la porte close. Ce qui s'y trouve doit y rester enfermé. Je voulais que tu en éprouves l'impression parce que tu es une Fenwick, toi aussi.

— Tout ça s'est passé il y a si longtemps.

Je me tus un instant et, encore sous le coup des émotions intenses que j'avais ressenties dans cette chambre, j'osai ajouter :

— Il faudrait l'aérer, la débarrasser du mobilier déglingué et du papier peint.

Elle me regarda d'un air stupéfait et Ryan haussa légèrement les sourcils pour me faire comprendre à quel point mes propos étaient déplacés. Quand Lady Lacey reprit la parole, elle fit mine d'ignorer ce que j'avais dit.

— Il est particulièrement regrettable que ces scélérats aient été des renégats des troupes de l'Union. Au moins, tu connais maintenant un peu l'histoire de ta famille. Mais tu n'en sais vraiment pas encore grand-chose.

Ce que j'avais appris dans cette seule journée était amplement suffisant pour me fournir des sujets de réflexion pendant bien longtemps. Je n'avais même pas commencé à en assimiler la plus infime partie.

— Allons-y, je vous en prie, dis-je à Ryan.

Il se pencha pour embrasser d'un geste affectueux la blanche joue parcheminée de Lady Lacey.

— Je veux la revoir, lui dit-elle comme si j'étais une enfant.

— Bien sûr, dit-il calmement en posant sa main sur mon bras. Je vous la ramènerai dans un jour ou deux. Lacey a d'abord besoin d'un peu de temps pour se faire à la situation.

Ce n'est pourtant pas ainsi que les choses se passèrent. Je pris la main que Lady Lacey me tendait et je sentis ses doigts glacés et crispés entre les miens. Je n'avais plus qu'à lui dire au revoir. Je traversai ensuite la galerie pour me diriger vers l'escalier. Encore sous le coup de l'émotion, je ne regardais pas où je posais les pieds. Quelque chose me fit soudain trébucher. Ryan m'attrapa aussitôt par le bras pour me retenir. En baissant les yeux, je vis qu'une grande trappe avait été pratiquée dans le plancher de la galerie. J'avais trébuché sur un anneau en fer qui dépassait légèrement. La poignée de la trappe, bien évidemment.

— Il y a une cave à légumes là-dessous, dit Ryan. Depuis l'apparition des réfrigérateurs, on ne l'utilise plus.

J'acquiesçai distraitement, absolument pas intéressée par les caves à légumes, et mis la main sur la rampe pour descendre l'escalier. L'ensemble de ma visite chez Lady Lacey et sa maisonnée m'avait bouleversée bien plus que je ne l'avais prévu.

Pendant notre voyage de retour le long des falaises qui dominaient la rivière, j'essayai d'expliquer à Ryan ce que j'avais ressenti dans la chambre à l'étage. Même s'il n'était jamais allé dans cette pièce, il connaissait son histoire et il écouta posément mon récit exalté.

— Pourquoi faut-il qu'elle fasse de cette chambre une espèce de sanctuaire ? Je déteste cette femme. Je ne veux pas être mêlée à toutes ces horreurs. J'imagine qu'elle a dû aussi être très cruelle avec ma grand-mère Ida. Je ne veux pas la revoir.

Il me parla du même ton calme et raisonnable qu'il avait utilisé avec Lady Lacey.

— Quand vous la connaîtrez davantage, vous vous entendrez peut-être mieux avec elle. J'ai l'impression qu'elle est bien solitaire dans cette grande maison, avec Anne-Marie pour seule compagnie. Elle a probablement trop de temps pour ruminer le passé.

— Je comprends les gens de ne pas aller la voir. Qui pourrait trouver du plaisir à passer du temps avec elle? Parlez-moi d'Anne-Marie, ajoutai-je pour changer de sujet.

— Il n'y a pas grand-chose à en dire. Elle est arrivée ici en provenance de Winnipeg, au Canada, alors qu'elle avait à peu près dix-huit ans. Comme sa mère était morte quelques mois plus tôt et son père longtemps auparavant, elle n'avait pas de famille. Une rencontre fortuite avec Lady Lacey l'a amenée à travailler comme bonne pour votre arrière-grand-mère. Elle est finalement devenue gouvernante, poste qu'elle occupe toujours.

— Anne-Marie a-t-elle déjà essayé de faire autre chose de sa vie?

— Lady Lacey l'a envoyée dans une école professionnelle, mais elle n'a jamais pu s'intégrer nulle part. Elle a une personnalité particulière. Il semble que ce qu'elle préfère, c'est de travailler pour Lady Lacey. Le peu d'affection qu'elle est capable de manifester, elle la garde pour la femme qui l'a recueillie quand elle cherchait du travail et un toit. Parfois, j'essaie de la taquiner et de la traiter amicalement. La plupart du temps, elle l'accepte d'assez bon gré.

— Aussi étonnant que ça paraisse, Lady Lacey a parlé de

me léguer sa maison en héritage. Elle ne me connaît même pas ! Elle ne m'a vue qu'une seule fois. Et, de toute façon, je n'en veux pas.

— Il peut suffire d'une seule fois pour Lady Lacey. Vous êtes son arrière-petite-fille après tout. Elle n'a pratiquement personne d'autre.

— Et Caryl, alors ?

— Malheureusement, Caryl est la fille d'Ardra, et Lady Lacey n'a jamais pardonné à Ardra d'avoir couché avec votre père. Elle lui reproche encore tous les malheurs qui ont découlé de cette liaison.

Ces paroles firent croître mon irritation envers mon arrière-grand-mère. Alors que nous poursuivions notre route, je me perdis dans de profondes réflexions. Je m'aperçus que j'en voulais aussi à ma mère dont le long silence, qui ne m'avait procuré que confusion, me soumettait maintenant à un tel déluge d'informations en si peu de temps.

Ryan parut comprendre ce que je ressentais.

— Donnez-vous du temps, dit-il. Vous vous sentirez mieux demain.

Nous avions atteint le sommet de l'escalier qui menait aux terrains de l'église, là où il avait laissé sa voiture. Son désir de me rassurer en me parlant du lendemain me parut futile, et je ne répondis rien. Quand nous nous retrouvâmes dans la voiture, il continua à me parler paisiblement.

— En ce moment, vous êtes contrariée et vous voudriez trouver un bouc émissaire contre lequel vous pourriez exprimer toute votre colère. Je crains de ne pas pouvoir jouer ce rôle. Mais savez-vous ce que je fais, moi, quand je suis contrarié ? Je trouve quelque chose d'assez prenant à faire pour épuiser l'excès de colère qui me met tout à l'envers. Et ça fonctionne ! Si vous avez toujours l'intention d'écrire votre livre sur

Harpers Ferry, pourquoi n'iriez-vous pas explorer la ville basse demain ? Il y a beaucoup à voir. Pourquoi ne pas le faire à pied ? Ça vous changerait les idées et ça vous permettrait de replacer les choses dans leur contexte. Comme vous avez des racines ici, votre expédition en sera d'autant plus passionnante.

— Merci bien, mes racines m'ont déjà causé assez d'émotions pour un bon bout de temps.

Je ne voulais quand même pas avoir l'air désagréable et je lui posai une autre question.

— Est-ce que Lady Lacey vous a dit que Daniel Griffin habite le cottage à l'arrière de sa maison ? C'est l'homme que nous avons vu à *The Anvil*. Celui qui rôde en ville.

Il parut surpris.

— Elle ne m'en a rien dit.

— C'est mon grand-père. J'ai plus de parents indésirables qu'il ne m'en faut, dirait-on. Vous devez être au courant par ma famille de tout ce qu'il y a à savoir sur Daniel Griffin. Pourquoi Vinnie a-t-elle peur de lui ?

Il m'observa un instant, avant de faire démarrer la voiture. Il détourna ensuite le regard vers le pare-brise, puis tourna la clé de contact.

— Je vais vous dire le peu que je sais. Vinnie et Daniel n'ont jamais été proches l'un de l'autre en tant que frère et sœur. Il est pas mal plus vieux qu'elle. Après la mort de Brad, je vous parle évidemment par ouï-dire car j'étais très jeune quand tout cela est arrivé, Vinnie a soupçonné son frère de l'avoir tué. Il semble que Daniel et Brad s'étaient violemment querellés. Vinnie m'a dit que son frère avait très mauvais caractère. Elle était prête à témoigner contre Daniel. J'ai vu les comptes rendus des événements dans les journaux de l'époque. Après la disparition de Brad, on n'a retrouvé que sa veste, percée d'un trou de balle. Daniel a disparu au même moment.

Les gens ont eu tendance à y voir un lien de cause à effet. Vinnie croit qu'il est revenu pour se venger et elle a peur.

— Mais pourquoi maintenant ? demandai-je alors que nous retournions lentement chez Vinnie par de petites rues tranquilles. Il a dû se refaire une vie ailleurs. Brad n'est plus là. Alors contre qui peut-il encore être en colère ? Sûrement pas sa sœur.

— Je n'en ai aucune idée, mais vous en sauriez plus si vous pouviez parler avec votre grand-père.

Nous étions arrivés à la maison, et Ryan gara la voiture devant les marches de brique. Vinnie nous accueillit à la porte d'entrée, les yeux brillants d'excitation.

— Caryl est de retour, Lacey ! Ta sœur a bien hâte de te rencontrer. Mais elle a un peu peur aussi. Alors sois gentille avec elle.

Moi aussi, j'aurais eu besoin qu'on soit gentil avec moi. Je n'étais absolument pas disposée à rencontrer une sœur dont j'avais ignoré l'existence jusqu'à ce jour. Je n'avais pas encore eu le temps de réfléchir aux conséquences du fait qu'Ardra avait porté l'enfant de mon père et, pour l'instant, je me sentais absolument incapable d'encaisser plus de parenté. J'étais complètement éreintée et, quand je fermais les yeux, je voyais des tiges de lierre vert qui chatoyaient sous mes paupières.

— Je vous en prie, Vinnie, dis-je. Je voudrais me reposer un peu. Je retourne à Charlottesville demain.

Elle parut comprendre.

— Ça a été si difficile ? Je suis désolée, mais il n'est pas question que tu partes tout de suite. Nous avons besoin de toi ici. Essayez de la raisonner, ajouta-t-elle en se tournant vers Ryan.

Il eut un sourire compatissant.

— Du calme ! Vinnie. Lacey a vécu une journée vraiment

épuisante. Donnez-lui un peu de temps pour se retrouver. Je ne crois pas qu'elle soit prête à rencontrer Caryl à l'instant même.

Pendant que Vinnie jetait un regard nerveux vers le corridor, Ryan me tendit la main.

— Si les choses deviennent insupportables, imaginez-vous sur le Rocher de Jefferson. C'est un des endroits les plus beaux et les plus paisibles que je connaisse. Parfois, ça m'aide de m'y retrouver en esprit quand la vie me malmène trop. À tout à l'heure, Lacey.

Il dit à Vinnie qu'il avait du travail à faire et monta à sa chambre qui était à l'étage.

Vinnie m'entoura de son bras.

— Ryan a raison. Je vois bien que Lady Lacey t'a bouleversée. Elle a un don pour ça. Je pense qu'elle ne se rend pas compte de l'effet qu'elle produit sur les gens.

— Oh! je pense qu'elle s'en rend très bien compte, dis-je avant de me hâter vers ma chambre.

Une fois à l'intérieur, la porte bien fermée derrière moi, je me débarrassai de mes souliers d'un geste du pied et je m'étendis sur le lit. Mais comme le lierre vert revenait me hanter dès que je fermais les yeux, j'essayai de penser au Rocher de Jefferson. Je me rappelai aussitôt Ryan, toutes les petites attentions dont il m'avait entourée et sa patience avec moi.

Étendue sur le lit, j'essayais de me détendre quand j'entendis un faible miaulement plaintif tout près de moi. Je me retournai et m'appuyai sur un coude pour voir d'où il venait. Shenandoah était assise sur son petit derrière à moins d'un mètre du lit, la tête de côté, l'air flagorneur.

— Bonjour, Shenandoah, dis-je.

Elle considéra qu'il s'agissait d'une invitation et se coula jusqu'au lit où elle s'arrêta pour évaluer la hauteur du bond qu'elle aurait à faire. Après s'être ramassée, elle s'élança pour atterrir juste à côté de mon visage. Une petite chatte était précisément ce qu'il me fallait pour me remettre. Je lui tendis deux doigts qu'elle renifla en les examinant attentivement. Elle lécha ensuite mon index de sa langue rude, puis s'enroula comme une petite balle de calicot bariolé au creux de mon bras. Je me demandai si c'était Egan qui l'avait mise dans ma chambre pour me souhaiter la bienvenue. Je flattai son doux pelage et, réconfortée, je m'endormis.

Le petit coup frappé à ma porte aurait pu faire partie d'un rêve. J'attendis pour voir s'il se répéterait. Au deuxième coup, j'invitai la personne qui devait être là à entrer.

Une jeune femme s'avança dans la chambre, l'air à la fois inquiet et plein d'espoir. Je compris qui elle était et m'assis sur le bord du lit. Shenna s'étira et se mit à observer la scène avec beaucoup d'intérêt.

— Tu es Caryl? lui demandai-je.

Et tu es ma sœur Lacey. J'espère que ça ne t'ennuie pas que je sois venue. J'avais tellement hâte de te rencontrer.

Demi-sœur, pensai-je. Elle n'était pas l'enfant de ma mère, bien qu'elle lui ressemblât curieusement plus que moi. Tout ce brassage de gènes! Caryl était une variante d'Amelia, plus menue et plus fragile. Ses cheveux blonds, coupés juste au-dessus des oreilles, bouffaient naturellement autour de son visage, et ses yeux bleus me fixaient avec une curiosité évidente. J'étais complètement désorientée. J'espérais qu'elle romprait elle-même le silence qui s'était installé entre nous, ce qu'elle fit.

— Tante Vinnie m'a dit que tu étais allée voir Lady Lacey. Est-ce qu'elle te fait peur autant qu'à moi?

Même si nous n'avions que quatre ans de différence, Caryl paraissait beaucoup plus jeune que moi.

— Je dois dire qu'elle m'a intimidée au début, dis-je. Elle est plutôt impressionnante. Mais elle ne m'a pas plu. Et je déteste sa vieille maison hantée.

Caryl s'approcha du bol de cristal aux fleurs séchées et prit quelques pétales de roses pour les humer. Je vis bien qu'il s'agissait d'un geste dilatoire.

— Je comprends ce que tu veux dire quand tu parles de cette maison, me dit-elle en me regardant par-dessus son épaule. J'y vais seulement parce qu'Egan l'adore et que Lady Lacey est folle de lui.

Évidemment ! Caryl était la mère d'Egan. Dans ma confusion, je n'avais pas fait le lien. Après tout, je n'avais pas que des parents déplaisants.

— Lady Lacey n'a pas très bonne opinion de moi, poursuivit-elle, même si je n'ai rien à voir dans toute cette vilaine histoire dont je suis issue. On dirait qu'elle ne peut pas me pardonner d'être en vie. Mais toi, tu es son homonyme, et cela joue en ta faveur.

Elle se retourna pour me regarder d'un air méditatif. Je compris que Lady Lacey l'avait sans doute déjà blessée profondément.

— Tu en sais tellement plus que moi sur l'histoire de la famille, dis-je. Tout cela est nouveau pour moi.

— J'ai croisé Ryan dans l'escalier un peu plus tôt et il m'a dit que tu l'avais vu, *lui*.

— *Lui ?*

— Notre grand-père. Celui qui terrorise tout le monde. Celui qui est censé avoir... J'ai probablement toujours refoulé ces histoires pénibles parce que j'aimais mieux les ignorer, poursuivit-elle après une hésitation. Je ne connais pas toute l'histoire, moi non plus. Personne ne veut répondre à mes questions, mais j'ai réussi à remettre certains morceaux ensemble.

— Je ne connaissais même pas l'existence de tante Vinnie avant que ma mère ne reçoive sa lettre hier.

Une seule idée en tête, elle ne parut pas m'entendre.

— Parle-moi de notre grand-père, me demanda-t-elle.

Elle s'assit devant la coiffeuse, et son reflet dans le miroir me fixa des yeux. Elle flattait distraitement Shenna qui avait bondi sur ses genoux.

— Lady Lacey lui permet d'habiter le cottage à l'arrière de sa maison. Je ne sais pas pourquoi il est revenu, mais je suis très troublée.

— Je voudrais bien le rencontrer, dit Caryl.

Je la regardai avec nostalgie. Si les choses avaient été différentes, nous aurions pu grandir comme deux sœurs proches.

— Je veux partir d'ici au plus vite, Caryl, mais viendrais-tu me voir à Charlottesville?

Son visage s'anima aussitôt.

— J'adorerais y aller, si je peux amener Egan avec moi, bien sûr.

— Oh! ça me plairait bien!

Je ne savais pas trop comment ma mère réagirait, mais je trouverais une façon de me débrouiller.

— Je pourrais peut-être repartir avec toi, suggéra Caryl. Mais pas avant quelques jours. Je dois *le* rencontrer d'abord.

Je fus étonnée.

— Notre grand-père? Et pourquoi donc?

— Il est le seul à pouvoir me dire ce qui s'est réellement passé. Je veux lui demander face à face comment mon... notre père est mort.

— Mais pourquoi te le dirait-il?

Elle me fixait dans le miroir, les yeux brillants.

— Personne ne sait vraiment qui a tué Bradley Elliot. Tout le monde a supposé que Daniel Griffin était le coupable, et c'est pourquoi il s'est enfui. J'ai entendu des insinuations toute ma vie, mais je ne sais pas lesquelles sont vraies. Il y a tellement de contradictions.

— De la part de Lady Lacey?

Elle se retourna pour me regarder bien en face.

— Je t'ai dit qu'elle ne m'aime pas. Elle accepte de me voir à cause d'Egan. Sans cela elle ne voudrait rien avoir à faire avec moi.

— Mais tu n'es pas responsable de ce qui est arrivé.

— Tu peux toujours essayer de lui dire cela. Quand elle a été vraiment trop mesquine envers ma mère, je me suis opposée à elle à l'occasion.

— Où est ta mère?

— Elle est allée voir des amis dans le Maryland. Elle a terriblement peur de son père, ce qui, naturellement, me donne d'autant plus envie de le voir.

— Nous pourrions peut-être aller le voir ensemble.

Elle était très jolie quand elle souriait.

— Crois-tu que ce soit possible?

— Nous trouverons un moyen. Nous pourrions simplement aller le voir dans le cottage sans prévenir Lady Lacey.

Elle avait un rire en cascade, comme celui de Vinnie. Elle s'approcha de moi et me serra vivement dans ses bras. Je compris que j'aurais beaucoup de plaisir à l'avoir pour complice.

Gare à toi, Daniel Griffin! me dis-je dans mon for intérieur. Je me sentis tout à coup heureuse comme je ne l'avais pas été depuis mon arrivée à Harpers Ferry. Follement heureuse.

7

Caryl resta avec moi pendant que je me préparais pour le dîner. Tout en me rafraîchissant et en me coiffant, je commençai à élaborer différents plans. Il ne serait peut-être pas facile de réussir à voir Daniel Griffin à l'insu de Lady Lacey et d'Anne-Marie, mais à deux nous pourrions faire preuve de plus d'audace. Lady Lacey serait sans doute mécontente, mais cela ne m'inquiétait pas outre mesure. Il serait toujours temps de s'en occuper plus tard.

J'accompagnai ensuite Caryl dans la grande salle à manger située en face des deux petits salons. Les autres étaient déjà à table, et Vinnie semblait un peu impatiente.

— Dépêchez-vous de vous joindre à nous, dit-elle en nous indiquant nos places à table.

Nous étions cinq, Vinnie, Ryan, Egan, Caryl et moi. Egan était fort occupé à poser des questions à Ryan sur John Brown. En me voyant, il s'interrompit et me regarda. Il avait les yeux si beaux de sa mère.

— Hé! As-tu vu la maison de Lady Lacey? me demanda-t-il. Es-tu allée en haut?

Je lui répondis que oui, et nous comparâmes nos impressions à propos du sinistre papier peint. Même s'il était trop jeune pour comprendre ce qui s'était passé dans cette chambre, il savait bien qu'il s'agissait de quelque chose d'épouvantable.

Vinnie ramena la conversation à John Brown, un sujet moins risqué.

— Comment va votre livre, Ryan?

Il hocha la tête.

— Plus ou moins bien. Je voudrais découvrir la vraie personnalité de John Brown. J'ai déjà trouvé beaucoup de matériaux sur ses faits d'armes et leurs conséquences, mais ce n'est pas suffisant. J'essaie de savoir ce que sont devenus par la suite ses compagnons d'armes et de trouver certains de leurs descendants qui seraient prêts à me confier leurs archives familiales. C'est plus difficile qu'on pourrait le croire, parce qu'ils venaient de partout, du Kansas, de l'Iowa, du Connecticut, et de bien d'autres États encore. John Brown lui-même venait du nord de l'État de New York.

Je regardais Ryan pendant qu'il parlait et j'aimais ce que je voyais. Ses yeux étaient rêveurs et perdus dans le vague, même si sa voix traduisait un profond enthousiasme. Il se passionnait pour son projet, et le passé semblait aussi vivace pour lui que le présent.

— On doit bien pouvoir trouver encore ici, à Harpers Ferry, des descendants des hommes et des femmes qui y vivaient à l'époque, dis-je.

— La guerre et les inondations ont chassé bon nombre de familles dont la plupart ne sont jamais revenues. Vous avez vu Virginius Island aujourd'hui. Ce fut autrefois une île populeuse et prospère. Aujourd'hui on n'y trouve plus que de vieilles pierres.

— La famille de Lady Lacey, elle, a toujours été là, dit Vinnie.

— Je sais et j'en ai beaucoup parlé avec elle. Mais, de l'endroit où sa maison est juchée, l'histoire de John Brown a toujours semblé un épisode bien lointain. Elle n'aime d'ailleurs pas en parler parce qu'elle considère que c'est le raid de Brown qui a déclenché la guerre.

Je jetai un coup d'œil à Caryl et je fus sidérée. Son regard traduisait une telle adoration que je compris aussitôt que ma nouvelle sœur était amoureuse de Ryan Pearce. Cette découverte me troubla profondément, mais je me refusai à approfondir cette réaction pour l'instant.

— John Brown était-il véritablement fou? demandai-je pour faire diversion.

Ryan sourit.

— Les opinions divergent à ce sujet, selon que vos sympathies vont au Nord ou au Sud. Il a reconnu lui-même qu'il y avait des fous dans sa famille. Un de ses avocats a même soulevé ce point pendant le procès, dans l'espoir de le faire acquitter pour aliénation mentale. Mais Brown ne l'a pas laissé faire. Au contraire, il a lu devant la cour un document écrit net et précis attestant sa bonne santé mentale.

Pendant que Ryan parlait, je regardais par une fenêtre les rues en contrebas. Longtemps auparavant, au cours d'une nuit d'horreur, elles avaient retenti de coups de feu et les flammes des torches y avaient rougeoyé dans l'obscurité. Ce matin-là, Ryan m'avait montré la vieille caserne de pompiers où plusieurs des hommes de Brown avaient trouvé la mort.

— Il avait pris des otages, n'est-ce pas? demandai-je.

— Oui, et heureusement aucun d'entre eux n'a été molesté. Si Brown n'avait pas été pendu, sa tentative n'aurait été qu'une anecdote dans la grande histoire. Mais comme c'était un fervent abolitionniste, le Nord en a fait un martyr après sa mort et a commencé ensuite à battre les tambours de la guerre.

— Parle-nous donc de l'histoire qui s'est passée au Kansas, demanda Egan avec intérêt en saisissant une tranche de pain de maïs dans la corbeille qui circulait autour de la table.

— Brown a été impliqué dans une autre échauffourée au Kansas, commença Ryan. Quand il est venu ici, il a amené avec lui quatorze hommes blancs et cinq nègres. On ne les appelait pas encore des « Noirs » à l'époque. Il a choisi Harpers Ferry à cause de la présence d'un arsenal fédéral des États-Unis où près de cent mille armes étaient entreposées.

— Il y a, tout près d'ici, une ferme où il a logé, dit Vinnie. C'est devenu une attraction touristique très populaire.

— C'est là qu'il a élaboré ses plans, continua Ryan. Il voulait s'emparer de l'arsenal pour fournir des armes à son armée antiesclavagiste. Il croyait que les esclaves abandonneraient les plantations pour le suivre. Les montagnes qui entourent Harpers Ferry leur auraient fourni de bonnes cachettes. Ainsi embusqués, ils auraient pu faire des raids contre les propriétaires d'esclaves pour en libérer davantage. Brown était certain que, sans esclaves, l'économie du Sud s'effondrerait, ce qui permettrait d'éviter la guerre. Ses plans étaient chimériques et, en un certain sens, idéalistes.

— Il y a eu une guerre quand même, dit Egan.

— Justement. Brown a commis quelques erreurs. La plus grave a été de garder ses plans si secrets, par souci de sécurité, qu'aucun des esclaves ne connaissait ses intentions avant le coup d'envoi des opérations. Ils n'attendaient pas sa venue, ne connaissaient rien sur son compte et avaient peur de s'engager avec lui. Sa seconde erreur a été plus étonnante. Le raid avait été une réussite totale. Pourtant, après s'être emparé de l'arsenal, Brown a négligé d'intercepter un train de la compagnie B & O en direction de Baltimore où la nouvelle du raid s'est répandue comme une traînée de poudre. Un appel au secours pour Harpers Ferry a été transmis à Washington. Un homme était mort déjà, Heyward Shepherd, un employé des chemins de fer, qui s'était aventuré innocemment sur la voie ferrée pour voir ce qui se passait. Quand on lui avait ordonné de s'arrêter, il s'était mis à courir et avait été abattu. Ironie du sort, c'était un homme noir déjà libéré.

Vinnie était plongée dans le récit.

— J'ai entendu dire que les gens de la ville étaient tellement en colère qu'ils sont descendus dans les rues, et que la milice locale a attaqué la caserne de pompiers où Brown s'était réfugié avec ses hommes et les otages. Ça a dû être une nuit d'effroi et de folie.

— En effet. Des hommes ont été blessés au cours de l'affrontement, mais le match était nul entre Brown et la milice jusqu'à l'attaque de la caserne par quatre-vingt-dix Marines de l'armée fédérale, sous le commandement du colonel Robert E. Lee. Des conjurés ont été tués, quelques-uns se sont enfuis et cinq ont été capturés, y compris Brown qui avait été blessé. Ses propres fils sont morts dans la bataille. Les otages ont été libérés et l'épisode fut clos, après le procès qui s'est déroulé à Charles Town à quelques kilomètres d'ici, et la pendaison des « traîtres ». Quand John Brown est mort sur l'échafaud, les cloches de toutes les églises ont carillonné en Nouvelle-Angleterre. On l'a baptisé saint Jean le Précurseur, pendant que les journaux du Sud le considéraient évidemment comme le diable en personne. Avant sa mort, Brown avait prophétisé que l'esclavage serait la cause d'une guerre civile d'envergure et que Harpers Ferry serait rayé de la carte. Il a eu pratiquement raison dans les deux cas. Je voudrais comprendre comment il se fait qu'il est devenu si fanatique.

— Voilà ! Tu connais maintenant un peu de notre histoire, Lacey, me dit Vinnie. Mais Harpers Ferry a quand même sur-vécu à la guerre, aux inondations et aux catastrophes écono-miques. C'est de nouveau une ville prospère. À la fois à cause du parc national qui attire les touristes, et parce que c'est devenu une ville-dortoir pour Washington. Avec le train, la navette prend moins de deux heures. Tout cela a été favorable pour la ville, mais je regrette quand même les temps plus paisibles.

Tout en parlant, nous avions dégusté un délicieux poulet avec boulettes de pâte préparé par Jasmine, une salade et du pain de maïs chaud. Après avoir desservi la table, elle nous apporta un sablé garni de succulentes fraises.

Nous nous attardions à prendre le dessert lorsque la son-nette de la porte d'entrée tinta. Jasmine alla répondre et revint aussitôt, l'air perturbée.

— Mademoiselle Vinnie, il y a un homme qui veut vous voir. Il ne veut pas me dire son nom. Il porte une longue barbe et il a l'air... comment dire... vraiment très vieux.

Ryan vit que Vinnie était alarmée et il déposa sa serviette de table.

— Si vous voulez, je vais aller lui parler, Vinnie.

— Je vous en prie, dit-elle d'une voix étranglée. Je sais qui c'est et je ne veux pas le voir.

— Je vais vous en débarrasser, promit Ryan en se diri-geant vers la porte d'entrée.

Caryl et moi nous regardâmes, mais nous savions toutes les deux que ce n'était ni le temps ni le lieu pour rencontrer Daniel Griffin. Seul Egan continuait à manger son sablé, imperturbable. Nous attendions impatiemment le retour de

Ryan. Vinnie paraissait secouée. Elle était redevenue la femme terrorisée qui avait écrit à ma mère.

Ryan revint rapidement et s'approcha de Vinnie pour la rassurer.

— Il est parti. Il a laissé cette enveloppe pour vous. Il ne semblait pas tenir à vous voir, il voulait seulement laisser ce message. Quand je lui ai offert de vous le remettre, il est reparti sans résistance.

Vinnie prit l'enveloppe blanche comme si ce contact lui répugnait et la déposa à côté de son assiette. Caryl se pencha vers elle.

— J'aurais dû aller répondre à la porte pour vous. Je veux absolument rencontrer mon grand-père.

— Non! s'exclama Vinnie. Sa venue ne fera que causer des ennuis. J'espérais ne jamais le revoir. Je pensais qu'il était déjà mort.

— Il me semble qu'il ne peut vraiment faire de tort qu'à lui-même, dit Ryan. Si une accusation de meurtre a été portée contre lui, elle doit être encore en vigueur.

Vinnie hocha la tête.

— D'après la police, il n'y a jamais eu assez de preuves pour porter d'accusation. Même pas de cadavre. J'aurais pu témoigner de la querelle entre Daniel et Brad Elliot, mais je ne savais rien d'autre. Des menaces ont été proférées, c'est tout ce que je peux dire. Mais s'il avait été vraiment innocent, il aurait dû rester pour clarifier la situation. Quand il s'est enfui, tout le monde a cru qu'il était coupable. Il y a trente ans qu'on n'a plus entendu parler de lui. Qu'est-ce qu'il lui prend de revenir aujourd'hui?

Elle prit sa tasse de café d'une main tremblante.

— Pourquoi n'ouvrez-vous pas l'enveloppe? demanda Ryan.

Elle secoua la tête et regarda l'enveloppe avec répugnance.

— Je l'ouvrirai plus tard.

— Auriez-vous vraiment témoigné contre votre propre frère ? demanda Caryl.

La voix plus perçante, Vinnie répondit :

— Il a toujours été violent. J'avais peur de lui quand j'étais petite. J'ai toujours pensé qu'il aurait bien pu assassiner Brad. Il était tellement furieux contre lui à cause de ce qu'il avait fait à ta mère, Caryl.

Caryl fronça les sourcils.

— Il ne peut pas m'en vouloir à moi pour cela. Et c'est mon grand-père après tout.

— Amelia lui a toujours tenu tête, dit Vinnie en me regardant. Elle a essayé de mettre Ardra en garde contre Brad. Mais à l'époque, Caryl, ta mère était bien écervelée et elle était folle de cet homme.

— Même si c'était le mari de sa sœur ? dis-je d'un ton incrédule.

— Je dois dire qu'en ce temps-là, ni Brad ni Ardra n'avaient les idées bien claires.

C'était le moins qu'on puisse dire ! J'avais un peu la nausée en entendant tout cela et je jetai un coup d'œil vers Egan. Il semblait écouter ce qui se disait, mais qu'est-ce qu'un enfant de son âge pouvait comprendre ?

Ryan s'adressa à lui.

— Que dirais-tu de faire une promenade avec moi dans le jardin avant la tombée de la nuit ?

Egan acquiesça joyeusement. Caryl les regarda sortir.

— Ryan n'est-il pas merveilleux ? dit-elle sans s'adresser à personne en particulier. Je pense que je vais aller les rejoindre.

Après son départ, Vinnie se leva et prit l'enveloppe qu'elle avait posée à côté de son assiette. Je la suivis hors de la pièce.

— Pourrais-je vous parler, s'il vous plaît, Vinnie ? demandai-je.

Sur le point de s'engager dans l'escalier, elle me regarda par-dessus son épaule d'un air las.

— Je suis très fatiguée, Lacey.

— Je suis désolée, dis-je, mais je n'ai pas encore eu l'occasion de vous parler seule à seule. Comme Caryl est bien décidée à rencontrer notre grand-père, je voudrais vous mettre au courant de nos projets.

L'air intéressée, elle me fit signe de la suivre à l'étage.

Sa chambre était située à l'avant de la maison et donnait sur la rue. Elle m'ouvrit la porte. En entrant dans la pièce, je constatai qu'elle y avait créé une oasis de repos et de lecture, un refuge. Devant le foyer, il y avait une table à thé flanquée d'un fauteuil recouvert d'une housse de chintz à petits motifs verts, représentant peut-être une des fines herbes qui poussait dans son jardin. Le papier peint était d'un vert mousse reposant, sans motifs.

À l'écart de ce coin boudoir, il y avait un lit à une place couvert d'une ravissante courtepointe en patchwork dans des tons chauds de rouge et de terre.

Vinnie s'installa dans une chaise longue, se débarrassa de ses souliers et me fit signe de m'asseoir dans le fauteuil en face du sien. Puis elle ouvrit, à l'aide d'un coupe-papier en ivoire, l'enveloppe que Griffin avait laissée. Après avoir sorti l'unique feuillet qui s'y trouvait et l'avoir regardé, elle poussa un grand cri de frayeur et laissa le papier lui glisser des mains. Elle s'abandonna ensuite contre les coussins et ferma les yeux comme si elle se trouvait mal.

— Est-ce que ça va, tante Vinnie ? Voulez-vous que j'aille vous chercher un verre d'eau ?

Elle me fit signe de la main de ramasser le feuillet qui était tombé sur le plancher. Aucune écriture, seulement un croquis. Daniel Griffin avait esquissé le dessin d'un couteau sur le papier, une sorte de poignard. On aurait dit qu'une main assassine était sur le point de s'en saisir.

Vinnie ouvrit les yeux et me regarda, l'air scandalisé.

— Un poignard ! Pour frapper quelqu'un dans le dos, j'imagine. C'est le genre de blague qu'il a toujours aimé faire. Je ne dois pas me laisser effrayer, n'est-ce pas ? Quel mal pourrait-il me faire ?

— Si Caryl et moi allions le voir chez Lady Lacey, peut-être réussirions-nous à améliorer les choses.

— Je t'ai dit que je ne veux pas que vous ayez affaire à lui. Quant à Lady Lacey, je ne lui fais pas plus confiance. Après tout, pourquoi l'a-t-elle hébergé chez elle ?

Elle redevenait inquiète. J'allai m'agenouiller près de sa chaise et je pris sa main dans la mienne. Sur sa peau mince, les veines ressemblaient au tracé d'une carte géographique. Ses doigts semblaient fragiles entre les miens. Je massai doucement le dos de sa main. Je l'avais souvent fait avec ma mère quand elle était tendue. Vinnie parut s'apaiser peu à peu. Plus calme, elle me sourit timidement.

— Je suis contente que tu sois là, Lacey, mais l'idée que tu affrontes Daniel Griffin m'effraie.

— Ne soyez pas effrayée, tante Vinnie. Je suis une grande fille, et Caryl aussi. Nous voulons simplement parler à notre grand-père. Il faut que vous nous compreniez.

— Quand irez-vous ?

— Demain, si ça convient à Caryl. Nous irons sans doute directement au cottage en arrière de la maison, sans prévenir Lady Lacey. Daniel Griffin est un vieil homme maintenant, il a l'air beaucoup plus vieux que vous. Je ne crois pas qu'il puisse faire de mal à qui que ce soit. J'aimerais apporter son croquis du poignard et voir ce qu'il en dira. Puis-je ?

— Bien sûr, apporte-le si tu veux. Mais ne sois pas trop sûre qu'il ne peut pas vous faire de mal. Il est rusé et, s'il le veut, il peut selon moi causer des dommages dont l'ampleur nous étonnera tous.

Elle était maintenant plus sereine. Quand je me levai pour partir, elle me posa une dernière question.

— As-tu tenu tête à Lady Lacey comme je te l'avais recommandé ?

— D'une certaine façon, quoique, si on voulait déterminer laquelle de nous deux a manifesté le plus de volonté, je crois qu'elle l'emporterait. Je ne l'ai pas beaucoup aimée.

— J'espère que tu vas continuer à ne pas beaucoup l'aimer. C'est mieux que de tomber sous son emprise comme ça m'est arrivé, il y a bien longtemps. Et ne laisse pas Caryl faire des bêtises. Il serait peut-être même préférable que tu y ailles seule.

— Vous savez, bien sûr, que Caryl est amoureuse de Ryan Pearce.

— Ça me semble évident, répondit-elle en drapant un châle sur ses épaules.

— Et lui, comment réagit-il ?

— Je pense qu'il ne veut pas encore reconnaître combien il tient à elle. Ils formeraient un beau couple, ils ont besoin l'un de l'autre. Caryl a toujours été seule depuis la mort de son mari, et Ryan se remet lentement d'un divorce pénible.

— Comment était sa femme ?

— Belle comme le jour, mais ils n'avaient rien à se dire. Elle ne s'intéressait pas à ce qu'il faisait et elle aurait voulu être constamment cajolée et admirée. J'ai l'impression qu'il a fini par s'en lasser. Mais il a beaucoup d'affection pour Egan, et Caryl est une personne adorable. J'espère que vous deviendrez deux sœurs qui s'entendent bien.

Je l'espérais aussi, mais je me sentais curieusement partagée. Même si je connaissais à peine Ryan, je savais que j'aimerais m'en faire un ami. Simplement un ami. Mais une petite voix intérieure inconnue me susurrait que je ne pourrais pas supporter que Ryan soit amoureux de Caryl.

— Caryl est plus jeune que toi, Lacey, et pas seulement par l'âge. Elle ressemble un peu à ce qu'était sa mère autrefois. Il lui fallait toujours du remue-ménage. Mais Ardra est différente maintenant. Tous ces événements l'ont changée, j'imagine.

— Caryl en veut-elle à sa mère de ce qui est arrivé ?

— Pas du tout. Elle aime sa mère avec dévouement et elle est très bonne pour elle. Ardra a eu besoin de moi, et je l'ai aimée comme ma propre fille.

— Un peu de remue-ménage encore une fois ne ferait peut-être pas de tort, ne serait-ce que pour assainir l'atmosphère.

— Et tu pourrais en être la cause bien innocemment, dit Vinnie en frissonnant. Tout aurait été parfait si mon frère était resté où il était. Maintenant, je ne sais pas ce qui va arriver. Je dois reconnaître cependant que ton retour a rendu la situation plus facile à supporter. Mais sois prudente, je t'en prie.

— Quel mal pourrait-il me faire ?

— Je ne sais pas. Mais il pourrait en faire beaucoup à ceux dont il voudrait se venger.

Je n'ajoutai rien, mais je crois qu'elle sentit ma détermination et ma force. Je l'embrassai délicatement sur la joue. Elle était étendue, les yeux fermés, inerte. Je sortis doucement.

Quand j'arrivai à ma chambre, la porte que j'avais laissée fermée était ouverte. Shenandoah dormait étendue sur mon lit, et Caryl m'attendait assise dans le fauteuil à bascule. En la voyant, je compris qu'elle avait besoin de me parler de ce qui la préoccupait.

8

Je n'étais pas particulièrement disposée à voir ma sœur, mais je m'efforçai quand même de lui rendre son sourire.

— Je ne pourrai pas m'endormir tant que je ne connaîtrai pas nos plans, dit-elle. Comment allons-nous procéder pour voir notre grand-père ?

Elle semblait penser que c'était à moi d'en décider, et cela me convenait tout à fait.

— J'ai changé d'idée, lui dis-je. Je pense qu'il serait mieux d'en parler d'abord à Lady Lacey, et que je la rencontre seule à seule.

— Je suis d'accord. Mais si elle ne veut pas que nous le voyions ?

— Nous nous passerons de son autorisation. Nous pourrons facilement nous arranger pour le voir ailleurs que chez elle, mais j'aimerais mieux avoir sa bénédiction.

— Ryan connaît bien Lady Lacey. Si nous le lui demandions, il pourrait peut-être lui parler à notre place.

— Un peu de patience. Je la verrai d'abord demain. Comment ta mère s'entend-elle avec elle ?

— Lady Lacey se comporte généralement comme si ma mère n'existait pas. J'ai entendu dire par contre qu'elle aimait beaucoup la tienne.

Je n'en avais aucune idée.

— Rappelle-moi où se trouve ta mère en ce moment.

— Elle est à Hagerstown, au Maryland, chez des amis. Mais je pense qu'elle pourrait revenir à la maison maintenant. *Il* ne devrait pas l'importuner.

Je revis en pensée le croquis du poignard que Griffin avait envoyé à Vinnie. À qui ses menaces s'adressaient-elles ?

— Parle-moi de toi, Caryl. Je sais si peu de choses. As-tu vécu un mariage heureux ?

Elle réfléchit un instant.

— Mon mari me manque parfois, mais ça n'allait pas toujours très bien entre nous. Au moins, il m'a laissé Egan, et Egan a hérité du charme tout irlandais de son père. Parfois il se rappelle même, par bribes, de ses origines.

Ça ne m'étonnait pas. Ce petit garçon semblait parfois appartenir à un autre monde.

— Ne parlons plus de moi, dit Caryl. As-tu un travail, Lacey ? Quel est ton gagne-pain ? As-tu un homme dans ta vie ?

Je commençai par sa dernière question.

— Je n'ai personne actuellement.

J'ouvris mon porte-documents pour lui montrer les livres que j'avais déjà publiés. Elle parut intéressée et se montra élogieuse, ce qui nous permit d'éviter pour un temps des sujets plus délicats.

En partant, Caryl ramassa la petite chatte endormie et l'apporta avec elle sur son épaule. Je m'assis dans la berceuse, complètement éreintée, physiquement et émotivement. Il m'était arrivé trop de choses au cours de cette journée chargée, des choses qui m'avaient déconcertée et bouleversée.

Quels sentiments éprouvais-je pour Ryan Pearce ? La question me revenait de façon lancinante. Je n'avais ni prévu ni souhaité me retrouver dans cette situation. Mais, quand je pensais à lui, je savais que ce n'était pas quelqu'un que je pourrais repousser du revers de la main. Pour l'instant, je me refusais à admettre que je ressentais un pincement au cœur quand j'étais en sa présence. Surtout à cause de ce que Caryl éprouvait envers lui.

Après une demi-heure de vaines réflexions, j'abandonnai et allai me coucher. Chaque fois que je m'assoupissais, un nouvel événement de la journée s'imposait à moi et me réveillait. Vers le matin, je réussis à dormir deux ou trois heures, puis je me levai, impatiente de sortir. Il était trop tôt pour me rendre chez mon arrière-grand-mère, mais je pourrais explorer la ville basse entre-temps, comme Ryan me l'avait suggéré, et peut-être prendre quelques photos pour mon livre.

Rien ne bougeait dans la maison, et je ne vis ma grand-tante nulle part. Je mangeai le petit-déjeuner que Jasmine m'avait préparé et lui demandai d'informer Vinnie que j'étais allée visiter quelques boutiques dans la ville basse. Après avoir mis mon appareil photo et un carnet à dessin dans mon sac à bandoulière, je sortis.

L'air était pur et frais. Une brise légère diffusait le parfum des fleurs printanières. La vue d'un cornouiller blanc tout en fleurs me remonta le moral.

Les boutiques n'étaient pas encore ouvertes, et j'étais pratiquement seule en ville. Au bas de Shenandoah Street et au-delà du haut viaduc de la voie ferrée, s'étendaient de vastes pelouses couvertes d'arbres jusqu'à la rive sablonneuse qui descendait en pente vers la rivière. Des sycomores et des peupliers poussaient le long de la rive, et certains même, carrément dans l'eau. Entre les traverses du viaduc, j'aperçus les rapides de la rivière. De l'autre côté du Potomac se trouvait Maryland Heights, alors que London Heights, en Virginie, s'élevait sur l'autre rive de la Shenandoah. Ces deux hauteurs avaient été occupées par les armées pendant la guerre.

Un diagramme était apposé sur un vieil édifice à l'extrémité des pelouses du parc pour indiquer le niveau des crues de la rivière. Je vis que la plus importante s'était produite en 1936. Après avoir pris plusieurs photos, je trouvai un banc pour m'asseoir en attendant l'ouverture des boutiques.

Environ une demi-heure plus tard, arriva un autocar bondé d'enfants avec leurs professeurs. Leurs vêtements très colorés faisaient taches vives et mouvantes, et le son de leurs voix enjouées remplissait l'air. Je les regardai s'égailler jusqu'à ce que leurs professeurs les fassent mettre en rangs plus ou moins ordonnés.

D'après ma carte, je me trouvais dans Arsenal Square, ainsi nommé à cause de l'arsenal dont John Brown et ses compagnons d'armes s'étaient emparés et qui avait été rasé par le feu quelques années plus tard, au moment de la retraite des troupes confédérées. Il n'en restait plus que des vestiges de pierres, ici et là.

De l'autre côté de Shenandoah Street, des immeubles de brique rouge et de pierre blanche bordaient le trottoir, certains restaurés, d'autres pas. La plupart avaient trois étages et des toits à pignons. Sur la colline juste derrière, le clocher blanc de l'église St. Peter lançait sa flèche sur une vaste étendue de ciel bleu. Entre les immeubles très rapprochés s'élevait un long escalier raide, un raccourci pour monter à l'église.

Je pris d'autres photos et dessinai quelques croquis. Même si j'utilisais des cartes pour illustrer mes livres, je n'étais pas cartographe. J'adaptais à mes fins des cartes déjà existantes et j'y ajoutais mes petits édifices en trois dimensions pour les rendre plus intéressantes et pittoresques. Je devais donc faire sur place des croquis de chaque maison pour pouvoir la reproduire fidèlement par la suite.

Le John Brown's Fort était tout près, ses trois portes cintrées grandes ouvertes. Je m'y rendis et entrai. Grâce aux murs de brique, l'intérieur était frais et calme. Les voix enfantines s'estompèrent. En prêtant l'oreille sans bouger, je percevais intensément l'empreinte de l'histoire. Je pouvais imaginer l'obscurité, percée par la décharge des fusils. J'avais l'impression d'entendre les plaintes des blessés et une grande clameur à l'extérieur des murs de la petite caserne. Le récit que Ryan m'en avait fait avait rendu l'histoire si poignante que je fus soulagée de sortir.

La librairie que Ryan m'avait indiquée était située sur un talus. Je gravis quelques marches et suivis le trottoir jusqu'à la porte qui était ouverte. La boutique était petite, mais l'espace disponible était bien utilisé. Les rayons étaient remplis d'une remarquable collection de livres sur la guerre de Sécession. D'autres étaient disposés sur des tables. En bouquinant, je découvris un étalage consacré à Harpers Ferry et je choisis plusieurs guides contenant cartes et illustrations qui, croyais-je, pourraient m'être utiles.

La collection de livres sur les légendes de Harpers Ferry que Ryan m'avait mentionnée se trouvait sur un autre rayon. Je commençai à en feuilleter un. Le nom de Fenwick me sauta aux yeux. Les Fenwick avaient construit la maison dans laquelle vivait Lady Lacey et où Ellen Fenwick était morte au terme de sa courte vie.

Une histoire absolument captivante rapportait la vengeance que Jud Fenwick et son fils avaient exercée sur trois renégats dont ils avaient suivi la trace jusqu'à Bolivar Heights, un peu avant l'aube. Ils étaient convaincus d'avoir tué les trois hommes, mais l'un d'entre eux, bien qu'à demi mort, avait survécu. Ma visite récente dans la chambre d'Ellen donnait un accent particulièrement lugubre à cette histoire.

Je m'interrogeai de nouveau sur le sort de la petite fille qu'Ellen avait mise au monde. Il faudrait que je demande à Lady Lacey si elle en savait plus que ce qu'Anne-Marie m'avait dit.

Après avoir payé mes livres, je remontai High Street jusqu'à une boutique où l'on proposait toutes sortes d'herbes aromatiques. J'y entrai et jetai un coup d'œil sur l'intérieur, attrayant et plein à craquer. L'air exhalait un parfum divin. Des objets intéressants, souvent exotiques, étaient étalés sur les rayons tout autour de moi.

Je fus fascinée par une collection de dragons. L'un d'eux avait été ingénieusement confectionné avec de la corde ; la plupart étaient en céramique. Le plus gros, celui qui avait l'air le plus féroce, avait été sculpté dans une branche d'arbre et me regardait en ricanant, la gueule remplie de crocs acérés. J'eus l'impression qu'il pourrait me mordre si je m'approchais trop.

— Bonjour, Lacey, dit une voix agréable en provenance de l'arrière-boutique.

Je me retournai et je vis Caryl qui me souriait en fixant un crochet dans le plafond bas, aux poutres apparentes.

Elle y suspendit un mélodieux carillon éolien. Surprise, je traversai la boutique et me dirigeai vers ma sœur.

— Caryl ! Tu travailles ici ?

— La boutique nous appartient, à maman et à moi. C'est notre gagne-pain, Lacey. Maman voyage un peu partout pour découvrir des trésors exclusifs. Nous avons parfois des clients venus de très loin parce qu'ils ont entendu dire que nous nous spécialisons dans l'insolite. Nous sommes fières de la collection d'objets que nous avons rassemblés ici.

Sur un comptoir voisin, il y avait des boîtes de papier à lettres de Georgia O'Keefe[1], le couvercle illustré d'un de ses dessins d'iris noirs. Des aquarelles colorées représentant Harpers Ferry étaient suspendues aux murs, à côté de courtepointes et de magnifiques tapisseries.

— Ce dragon sculpté vient d'Indonésie, me dit Caryl. Tout comme l'étalage de soieries juste derrière.

Absolument ravie, j'entrepris de faire le tour de la boutique. Dans une vitrine, je trouvai une collection de bijoux artisanaux et, serrés les uns contre les autres un peu plus loin, plusieurs petits chats sculptés dans le bois. L'un d'entre eux ressemblait à Shenandoah.

Ce jour-là, Caryl portait une blouse vert tendre ornée d'une tige de cornouiller blanc brodée sur une épaule. Elle paraissait heureuse et un peu fébrile. Je me demandai s'il lui était arrivé quelque chose de particulier depuis la veille.

Le tintement du carillon éolien qu'elle était en train de suspendre était ravissant. Elle tendit la main pour saisir le battant noir et le fit balancer pour déclencher la mélodie. Je me retournai, attirée par la sonorité insolite. Des tubes de métal noir étaient suspendus à un disque par des cordes de nylon. Le long battant, noir anthracite, oscillait sous la main de Caryl.

— Ce carillon vient de Suède. Je l'ai reçu aujourd'hui même, dit-elle en le faisant tinter de nouveau.

Le carillon me donna une idée.

— Je voudrais trouver un cadeau pour tante Vinnie et je me demande si cela lui plairait.

— Ce serait une merveilleuse idée. Nous allons vérifier,

---

1. Peintre américaine (1887-1986) surtout connue pour ses grands tableaux de fleurs et de paysages du désert. Sa peinture *Black Iris* (1926) se trouve au Musée d'Art métropolitain de New York. Elle a épousé le photographe et directeur de galerie d'art, Alfred Stieglitz en 1924. (NDT)

dit-elle en décrochant le carillon et en me le tendant. Apporte-le pour que nous lui en fassions entendre le son.

Je souris en attendant que Caryl joigne Vinnie au téléphone. Je voyais bien que l'esprit imaginatif d'Egan ne lui venait pas seulement de son père.

Quand Vinnie fut au bout du fil, Caryl dit :

— Nous voulons vous faire entendre quelque chose. Lacey a choisi un cadeau pour vous, mais nous voulons nous assurer qu'il vous plaira.

J'élevai les tubes pour que l'oscillation du battant produise des sons dans le combiné. Après un moment, Caryl me tendit le téléphone.

— Qu'en pensez-vous ? demandai-je à Vinnie.

— Quelle belle sonorité, dit-elle visiblement ravie. Et je sais précisément où nous pourrions le suspendre. Dans mon jardin de fines herbes. Merci, Lacey. Ça me fera vraiment plaisir !

Quand Vinnie eut raccroché, Caryl emballa le carillon dans une longue boîte. Tout en façonnant papier et rubans, Caryl me dit ce qui l'avait mise en joie.

— Maman revient à la maison. Je lui ai parlé plus tôt ce matin et je lui ai dit que, comme Daniel Griffin habitait chez Lady Lacey, elle ne serait pas obligée de le voir. Et je lui ai dit aussi que tu étais ici. Je crois que ça l'inquiète un peu, puisque tu es la fille d'Amelia et qu'elle n'a eu aucun contact avec elle pendant toutes ces années. Oh ! j'espère que tu vas l'aimer, Lacey. C'est une femme si gentille, et elle n'a pas eu la vie facile.

En pensant à ce qu'Ardra avait fait à ma mère, je ne ressentais pas beaucoup de sympathie pour elle, mais je n'en dis rien. Caryl parut comprendre ce que j'éprouvais et me jeta un regard attristé.

— Si tu veux, tu peux laisser ton colis ici jusqu'à ton retour de chez Lady Lacey, me proposa-t-elle après que j'eus payé mon emplette.

— Merci, lui dis-je en me rendant compte que je ne pouvais plus me dérober à mes obligations.

Caryl m'accompagna jusqu'à la porte.

— Tout se passera bien, Lacey. Elle va t'écouter, toi. Il serait préférable qu'elle donne son accord à notre décision de voir notre grand-père.

— Je ne te promets rien, lui dis-je en guise d'avertissement.

Elle m'ouvrit la porte et me donna une petite poussée.

— Tu peux prendre le raccourci, l'escalier qui est juste là, si tu n'as pas peur de grimper.

Je descendis High Street jusqu'à Shenandoah Street et pris l'escalier étroit et très raide qui menait jusqu'à l'église. J'entrepris l'escalade à toute vitesse, mais je ralentis à mi-hauteur. L'escalier suivait la pente abrupte de la colline, et je débouchai au sommet, près de l'église. Il me restait encore une longue route, mais j'allais avoir plaisir à refaire l'itinéraire parcouru la veille avec Ryan.

En suivant le chemin qui longeait la falaise, je remarquai de nouveau les ruines de l'ancienne église épiscopale. Ce matin-là, j'avais le temps de les explorer. Les murs, entièrement construits de plaques de schiste qui devaient provenir de la région, s'étaient partiellement écroulés, et le toit s'était effondré. Une ouverture dans un des murs, une ancienne porte sans doute, était encore surmontée de son linteau.

Je traversai un espace couvert de mottes de gazon et pénétrai par l'ouverture béante dans ce qui avait déjà été l'intérieur de l'église. Il y avait probablement alors des bancs et des stalles pour recevoir l'assemblée des fidèles, mais tout ce qui était en bois avait disparu depuis longtemps. Le sol n'était que gazon parsemé de pierres, piqué d'arbustes sauvages çà et là et envahi d'une multitude de mauvaises herbes. Envoûtée comme toujours par le passé qui hante les ruines anciennes, j'étais parfaitement immobile à l'intérieur de ces murs à demi écroulés, surmontés de la haute voûte du ciel. Comme il y avait peu de vent, les nuages bougeaient à peine.

Mes yeux furent attirés par ce qui avait probablement été un autel. Sous une voûte cintrée, une fenêtre vide se découpait sur le bleu du ciel. Elle avait sans doute déjà contenu un vitrail. Entourée d'épais murs de pierre, je me sentis, un instant, complètement coupée du reste du monde.

Un lapin surgit tout à coup d'un terrier invisible. En me retournant, je m'aperçus avec appréhension que je n'étais pas seule.

9

Un homme m'observait. Il était assis sur un tas de pierres le long d'un des murs de côté. Devant mon air ahuri, il me jeta un regard pétillant de malice.

Méfiante, je relevai la tête pour le regarder droit dans les yeux. Il semblait bien que je me trouvais en face de Daniel Griffin beaucoup plus tôt que prévu.

— Bonjour, dis-je d'une voix que la nervosité rendait bien plus aiguë que je ne l'aurais souhaité.

Il ressemblait aussi bien à Moïse qu'à John Brown et il me regardait d'un air inquisiteur. Il ne répondit pas à mon salut et continua à m'observer comme si j'étais une bête curieuse.

J'essayai de nouveau.

— Je suis Lacey Elliot, et vous, vous devez être mon grand-père, Daniel Griffin, n'est-ce pas ?

Ses lèvres bougèrent à peine. Était-ce pour sourire ou pour démentir mon affirmation ? Quand il me répondit enfin, le son de sa voix me surprit. Très profonde, elle semblait faire écho.

— Je n'ai jamais compris pourquoi Amelia t'a baptisée Lacey. Le sais-tu, toi ?

— Je n'en ai pas la moindre idée. Ce n'est pas moi qui ai choisi mon nom. Est-ce que Lady Lacey vous a dit que j'étais à Harpers Ferry ?

Avant même qu'il ne me réponde, une petite silhouette surgit de derrière un buisson broussailleux : Egan courait joyeusement vers moi.

— Hello ! Lacey ! C'est mon arrière-grand-papa Daniel. Il m'amène voir grand-maman Lacey. Elle dit que je ne suis pas obligé de l'appeler arrière-arrière-grand-maman parce que ça fait trop de fois « arrière ». Il reste avec elle à présent, tu sais.

Je n'avais aucune confiance en Daniel Griffin et je me demandai si Vinnie ou Caryl savaient qu'Egan était avec lui.

Egan parut lire dans ma pensée.

— N'aie pas peur. Shenna va dire à tante Vinnie où je suis, dit-il d'un ton insouciant.

— Quand nous arriverons chez Lady Lacey, je téléphonerai à tante Vinnie et à ta mère. Juste au cas où Shenna aurait oublié de les prévenir.

Daniel Griffin se leva et étira ses bras de toute leur longueur au-dessus de sa tête. Je constatai qu'il était très grand. Sous sa chemise en tissu écossais vert, ses épaules étaient larges et puissantes.

Le fait de l'avoir rencontré ainsi, sans l'avoir prévu, me donnait de l'audace. Je lui posai hardiment une question sans détour.

— Pourquoi êtes-vous revenu à Harpers Ferry ?

Il grimaça plus qu'il ne sourit.

— Je suis peut-être venu réclamer mon dû.

Je ne pus taire mon indignation.

— Quel dû ? Et pourquoi après toutes ces années, avec une présomption de meurtre qui plane sur vous ?

— Quand on n'a rien à dire, ma fille, il est préférable de choisir de se taire.

En me dirigeant vers l'ouverture dans le mur, je dis par-dessus mon épaule :

— Je monte là-haut pour voir Lady Lacey, Egan. Viens-tu avec moi ?

Mais Egan n'était pas prêt à partir. Il étendit les bras tout grand et se mit à danser sur la pelouse raboteuse.

— J'aime beaucoup ça ici, pas toi ? me demanda-t-il en s'arrêtant de virevolter pour me regarder.

— J'ai toujours aimé les ruines anciennes, dis-je.

Il acquiesça.

— Sais-tu ce qu'on a fait avec tout le bois qu'il y avait avant dans cette église ? Arrière-grand-papa Daniel m'a raconté que, pendant la guerre, il y avait des soldats ici. Ils ont brûlé tout le bois qu'ils ont trouvé pour se réchauffer ! Le plancher, les murs et les bancs. Ils ont tout arraché pour faire du feu, même l'autel !

À l'intérieur des murs, tout était paisible, mais, en fermant les yeux, je me sentis de nouveau entourée par les ombres du passé, comme c'était si souvent le cas à Harpers Ferry. Des soldats s'étaient blottis les uns contre les autres dans cet espace maintenant vide, essayant de se réchauffer en faisant brûler des montagnes de bois qui flamboyaient dans l'obscurité. On devait entendre des hommes rire, crier, gémir.

La voix de mon grand-père me ramena à la réalité.

— Qu'est-ce que tu ressens en ce moment ?

Je refermai les yeux.

— Je sens... une sorte de frémissement dans l'air, comme si les événements du passé étaient toujours présents. Ça peut sembler ridicule, mais je suis convaincue que le souvenir de ce qui s'est passé ici ne mourra jamais.

Il se taisait. En ouvrant les yeux, je vis le matin ensoleillé, les murs à demi écroulés et le ciel bleu au-dessus de nos têtes. Je vis aussi son étrange regard gris acier fixé sur moi, intense, mais maintenant sans colère.

— Oui, c'est bien ce qu'on ressent ici quand on prend le temps de s'arrêter pour y réfléchir. Es-tu allée sur Virginius Island, ma fille ? C'est un lieu de prédilection pour les fantômes.

— J'ai vu l'île du haut des falaises, mais je n'y suis pas encore allée.

Il se tourna brusquement vers Egan.

— Viens maintenant. Nous montons chez Lady Lacey.

Le petit garçon l'accompagna joyeusement, et je quittai avec eux l'église en ruines pour les suivre dans le sentier que j'avais escaladé la veille avec Ryan.

À mi-chemin, Daniel se retourna vers moi.

— Et ta mère, ma fille ? Est-ce qu'elle va revenir à Harpers Ferry ?

— Ma mère se remet de l'opération d'un cancer, lui dis-je. Elle m'a envoyée à sa place.

Il ne répliqua pas. Mes sentiments à son égard étaient partagés. Il me faisait un peu peur, mais je commençais à comprendre que sa mine rébarbative cachait bien autre chose. Comme son habitude de m'appeler « ma fille » commençait à me porter sur les nerfs, j'essayai de régler au moins cette question entre nous.

— J'ai un nom, vous savez, lui dis-je.

— C'est un nom qui ne me plaît pas. Il y a trop de Lacey.

— Il y en a une qui semble vous être bien utile actuellement, dis-je l'air entendu et provocant.

Daniel Griffin pourrait devenir une précieuse source d'information pour moi, si jamais il acceptait de parler.

Du regard, il m'opposa une fin de non-recevoir et reprit l'escalade de la colline.

Nous avions progressé tous les trois beaucoup plus rapidement que Ryan et moi la veille. Dès que nous eûmes dépassé le cimetière, la maison de Lady Lacey nous apparut.

De l'autre côté de la route de gravier qui passait devant, elle avait toujours la même façade étroite et sévère, et la même galerie avec ses quatre minces piliers blancs. Je n'avais pas aimé cette maison la première fois que je l'avais vue et je ne l'aimais toujours pas.

Daniel s'arrêta devant nous. Lui aussi, il observait la maison. Quand il parla, ce fut pour s'adresser à Egan.

— Je m'en vais en arrière. Viens me voir quand tu en auras fini avec Lady Lacey.

Il était clair que l'invitation ne s'étendait pas à moi. Sans me jeter le moindre coup d'œil, il s'éloigna à grands pas sur le côté de la maison.

Egan le suivit des yeux, le regard brillant.

— J'aime grand-papa Daniel. Je l'aime beaucoup.

— Pourquoi est-ce que tu l'aimes? lui demandai-je alors que nous nous dirigions vers l'escalier qui menait à la galerie.

Il prit le temps de réfléchir avant de répondre à ma question.

— Tante Vinnie dit qu'il a fait des choses pas gentilles, qu'il a fait du mal à des gens. Mais elle ne sait pas comment il est en dedans. Moi aussi je fais des choses pas gentilles des fois, mais je ne suis quand même pas un mauvais garçon, hein?

Je le serrai rapidement dans mes bras en montant l'escalier.

— Non, certainement pas.

Mais je n'étais pas aussi certaine que c'était le cas pour Daniel Griffin. Sa détermination à agir, probablement belliqueuse, pourrait porter préjudice à des personnes auxquelles je commençais à m'attacher.

Anne-Marie, pas plus aimable que la veille, nous accueillit à la porte.

— Est-ce qu'elle vous attend ?

Je comprenais mieux maintenant sa réprobation. La tâche à laquelle elle consacrait sa vie était de protéger Lady Lacey de tous les importuns.

— Qui est-ce ?

La question, posée d'un ton autoritaire, venait d'une pièce située à l'arrière du salon où Lady Lacey m'avait reçue la veille.

Egan dépassa Anne-Marie en s'écriant :

— Regarde, grand-maman. Je t'ai amené une autre Lacey.

Lady Lacey fit quelques pas dans le corridor, la tête du griffon cachée dans sa main, et s'adressa à Anne-Marie.

— Je m'en occupe.

Avant que la gouvernante s'esquive, je lui demandai de téléphoner à Vinnie pour lui dire qu'Egan était ici. Les explications sur la grande désinvolture de Daniel Griffin viendraient plus tard. Anne-Marie sortit, manifestant ouvertement sa réprobation envers les visiteurs imprévus. Lady Lacey se dirigea vers une porte au fond du corridor. Il était évident que nous devions la suivre.

Egan courut devant, et j'entrai derrière lui dans un petit salon confortablement meublé, à l'arrière de la maison. Le petit garçon se précipita vers un gros tambour posé par terre dans un coin de la pièce. Lady Lacey observait affectueusement sa fougue. Ce matin-là, elle était vêtue plus simplement que la veille d'une robe d'été flottante qui drapait son corps délicat dans un champ de centaurées. Je ne pouvais absolument pas l'imaginer portant des jeans ou même une jupe courte.

— Viens voir ! s'exclama Egan en tapotant le tapis à côté de lui.

Lady Lacey sourit. La veille, elle n'avait pas esquissé l'ombre d'un sourire. Ce changement dans son comportement m'intriguait et me déconcertait.

Je m'agenouillai près d'Egan, curieuse d'entendre ce qu'il avait à me dire.

— Ce tambour date de la guerre, me dit-il. Il recèle un secret.

Une seule guerre évidemment mérite l'honneur d'être appelée *la* guerre. C'était un grand tambour qui paraissait bien lourd pour être porté par un tout jeune garçon. Ses côtés étaient couverts de peintures délavées représentant des pistolets, des canons et des drapeaux. Des cordes posées en zigzag l'entouraient, un peu effilochées par endroits, mais encore résistantes.

Egan fit tourner le tambour et m'indiqua un petit judas presque invisible.

— Regarde là-dedans, Lacey.

Je posai mon œil contre la minuscule ouverture et je vis que le fabricant du tambour avait écrit un nom en lettres bien nettes sur la paroi intérieure opposée au judas. Ce nom était *Royal Fenwick*. Je regardai Lady Lacey qui hocha fièrement la tête.

— Le nom de Royal Fenwick occupe une place de choix dans notre arbre généalogique, même s'il a combattu dans les troupes du Sud. C'était le frère aîné de Jud Fenwick, et notre lignée descend de lui.

J'étais soulagée d'apprendre que je ne descendais pas directement de Jud dont la vengeance avait été si implacable, à en juger par mes lectures récentes. Mais j'avais une autre question à poser à Lady Lacey.

— Qu'est-il arrivé au bébé d'Ellen?

— Les registres sont muets à ce sujet. Nous savons seulement que Jud a donné la petite en adoption. Quand Royal est revenu après la guerre, tout était déjà réglé.

Je commençais à m'intéresser à Royal Fenwick et je me demandais s'il aurait gardé le bébé dans la famille, peu importe qui était son père. Je parlai à Lady Lacey du livre que j'avais trouvé dans la librairie de Shenandoah Street.

— J'y ai lu un compte rendu de ce que Jud et son fils ont fait pour venger la pauvre Ellen. On disait dans ce livre qu'un des trois hommes que Jud et son fils avaient abattus avait survécu. N'aurait-on pas dû accuser les deux Fenwick de meurtre?

Lady Lacey parut choquée.

— Jamais de la vie. L'homme qui a survécu, Orin Lang, n'a rien osé révéler pendant des années. Pendant longtemps, seul le petit garçon qui en avait été témoin a raconté ce qui s'était passé.

— Qu'est devenu Jud Fenwick?

— Rien de bien bon. À son retour, Royal a repris son rôle de chef de la famille. Cette maison lui appartenait. Les deux frères se sont querellés, et Jud est allé vivre à Charles Town. Devenu fou à la fin de sa vie, il était persuadé que les hommes qu'il avait tués à Bolivar Heights étaient revenus pour le traquer. Quand il est devenu violent, on l'a placé dans un asile, où il est mort. Les asiles étaient à l'époque des lieux effroyables.

— Et qu'est devenu le fils de Jud?

— Il est mort au cours d'une des dernières batailles de la guerre. Je suis heureuse d'appartenir à la lignée de Royal, un homme bien, fabricant de tambours hors pair. Après la guerre, il a continué à fabriquer des tambours pour des musiciens. Celui que je possède est un des rares tambours de guerre qui ait été préservé et c'est un de mes trésors. Quand je mourrai, il sera légué à un musée. Mais je vais d'abord le confier au département de conservation du Service du parc national pour le faire restaurer. On y fait un merveilleux travail sur des pièces qui viennent de tous les coins du pays.

— Es-tu obligée de le donner, grand-maman? demanda Egan.

Lady Lacey le regarda affectueusement.

— À moins que je te le prête, Egan, et que tu le lègues ensuite toi-même à un musée.

Egan se releva tout excité.

— Chic alors! Quand est-ce que je peux l'apporter à la maison, grand-maman?

Elle n'avait pas prévu que l'enfant s'approprierait le tambour si rapidement, mais elle ne résista pas.

— Bientôt, si tu veux. Mais pas pour longtemps. Jusqu'à ce que je l'envoie à Charles Town pour le faire réparer. Je sais que tu en prendras bien soin.

Après qu'il l'eut assurée que ce serait le cas, elle se tourna vers moi.

— Je suis certaine que tu avais une raison particulière de venir me voir ce matin, Lacey. Dis-moi de quoi il s'agit.

Je restai où j'étais, agenouillée près du tambour de Royal Fenwick, pour lui répondre.

— Je viens juste de faire la connaissance d'une sœur dont j'ignorais l'existence, Caryl, la mère d'Egan, et je l'aime beaucoup. J'ai l'impression que nous deviendrons de bonnes amies. Et nous souhaitons toutes les deux rencontrer notre grand-père. Comme il habite dans votre cottage, nous voudrions vous demander l'autorisation...

Elle m'interrompit brutalement.

— Non ! Tenez-vous loin de cet homme. Il ne peut vous faire que du mal.

Sa véhémence me surprit.

— Pourquoi donc ?

— Je ne veux pas en parler.

Je me relevai afin de me retrouver à sa hauteur pour l'affronter de nouveau.

— Vous ne pourrez pas nous empêcher de lui parler, mais nous aurions préféré avoir votre assentiment.

Elle prit un air outragé qui sembla lui donner de l'envergure. Elle paraissait encore plus imposante dans son fauteuil. Il était évident qu'elle n'avait pas l'habitude d'être contrariée. Elle me jeta un regard qui me fit frissonner intérieurement.

— Il n'est pas question que vous le voyiez ! C'est un homme dangereux. Il a peut-être du sang sur les mains.

— Pourquoi le laissez-vous habiter ici, si c'est ce que vous pensez de lui ?

— Je te l'ai déjà dit. Je veux pouvoir le surveiller. Je veux connaître la vraie raison de son retour. Crois-moi, on ne peut pas lui faire confiance.

— A-t-il tué mon père ? demandai-je.

Malgré tout son intérêt pour le tambour, Egan nous écoutait attentivement et il fit un sourire angélique à Lady Lacey.

— C'est grand-papa Daniel qui m'a amené ici aujourd'hui. Il m'a dit de venir le voir aussi souvent que je voulais, alors je pourrais amener Lacey avec moi.

Lady Lacey leva les bras au ciel. Dans sa colère, elle m'aurait peut-être réprimandée, mais son indulgence envers Egan la retint. Je n'obtins pas davantage réponse à ma question, car on entendit alors un grand branle-bas en provenance de l'entrée.

La voix perçante d'Anne-Marie qui protestait énergiquement fut couverte par la voix plus rauque d'un homme.

— Ôtez-vous de mon chemin !

L'intrus avait dû l'écarter violemment, car elle poussa un cri de douleur, et j'entendis un bruit sourd, comme si elle était tombée. Tout se passa si vite que ni Lady Lacey ni moi n'eûmes le temps de faire le moindre geste alors que l'homme s'avançait lourdement dans le corridor. Il jeta un coup d'œil dans toutes les pièces, jusqu'à ce qu'il nous trouve dans le petit salon où nous étions.

Il était visiblement ivre et, quand il nous vit, il s'accrocha au chambranle de la porte pour reprendre son équilibre. Sous des cheveux roux clairsemés, son visage était rouge et bouffi. Bien qu'il fût grand, il n'avait pas la robustesse émaciée de Daniel Griffin. Il était dans la cinquantaine, et le temps avait enrobé son corps d'un tissu adipeux qui débordait par-dessus la ceinture de son pantalon.

Complètement sidérée, je le vis lever une main qui tenait un fusil. Lady Lacey se dressa et lui fit face sans manifester la moindre crainte pendant que je poussais Egan derrière moi pour le protéger.

— Que veux-tu, Henry ?

Il se balançait d'un pied sur l'autre en nous jetant des regards furibonds. Quel qu'il fût, ses intentions étaient manifestement belliqueuses.

10

L'homme que Lady Lacey avait appelé Henry tenta de fixer ses yeux égarés sur elle.

— Je sais très bien qui se cache ici ! On en parle jusqu'à Charles Town. Où est-il ? Je veux le voir !

Il brandissait son fusil de manière si incohérente que je craignais de voir un coup partir à tout instant.

— Dépose ça, lui dit calmement Lady Lacey. Tu risques de te blesser, Henry.

Elle paraissait toute menue face à lui, mais son courage et ses paroles semblèrent l'atteindre. Comme en état de choc, il considéra l'arme qu'il tenait d'une main tremblante et rabaissa le bras.

— Dites-moi seulement où il est !

— Je ne sais pas de qui tu veux parler.

En dépit de son ton raisonnable, Lady Lacey avait senti le besoin de raffermir sa prise sur sa canne. Quand l'intrus eut avancé de quelques pas dans la pièce, elle la saisit par le milieu et brandit la tête de griffon dans sa direction.

— Ne t'approche pas davantage, Henry. Tu es très ivre. Tu

as toujours eu besoin d'alcool pour te donner du courage. Tu n'as été d'aucun secours quand ton frère est mort. Tu ne l'aimais même pas !

— Je veux voir Daniel Griffin ! Je sais qu'il est ici. Et je lui ai toujours gardé un chien de ma chienne, à cause de Brad.

J'étais complètement abasourdie. Personne ne m'avait dit que mon père avait un frère, et cet homme au regard égaré était donc mon oncle.

Anne-Marie, remise de son escarmouche avec Henry, entra en trombe dans la pièce.

— Dois-je appeler la police, Lady Lacey ?

— Non, certainement pas. J'ai déjà vu Henry dans cet état et je sais qu'il va repartir calmement. Daniel Griffin n'est pas dans cette maison, Henry. Et s'il y était, je ne te le livrerais pas. Tu sais bien qu'il pourrait te réduire en bouillie. Même si tu étais sobre, tu n'aurais aucune chance. Il y a trente ans que Brad a disparu dans la rivière. Tu ne t'en es pas préoccupé à cette époque. Pourquoi est-ce que ça te dérange aujourd'hui ?

Henry se passa la main dans les cheveux, l'air pratiquement désarmé.

— Comment aurais-je pu faire quoi que ce soit puisque Dan s'est enfui ? Si votre vengeance est assouvie, la mienne ne l'est pas. Brad n'était certainement pas un frère exceptionnel, mais il ne méritait pas de mourir. C'est Dan Griffin qui a tué mon frère.

— Que sais-tu de ce qui s'est passé ? demanda Lady Lacey, toujours calme en apparence.

— Plus que vous ne pensez.

Lady Lacey essaya de détourner son attention.

— Aimerais-tu faire la connaissance de ta nièce, Henry ? Voici Lacey Elliot. Lacey, Henry Elliot est le frère de ton père.

Il parut tout à coup s'apercevoir de ma présence.

— La fille d'Amelia ? Tout ce qui est arrivé est de sa faute à elle, vous le savez bien. Si Amelia avait été une meilleure épouse pour Brad, il n'aurait même pas jeté les yeux sur Ardra.

Egan sortit de sa cachette derrière moi et prit Henry par surprise en se plantant droit devant lui.

— Montrez-moi votre fusil, s'il vous plaît.

Henry fit un effort pour regarder le petit garçon. Il souleva le fusil hors d'atteinte en hochant la tête.

— Tu n'as rien à faire de ce fusil, mon gars.

Il semblait commencer à dessoûler un peu.

— Je l'ai seulement apporté pour me défendre contre Daniel. Il faut que je lui montre quelque chose.

Par les fenêtres ouvertes, on entendit le bruit d'une voiture qui s'arrêtait devant la maison. Henry tendit l'oreille et parut s'effaroucher.

Comme Anne-Marie se dirigeait vers la porte d'entrée, Lady Lacey l'arrêta.

— Reste ici. Je n'attends personne. Et toi ?

Anne-Marie fit signe que non. Une portière claqua violemment dans la quiétude de fin de matinée. Un instant plus tard, la porte d'entrée s'ouvrit et se referma sans qu'on ait frappé. C'était Vinnie qui enfila le corridor à toute allure et surgit dans la pièce. Elle jeta un coup d'œil à la ronde, puis son attention se porta sur Egan.

— Pourquoi es-tu parti sans me prévenir ? D'habitude, tu m'avertis toujours quand tu t'en vas. Nous étions très inquiètes.

Egan lui rendit posément son regard.

— Je regrette, tante Vinnie. Grand-papa Daniel m'a dit que c'était correct. Et Shenna était censée te dire où j'étais.

— Je ne parle malheureusement pas le langage des chats, dit Vinnie un peu apaisée par la présence du petit garçon.

— Je vais aller derrière la maison maintenant, pour voir grand-papa Daniel, lui dit Egan. Il m'a dit de lui rendre visite, si je voulais.

— Derrière la maison! répéta Henry. C'est donc là qu'il se trouve.

Un instant, il sembla prêt à se précipiter hors de la maison à la recherche de Daniel, mais une lueur de raison parut l'en empêcher. Dans un dernier soubresaut de colère, il s'adressa à Lady Lacey.

— Vous lui direz que je reviendrai, que ça lui plaise ou non. Il faut absolument que je le voie.

Il dépassa Vinnie, qui s'effaroucha en apercevant le fusil, et sortit à toute vitesse.

— Pourquoi est-il venu ici, Lady Lacey? Qu'est-ce qu'il voulait?

Lady Lacey se réinstalla dans un fauteuil, lentement, majestueusement, les deux mains serrées sur sa canne.

— Il voulait probablement assaillir Daniel, puis il a changé d'idée. Tu as bien vu qu'il était ivre, évidemment.

Vinnie tendit une main à Egan.

— Viens, mon chéri. Nous rentrons à la maison.

— Je vais commencer par aller voir grand-papa Daniel, lui dit-il avant de se tourner vers moi. Veux-tu venir avec moi, Lacey?

Vinnie tenta de s'y opposer, mais Lady Lacey frappa fermement le plancher de sa canne.

— Laisse-le faire, Vinnie.

Avec une attitude digne, qui tentait de dissimuler à quel point la visite de Henry l'avait bouleversée, Lady Lacey se leva et se dirigea vers la porte.

— Si vous voulez bien m'excuser, il est temps que j'aille me reposer.

Elle fit un signe de tête à Anne-Marie, puis se tourna vers moi avant de sortir.

— Merci d'être venue me voir, Lacey. La prochaine fois, je souhaite qu'il s'agisse d'une visite dans les règles de l'art. J'espère que tu reviendras bientôt.

Egan se précipita à sa suite et la rejoignit avant qu'elle ne sorte.

— Veux-tu que j'apporte le tambour à la maison aujourd'hui, grand-maman Lacey? lui demanda-t-il.

Elle s'arrêta pour peser de nouveau la décision qu'elle avait prise plus tôt.

— Je pense que je vais le garder encore un peu pour toi. Mais tu peux venir jouer ici avec le tambour aussi souvent que tu le veux.

Egan accepta d'assez bon gré, mais je devinai à l'air de Vinnie qu'elle craignait que le tambour n'attirât Egan encore plus souvent.

L'énergique petit garçon ne se laissa pas retarder plus longtemps dans la réalisation de ses projets. Il nous dépassa tous avant qu'on puisse l'arrêter, et nous entendîmes claquer la porte arrière. Lady Lacey haussa les épaules et emprunta le corridor, suivie d'Anne-Marie.

— Ah! mon Dieu! se lamenta Vinnie. Je ne veux pas qu'Egan reste avec Daniel. Viendrais-tu le chercher avec moi, Lacey?

J'acquiesçai, et nous nous dirigeâmes vers la porte arrière. Lady Lacey et Anne-Marie avaient déjà disparu derrière la porte de la chambre à coucher de la maîtresse de maison.

Dans la cour arrière, tout paraissait calme, tout était immobile. Egan était sans doute déjà entré dans le cottage, et la porte était fermée. Au-delà d'un massif d'arbres, j'aperçus la rivière qui scintillait, loin en contrebas. D'où j'étais, le bruit des rapides de la Shenandoah se réduisait à un murmure. C'était évidemment un jour où cette grande dame était d'humeur joyeuse.

Après un moment d'hésitation, Vinnie prit son courage à deux mains, s'approcha de la porte du cottage et frappa vivement. La porte s'ouvrit aussitôt, comme si Daniel Griffin nous avait attendues.

— Veuillez vous donner la peine d'entrer, mesdames, dit-il sarcastiquement. Qu'est-ce que c'est que cette histoire qu'Egan me raconte ? Henry Elliot se serait présenté ici avec un fusil ?

— C'est toi qu'il voulait abattre, dit Vinnie. Mais je pense qu'il a changé d'idée. Bien sûr, il n'aurait jamais osé s'approcher de toi s'il avait été sobre. Pourquoi es-tu revenu, Daniel ?

Je me rendis compte tout à coup que ces deux-là ne s'étaient pas revus face à face depuis trente ans. Leur rencontre n'avait pourtant rien à voir avec les touchantes retrouvailles d'un frère et d'une sœur. Griffin s'écarta de la porte pour nous laisser entrer dans la pièce principale de la petite maison. Elle était remplie d'anciens meubles de la maison principale, sans doute mis au rancart. Un grand canapé délavé, deux fauteuils élimés et un bureau, sur lequel était posée une lampe, composaient tout l'ameublement.

— Je suis venue pour ramener Egan à la maison, dit Vinnie sans quitter l'embrasure de la porte. Tu n'aurais pas dû venir le chercher chez moi sans m'avertir.

Elle me faisait penser à une mouche qui, bien que terrifiée par l'araignée, observe quand même sa toile avec un courage tranquille.

— J'aurais été surpris que tu me donnes ton autorisation,

si je te l'avais demandée, ma très chère sœur, dit Griffin avec son sourire le plus sarcastique. Mais ce garçon est mon arrière-petit-fils après tout. Il est à peu près temps que nous fassions connaissance.

Il se tourna vers Egan qui nous observait attentivement.

— Aimes-tu le pain de maïs ? demanda-t-il au petit garçon. J'en ai préparé une fournée ce matin avant d'aller te chercher. Va dans la cuisine et sers-toi. Tu pourrais peut-être en apporter aussi pour nos invitées.

Egan sortit. Daniel nous indiqua les deux fauteuils usés. Je m'avançai et m'assis, mais Vinnie resta obstinément où elle était.

Deux caisses en bois avaient été retournées pour former une table rudimentaire qui était couverte de nombreux journaux jaunis, grands ouverts.

— Regarde, si tu veux, me proposa-t-il. Ces journaux pourraient t'intéresser aussi, Vinnie, puisqu'ils te concernent. Et il serait temps qu'Egan sache un peu mieux ce qui s'est passé il y a trente ans.

— Egan est un tout petit garçon, lui rappela sèchement Vinnie. Il est encore trop jeune pour comprendre ce qui s'est passé il y a si longtemps.

— Egan est très mûr pour son âge et il a entendu toutes sortes de racontars. J'ai bien peur qu'il ne soit en train de se bâtir de fausses idées.

— Pourquoi es-tu revenu ? répéta Vinnie.

Toujours la même question. Une fois de plus, il ne répondit pas.

— On parle de toi dans ces journaux, lui dit Daniel. Aurais-tu oublié ? Tu peux jeter un coup d'œil pour te rafraî-chir la mémoire. Tu as raconté toutes sortes d'histoires à la police, toutes un peu différentes les unes des autres. J'imagine que tu t'es empêtrée dans tes mensonges et que tu oubliais ce que tu avais dit auparavant.

Vinnie ignora ces dernières paroles et répéta sa question une troisième fois.

— Pourquoi es-tu revenu à Harpers Ferry ?

Il s'approcha d'une grande commode et en sortit une photographie encadrée. Il l'observa un instant et me la tendit ensuite.

— C'est ma femme, quand elle était jeune. Ma deuxième femme, la vraie. Avant notre mariage, il y a vingt-cinq ans, je lui ai raconté tout ce que je savais sur ce qui s'était passé ici avant ma « fuite » de Harpers Ferry. Ma « fuite ». C'est le mot utilisé dans ces vieux journaux.

— Je ne sais rien de ce qui s'est passé à cette époque, lui dis-je. Ma mère n'a jamais voulu me dire d'où nous venions ou ce que nous étions avant de changer de vie.

Il parut satisfait.

— Alors, tu n'as pas de préjugés, toi au moins. Pendant toutes ces années, ma femme m'incitait constamment à revenir ici pour faire la lumière sur toute l'affaire, mais je savais que ce n'était pas possible, pas alors. J'étais pris au piège. J'avais l'impression d'avoir été privé de ma vie tout autant que Brad.

J'observai le ravissant visage si calme de la femme sur la photo. Ses grands yeux exprimaient une grande bonté intérieure.

— Comment s'appelle-t-elle ? demandai-je.

— Virginia, comme l'État où elle est née. Son nom de jeune fille était Driscoll. Je ne serais jamais revenu ici si elle n'était pas morte. Nous avons eu un seul enfant, un fils. Il est adulte maintenant et il vit dans l'Ouest. Comme je n'avais plus personne, j'ai décidé de faire ce que Virginia m'avait suggéré et de revenir. Mais pas pour ses raisons à elle. Je suis venu pour convaincre certaines personnes de dire la vérité, ajouta-t-il d'un ton plus sec.

— Même au risque d'être pendu? demanda Vinnie.

Elle avait finalement fait quelques pas dans la pièce, mais elle ne s'était pas assise.

— Tu veux dire pendu comme un « mécréant », n'est-ce pas?

Le regard noir qu'il lui jeta me troubla. Vinnie sentit certainement toute la colère refoulée qu'il y avait chez cet homme, car elle eut un brusque mouvement de recul.

Elle reprit la parole d'une voix perçante.

— Je ne comprends absolument pas pourquoi Lady Lacey te permet de rester ici!

Daniel fronça ses épais sourcils d'un air féroce.

— Lady Lacey se sent plus rassurée si elle a l'impression de pouvoir me surveiller. C'est plutôt drôle de penser que Henry Elliot est venu ici pour me trouver, moi! La distribution sera peut-être enfin là au grand complet pour le dernier acte. Sauf ceux qui sont passés de vie à trépas, évidemment.

Vinnie fit un effort pour reprendre son aplomb.

— Pour ma part, je considère que c'est Ida qui était ta vraie femme. Si elle s'est jetée dans la rivière, c'est parce que sa plus jeune fille l'avait trahie et qu'elle pensait que son mari était un assassin.

Daniel repoussa dédaigneusement cette hypothèse.

— Ida est morte parce qu'elle n'était pas capable de supporter la vie. Elle est morte à cause de sa propre faiblesse. Elle n'a jamais eu autant de courage qu'Amelia. Amelia a peut-être transmis ce trait de caractère à sa fille. De toute façon, Amelia a eu raison de partir avec son enfant pour se refaire une nouvelle vie. Tout comme moi.

Il y avait un sujet que Vinnie n'oserait jamais aborder, je

le savais. Je sortis donc de mon sac le croquis que Daniel avait laissé à la maison la veille.

— Pourquoi avez-vous envoyé à tante Vinnie ce croquis d'un poignard?

— Je pense qu'elle sait très bien pourquoi.

Il jeta un regard moqueur vers sa sœur.

Vinnie devint si blême que je l'entourai de mon bras pour affronter Daniel Griffin avec elle.

— Il n'est pas nécessaire que nous restions plus long-temps, Vinnie, lui dis-je. Nous pouvons aller chercher Egan et partir dès maintenant.

Mais Vinnie ne voulait pas abandonner.

— Daniel, pars, je t'en prie. Continue à te faire oublier, ajouta-t-elle en relevant le menton pour le regarder droit dans les yeux. Si tu restes, il se peut que je doive avertir la police de ta présence.

— Tu ne ferais pas ça, Lavinia. Et Lady Lacey non plus. Parce que vous ne savez pas tous les tours que j'ai dans mon sac. Vous allez attendre bien sagement pour voir quelles sont mes intentions et, en attendant, vous allez commencer à avoir peur des ombres du passé. Quant à moi, je me tiendrai cons-tamment sur mes gardes.

Vinnie appela Egan.

— Nous rentrons à la maison maintenant, mon chéri. Viens tout de suite.

Le petit garçon arriva aussitôt. Il était évident qu'il s'était affairé dans la cuisine. Il en sortit avec un grand plateau sur lequel il avait disposé de gros morceaux de pain de maïs qu'il avait dû prendre directement dans le moule.

— Tu vas voir comme c'est bon, dit-il à Vinnie. Goûte.

Il avait aussi trouvé des assiettes en carton. Il n'était

évidemment pas question de partir tout de suite, comme Vinnie l'aurait souhaité.

Egan fit asseoir Vinnie et nous servit à toutes les deux du pain de maïs dans les assiettes de carton. Il présenta ensuite le plateau à Daniel qui se servit lui-même, un sourire aux lèvres. Le tableau que nous formions devait ressembler curieusement à la scène du thé dans *Alice au pays des merveilles*. Les morceaux de pain, encore tièdes, étaient secs et difficiles à avaler. Vinnie réussit quand même à tout manger jusqu'à la dernière miette, puis elle s'adressa au petit garçon.

— Nous partirons dès que tu auras terminé, Egan. Je pense que tu fais une erreur en t'obstinant à rester là où tu n'es pas désiré, ajouta-t-elle en se levant et en se retournant vers son frère. Le passé dormait bien en paix. Si tu le réveilles, Dieu seul sait ce qui peut se passer.

— Brad est-il vraiment mort? Le sais-tu au moins? lui demanda-t-il.

Elle devint si blême que je fus effrayée. Elle leva les bras dans un geste désespéré puis les laissa retomber.

— Je vais te demander une seule chose, Daniel. Ne fais pas de mal à Lady Lacey. Elle en a déjà assez enduré dans sa vie.

Il lui jeta un regard moqueur.

— Ne t'inquiète pas. Lady Lacey est parfaitement capable de se défendre elle-même.

Vinnie sortit. Je ne sais trop pourquoi, j'avais l'impression que j'aurais dû présenter des excuses. Mais, quand je voulus dire quelque chose, je ne trouvai pas les mots et j'allai attendre Egan dehors avec Vinnie.

Elle avait traversé la pelouse clairsemée jusqu'au garde-fou en fer au bord de la falaise abrupte, et je l'y rejoignis. Elle paraissait si bouleversée que j'essayai de la distraire.

— C'est Virginius Island là, en bas, n'est-ce pas ? Ryan m'a parlé des moulins, des forges et des maisons qui couvraient l'île jusqu'à ce que les inondations balaient tout sur leur passage.

Vinnie s'accrochait au garde-fou comme pour se retenir.

— Tant de personnes sont mortes pendant les crues. Tu vois bien comme l'eau peut facilement recouvrir toute l'île. On se demande pourquoi les gens s'y étaient installés. Ils l'avaient fait pourtant. C'était sûrement autrefois un endroit animé et heureux. Pourtant, c'est peut-être encore plus beau maintenant avec les fleurs sauvages qui poussent parmi les ruines. Mais c'est aussi un lieu hanté. J'y allais souvent quand j'étais jeune et je tendais l'oreille. J'avais parfois l'impression de les entendre, les disparus.

— Que disaient-ils ? lui demandai-je doucement.

Ma question sembla la ramener à la réalité.

— Je ne me souviens pas. Je n'y vais plus jamais. Si j'y retournais à présent, ils me diraient sans doute simplement de rentrer à la maison et de me mêler de mes affaires. Je n'ai rien à leur donner. Je suis heureuse que tu sois là, reprit-elle après avoir tourné le dos à l'île et à la rivière et en me regardant affectueusement. Tu étais ma petite fille bien-aimée quand tu étais enfant. Nous avons passé de merveilleux moments ensemble. Mais maintenant que tu sais à quoi t'en tenir, tu dois retourner à Charlottesville et oublier toute la tristesse qui règne ici.

— Qu'est-ce qui pourrait me menacer ici ? D'où les coups pourraient-ils venir ? Je ne pense pas que votre frère soit dangereux. Il veut sans doute simplement que la vérité éclate pour se libérer des soupçons qui pèsent sur lui.

Vinnie m'entoura de son bras.

— Quelles que soient ses intentions, j'espère qu'il ne te

fera pas de mal. Mais il peut blesser d'autres personnes. Tout le monde est menacé. Sauf Egan. Il s'est entiché de lui. Mais je n'aime pas du tout voir Egan l'admirer comme s'il était un héros.

— Et s'il en était vraiment un ? Si on en avait fait un bouc émissaire ?

Elle regarda vers la rivière sans dire un mot.

— De quelle façon Henry Elliot est-il impliqué dans cette histoire ? demandai-je. Pourquoi en veut-il autant à Daniel Griffin ?

Vinnie soupira.

— Ce sont toutes les vieilles rancunes qui remontent à la surface, Lacey. Brad et Henry étaient tous les deux amoureux d'Amelia. Mais ils ne valaient pas plus cher l'un que l'autre !

— Ma mère a pourtant choisi Brad.

— Brad a toujours su comment s'y prendre avec les femmes. On ne peut pas adresser tout le blâme à ta tante Ardra. Il lui aurait été bien difficile de résister à Brad quand il a entrepris de la séduire. Je suis désolée de te parler de ton père de cette façon, Lacey, mais tu voulais savoir.

— Ça n'a pas d'importance, dis-je.

Je n'éprouvais aucune affection pour cet homme qui semblait avoir blessé Ardra tout autant que ma mère, sans parler d'Ida. Je voulais simplement éclaircir le mystère de mes origines.

Egan apparut à la porte du cottage, léchant les dernières miettes de pain de maïs sur ses doigts, l'air parfaitement heureux. Daniel était debout derrière lui.

— Je suis prêt à partir à présent, cria Egan à Vinnie. Grand-papa Daniel dit que je peux revenir le voir tant que je veux.

Il regarda le grand vieillard dont le visage sévère s'adoucit.

Vinnie parut inquiète, mais elle se contenta de tendre la main à l'enfant pour le ramener vers la maison.

Daniel rappela Egan.

— La prochaine fois, amène ta mère avec toi, mon garçon. Je n'ai pas encore rencontré mon autre petite-fille.

La question de l'éventuelle visite de Caryl était donc réglée par le fait même.

Vinnie nous conduisit rapidement vers la maison de Lady Lacey où elle nous invita à longer le corridor jusqu'à la porte d'entrée. Tout était calme quand nous entrâmes, mais Vinnie s'arrêta au pied de l'escalier, une main sur la rampe, et regarda vers l'étage, l'oreille aux aguets. Elle hocha la tête et se dirigea vers la voiture, suivie par Egan et moi.

J'avais aussi prêté l'oreille quand nous nous étions arrêtés au pied de l'escalier et j'avais entendu un faible murmure en provenance de la chambre d'Ellen. Je n'avais pas pu saisir les mots. Mais, pour une raison inconnue, un frisson m'avait envahie.

11

Une fois dans la voiture, j'interrogeai Vinnie à propos des voix en provenance du premier étage. Elle me répondit après avoir démarré, d'un ton hésitant, faussement dégagé.

— Il s'agit simplement d'un rituel établi par Lady Lacey et Anne-Marie. Ne t'en préoccupe pas.

— Je vois bien que vous êtes inquiète et je me demande pourquoi. Voyez-vous, tante Vinnie, j'ai encore tant de choses à apprendre. Le moindre indice m'intéresse.

Elle se décida à m'en parler.

— Elles accomplissent ce rituel une fois par année, le jour anniversaire.

— Anniversaire de quoi ?

— De la mort d'Ellen Fenwick. Je ne sais pas ce qu'elles font là-haut, mais Lady Lacey semble persuadée d'avoir conclu une sorte de pacte avec le passé.

— Plus de cent ans après ? C'est affreux !

— Je sais. Mais les personnes âgées ont parfois de drôles d'idées. N'en parlons plus. Je ne suis pas dans ses confidences et je ne devrais pas me laisser aller à fabuler là-dessus.

Par respect pour les sentiments de tante Vinnie, je laissai tomber le sujet pour l'instant. Je me rappelai tout à coup que je devais aller chercher le carillon que je voulais lui offrir. Je lui demandai de me déposer au sommet de l'escalier qui descendait vers Shenandoah Street, ce qu'elle fit.

Je lui promis de la retrouver un peu plus tard. Je descendis les marches beaucoup plus rapidement que je ne les avais gravies et enfilai rapidement High Street jusqu'à la boutique de Caryl. Quand j'entrai, ma sœur semblait en proie à une grande agitation et elle parut heureuse de me voir.

Elle posa sur le comptoir le ravissant paquet bleu et argent contenant le carillon, puis, les yeux brillants d'impatience, elle jeta un regard vers l'arrière du magasin.

— Maman est ici. Tu vas avoir l'occasion de la rencontrer dès maintenant. Dans la mesure du possible, évite de lui dire d'où tu viens, à moins qu'elle ne te le demande directement. Ça ne pourrait que l'inquiéter.

Si j'avais pu, j'aurais pris mon paquet et j'aurais immédiatement quitté la boutique. Je savais bien que cette rencontre était inéluctable, mais je ne me sentais pas encore prête à faire la connaissance de la sœur de ma mère. Le rôle qu'elle avait joué dans les événements du passé avait ruiné trop de vies pour que je me sente à l'aise en sa présence. Mais il était trop tard pour fuir.

Une femme sortit de l'arrière-boutique, et j'eus à peine le temps de me retourner qu'elle était déjà tout près de moi dans l'allée. Pendant quelques secondes, je pus l'observer sans qu'elle sache qui j'étais.

Ardra Griffin ne ressemblait pas du tout à l'image que je m'en étais faite. Sa fragilité me surprit. Compte tenu de son passé tumultueux, je me serais attendue à plus de vigueur. C'était une femme qui paraissait plutôt timide et qui était sans doute moins jolie qu'à l'époque où elle avait attiré l'attention de mon père.

Elle s'approcha de moi dans l'allée encombrée, et Caryl fit les présentations.

— Maman, voici Lacey Elliot.

La clochette au-dessus de la porte de la boutique résonna. Caryl alla servir le client qui venait d'entrer, nous laissant face à face, Ardra et moi.

Pendant un court instant, Ardra parut mal à l'aise. Puis elle sembla se ressaisir, et je pus voir qu'elle avait certainement été une vraie beauté, selon les canons du Sud. Son chemisier était jaune soleil, et son pantalon fauve trop bien coupé pour avoir été acheté dans un magasin de village. Elle posa une main fine sur le comptoir le plus proche, sans doute pour se donner une contenance, et réussit à esquisser un sourire qui illumina son visage.

Je m'approchai d'elle en lui tendant la main.

— Bonjour, tante Ardra.

Elle me serra courtoisement la main, mais la laissa retomber aussitôt. Son geste traduisait sa méfiance envers moi et son refus anticipé de toute critique que je pourrais formuler.

Je tentai de détendre l'atmosphère.

— J'ai découvert seulement hier que j'avais une sœur. Mais je suis très heureuse de la connaître à présent.

Ardra passa la pointe de sa langue sur ses lèvres.

— Comment va ta mère?

— Elle se remet d'une opération, mais sa santé s'améliore de jour en jour. Je pense que le pire est passé.

— Caryl m'a dit qu'elle ne t'avait jamais parlé de moi.

— Elle ne m'a jamais parlé de Harpers Ferry, ni d'aucun membre de la famille, dis-je doucement. Je ne suis pas certaine qu'elle ait eu raison, mais je peux comprendre ses sentiments.

Elle passa de nouveau sa petite langue pointue sur ses lèvres.

— L'as-tu vu, *lui*, depuis que tu es arrivée ? demanda-t-elle calmement.

Elle voulait évidemment parler de son père, et je lui fis signe que oui. Son client parti, Caryl se joignit à nous.

— Je l'ai vu à quelques reprises, dis-je à Ardra. Mais je lui ai parlé pour la première fois aujourd'hui.

Même si elle se taisait, j'avais l'impression qu'elle aurait voulu me poser bien des questions. Je commençais à me sentir plus détendue. Malgré toutes mes appréhensions, je ne trouvais pas Ardra très menaçante. Je leur racontai à toutes deux ma rencontre inopinée avec Daniel Griffin et Egan dans les ruines de la vieille église et mon escalade jusque chez Lady Lacey avec eux. Je n'en dis pas plus. Je ne voulais pas parler de ce qui s'était passé plus tard chez Lady Lacey, ni ensuite dans le cottage. Je me contentai de rassurer Caryl.

— Ton grand-père s'est entiché d'Egan. Je ne crois pas qu'il voulait mal faire en l'amenant en promenade jusque chez Lady Lacey. De plus, il souhaite te rencontrer. On pourrait aller le voir demain, si tu veux.

Ardra protesta faiblement en se raclant la gorge. Caryl lui tapota le bras pour la rassurer.

— Tout va bien se passer, maman. Je veux le rencontrer.

Je leur dis combien Egan paraissait excité d'être chez Lady Lacey et comment elle semblait utiliser le tambour comme un appât.

Caryl et Ardra se regardèrent, et Caryl acquiesça.

— Je sais qu'elle voudrait bien me l'enlever. Elle trouve que je ne l'élève pas comme il faudrait. Si Egan répondait à ses avances et voulait aller vivre là-haut avec elle, ça lui donnerait un bon argument pour me séparer de lui. Mais je ne la laisserai pas faire.

En pensant aux manières autoritaires de Lady Lacey, j'espérai que Caryl aurait la force de lui tenir tête. Je me disais que Vinnie, tout comme Ardra, serait incapable de l'emporter dans une telle bataille.

Il était près de midi. Caryl s'affaira à fermer la boutique pour le reste de la journée afin de retourner à la maison avec sa mère. Elle me dit qu'elle se rendait souvent au magasin à pied et qu'elle n'avait pas pris sa voiture ce jour-là. Quand nous fûmes prêtes à partir, nous nous dirigeâmes toutes les trois vers l'endroit où la voiture d'Ardra était garée.

À sa façon de conduire, il était évident qu'Ardra était nerveuse, et je me réjouis que nous n'eussions qu'une courte distance à parcourir. En arrivant dans la rue au faîte de la colline, elle actionna l'avertisseur et héla par la portière un homme qui marchait sur le trottoir devant nous.

— Ryan! Voulez-vous monter avec nous?

Il s'approcha aussitôt de la voiture et sourit à Ardra.

— Heureux de vous revoir! Je veux bien, merci.

Il adressa également un sourire à Caryl, puis se tourna vers la banquette arrière où j'étais assise. Je m'écartai pour lui faire de la place, toujours aussi heureuse de le voir. C'était comme s'il était une connaissance de longue date, même si je ne l'avais rencontré que la veille.

Caryl aussi était visiblement heureuse de le voir et se trémoussait sur la banquette avant à côté d'Ardra. Sa mère l'observa du coin de l'œil. Rien ne semblait lui échapper des sentiments de sa fille pour Ryan.

Une fois assis près de moi sur la banquette arrière, Ryan se mit à parler d'abondance.

— On m'a offert de me donner des documents et des

lettres qui remontent à l'époque de la guerre de Sécession, et même avant, une vraie mine d'or. L'une d'entre vous souhaiterait-elle m'accompagner quand j'irai les chercher?

— Merci, mon cher, dit Ardra, mais je voudrais passer le reste de l'après-midi avec ma fille et mon petit-fils. À moins, bien sûr, que Caryl ne souhaite vous accompagner.

— En tout autre temps, j'en aurais été fort heureuse, mais maman a raison. Il faut que nous passions un peu de temps ensemble tous les trois. Egan n'est pas assez souvent avec nous.

Malgré sa déception, elle paraissait sûre que son devoir lui commandait d'agir ainsi.

— Et vous, Lacey? me demanda Ryan en se retournant vers moi.

— Avec plaisir, répondis-je aussitôt.

C'était avec Ryan que je souhaitais le plus m'entretenir de tout ce que j'avais appris. Il m'aiderait peut-être à comprendre l'étrange matinée que j'avais passée chez Lady Lacey.

À notre arrivée à la maison, Ryan rentra la valise d'Ardra; Caryl et sa mère s'éloignèrent ensemble, et Ryan monta à sa chambre. J'apportai mon paquet dans le jardin de fines herbes où Egan parlait à Vinnie comme un vrai moulin à paroles. Shenandoah gambadait partout et sauta sur les genoux de Vinnie pour repartir aussitôt. Mon paquet attira tout de suite l'attention de la petite chatte qui parut prête à s'attaquer à l'emballage. Je le tendis à Vinnie.

Sa rencontre avec son frère semblait l'avoir mise à rude épreuve, mais elle me sourit en ouvrant précautionneusement le papier d'emballage avec l'index pour éviter de le déchirer. Ma mère avait toujours ouvert les paquets-cadeaux de la même façon, pour pouvoir utiliser de nouveau papier et ruban.

Quand elle eut ouvert la boîte, elle souleva les tubes de

métal noir suspendus à un disque. Elle éleva le carillon qu'une brise en provenance de la rivière fit tinter, en produisant un son ravissant.

— Merci, ma chérie, me dit-elle en m'embrassant sur la joue et en faisant balancer le carillon devant Egan. Où penses-tu que nous devrions le suspendre?

Il réfléchit, les yeux fermés, sans doute pour mieux se représenter l'endroit où l'objet pourrait être suspendu. Il les rouvrit presque aussitôt.

— Je sais où! Juste là, sur le treillage des glycines.

Je regardai les lattes entrecroisées et je vis qu'on y avait fixé un bras de métal pour suspendre une jardinière.

— C'est exactement l'endroit auquel je pensais, lui dit Vinnie avant de l'envoyer chercher son escabeau.

Avec un plaisir fou, Shenandoah s'était emparée du papier d'emballage pour se construire un nid. Vinnie la chassa et entreprit de soigneusement plier le papier.

— Malgré tout le temps que nous avons passé avec lui, nous ne savons toujours pas ce que Daniel a l'intention de faire, dit-elle.

— Pourquoi avez-vous peur de lui?

Elle réfléchissait tout haut, en défroissant le papier bleu.

— Nous avons toujours eu des intérêts divergents. Il ne s'est jamais comporté comme un grand frère avec moi, même si je l'aurais souhaité. Je n'ai jamais compris qu'il ait pu épouser Ida alors qu'elle était si différente de lui. Nous avions tous cru qu'il épouserait... Oh! ça n'a pas d'importance! poursuivit-elle après s'être interrompue. C'est de l'histoire an-cienne. Ce qui importe, c'est ce qui va se passer maintenant. J'ai l'impression qu'il a changé pendant toutes ces années, mais je ne sais pas en quel sens. Il est peut-être seulement devenu un homme plus dur et plus sûr de lui que dans mon souvenir. On dirait du moins que son deuxième mariage a été heureux.

— Vous avez dit que Brad et Henry étaient tous deux amoureux de ma mère. Qu'en pensait mon grand-père ?

Elle hocha la tête et sourit, plongée dans ses souvenirs.

— Ta mère était tellement séduisante. Elle était tellement vivante et amusante. Tous les garçons étaient fous d'elle. Mais Daniel s'en préoccupait fort peu. Tout ce qui lui importait, c'était que sa fille soit ravissante et sage. Pour le reste, ses intérêts étaient ailleurs.

Ma mère ne m'était jamais apparue tellement vivante, et certainement pas assez enjouée pour être amusante. Les événements qui l'avaient amenée à fuir Harpers Ferry avaient dû transformer son caractère. Je regrettais de ne pas l'avoir connue dans ses années de jeunesse.

— Avez-vous vraiment trouvé que votre frère avait changé quand vous l'avez vu aujourd'hui ? demandai-je à Vinnie.

— Il est devenu un étranger pour moi. Je suis incapable de me faire une opinion à son sujet. Comprends-tu ?

Je fis signe que oui.

— Il ne semble pas craindre d'être arrêté.

— Il sait qu'il n'y a jamais eu assez de preuves pour le condamner.

— Mais alors, pourquoi s'est-il enfui à l'époque ?

Elle souleva le carillon et l'agita avec ses doigts.

— Il y avait des preuves indirectes. Il savait probablement qu'on ferait une enquête plus approfondie s'il restait. Sa parole n'aurait pas valu grand-chose dans les circonstances. Il a sans doute bien fait de ne pas prendre le risque, dit-elle en hochant la tête comme si elle ne savait plus quoi penser. J'ai participé moi-même à établir quelques-unes des preuves accumulées. Je pensais alors que je n'avais pas d'autre choix. Il avait la réputation d'être brutal et violent, et j'avais été témoin de sa querelle avec Brad. J'avais entendu les menaces qu'il avait proférées...

La voix brisée, elle s'interrompit.

— Pensez-vous vraiment qu'il soit coupable de ce qui a pu arriver à Brad ?

Elle posa le carillon sur ses genoux dans un cliquetis.

— N'en parlons plus, Lacey. J'espère seulement qu'il va abandonner la partie sans essayer de se venger.

— Pensez-vous que ses projets de vengeance pourraient vous toucher ?

Elle parut si inquiète que je regrettai aussitôt d'avoir posé la question. Pour lui donner le temps de se remettre, j'allai pêcher Shenna parmi les papiers déchirés et je la pris sur mon épaule. Elle posa sa petite tête sous mon menton et se mit à ronronner bruyamment. Un bien gros ronron pour une si petite chatte.

Egan revint en trombe avec un tabouret de cuisine en bois presque aussi haut que lui.

— Je n'ai pas trouvé l'escabeau, tante Vinnie, mais ça ira peut-être, avec ça, hein ?

Je remis la chatte à Vinnie et je retins le tabouret pendant qu'Egan grimpait dessus et suspendait facilement le carillon. Les tubes noirs et brillants ressortaient merveilleusement sur le fond de verdure et, agités par une brise légère, ils se mirent à tinter.

Jasmine sortit alors pour nous dire que le déjeuner était servi. La table avait été dressée dans un autre coin du jardin où il serait agréable de manger sous le chaud soleil de midi. Les autres vinrent nous rejoindre. Vinnie et Egan en profitèrent pour embrasser Ardra et pour lui souhaiter la bienvenue à la maison. Ils semblaient tous parfaitement heureux de se revoir.

Quand tout le monde fut assis autour de la table, j'eus quand même la sensation d'un malaise. Jasmine nous servit un repas léger. Vinnie avait eu l'idée de servir un thé vert glacé et parfumé dont la saveur était rehaussée par des tranches de citron.

Caryl raconta une anecdote amusante à propos d'un de ses clients de la matinée. Ardra paraissait exagérément calme et mangeait sans beaucoup d'appétit, regardant à peine ce qu'il y avait dans son assiette. À la lumière de midi, elle avait l'air plus âgée et encore plus fragile que lorsque je l'avais vue dans la boutique. Elle prit la parole et s'adressa directement à moi.

— Quand tu as vu mon père ce matin, Lacey, est-ce qu'il t'a dit pourquoi il était revenu ?

— Je pense qu'il ne l'a expliqué à personne jusqu'à présent, dis-je.

Elle réfléchit à voix haute, comme si elle se parlait à elle-même.

— Quand j'étais jeune, je le trouvais extraordinaire. Je l'adorais, mais il ne m'a jamais pardonné ce qui est arrivé. Il a fini par nous détester tous. Il était absolument furibond et il me terrorisait. Je ne pourrai jamais oublier sa façon de se comporter à l'époque. Il est parti sans un adieu. Tu ne devrais pas lui manifester d'affection, Lacey.

— Tout cela s'est passé il y a bien longtemps, dit Ryan. Ardra, pourquoi ne tenteriez-vous pas de convaincre votre père que toutes les personnes impliquées ont déjà été suffisamment punies ?

Ardra parut horrifiée.

— Même s'il acceptait de m'écouter, et j'en doute, je n'aurais jamais l'audace de lui parler.

— Ce n'est pas nécessaire, maman, la rassura Caryl en lui tapotant le bras.

Caryl me plaisait de plus en plus, mais j'étais incapable d'éprouver de l'affection pour sa mère.

À la fin du repas, Ryan annonça à Vinnie que je l'accompagnerais chez Laura Kelly, ce qui parut l'étonner.

— Il y a près de deux ans que je n'ai pas vu Laura, même si elle prend encore une part active aux affaires du village. J'ai toujours eu beaucoup d'amitié pour elle.

— Qui est-elle au juste ? demandai-je.

— Je vous en parlerai pendant le trajet, dit Ryan. J'ai rendez-vous avec elle à quatorze heures, et nous y sommes presque. Il est temps de partir.

En remontant High Street dans sa voiture, il m'assura que nous n'allions pas loin. Juste à Bolivar Heights, dans une maison exceptionnelle.

— Laura Kelly a passé toute sa vie à Harpers Ferry. C'est une historienne, à sa façon. Elle contribue à la rédaction de mon livre. Tout récemment, une personne qui vivait à Charles Town, et qui connaissait Laura depuis longtemps, est morte en lui léguant toutes ses archives personnelles. Elle m'a offert de l'aider à les trier et à les classer, au cas où il s'y trouverait quelque chose qui pourrait m'être utile. J'ai évidemment sauté sur l'occasion. Elle m'a dit qu'elle y avait déjà trouvé quelque chose qui devrait m'intéresser tout particulièrement.

Il me décrivit ensuite sommairement la maison où nous nous rendions.

— Elle a été conçue au début du siècle par Stanford White[1].

---

1. Célèbre architecte américain (1853-1906) qui utilisait un style inspiré de la Renaissance italienne. Il fut abattu en 1906 sur le toit du Madison Square Garden à New York par Harry Kendall Thaw, un millionnaire de Pittsburg, pour avoir eu une liaison avec la femme de celui-ci, l'actrice Evelyn Nesbit. (NDT)

Il était alors au sommet de sa gloire. Il fut abattu plus tard par un mari jaloux.

Nous suivions, au faîte de la colline, une route qui, me dit-il, passait devant la maison de Laura. Avant d'y arriver, il arrêta toutefois la voiture pour observer quelques instants le flanc de la colline qui descendait en pente douce jusqu'au Potomac, au contraire des falaises du côté de la Shenandoah.

— Je voudrais vous parler un peu de Laura avant que vous ne fassiez sa connaissance. Dans sa prime jeunesse, elle devait, semble-t-il, épouser Daniel Griffin. D'après ce qu'on raconte, il l'aurait laissé tomber pour Ida. Je ne connais pas les sentiments actuels de Laura pour Griffin et je ne sais même pas si elle est au courant de son retour. Je n'ai jamais évoqué ces choses avec elle et je ne sais pas quelle sera sa réaction en rencontrant la petite-fille de Griffin. Je n'ai cependant pas l'impression que ce soit le genre de personne qui se complaise dans les vieilles rancunes.

— A-t-elle épousé quelqu'un d'autre?

— Oui. Son mari, Albert Kelly, est mort il y a quelques années. Laura a toujours pris une part beaucoup plus active que Lady Lacey aux affaires de Harpers Ferry. Alors que Lady Lacey trône au sommet de sa colline d'où elle règne, Laura met la main à la pâte et joue un rôle actif. C'est ce qu'elle a toujours fait jusqu'à maintenant du moins. Elle a été membre du conseil d'administration de la bibliothèque et s'est constamment impliquée dans les affaires publiques. Elle a même été conseillère auprès du Service du parc national pour les projets de restauration. Mais elle ne s'est jamais facilement liée d'amitié, et peu de personnes ont été invitées chez elle. Je suis un des rares élus, probablement à cause du livre que je suis en train d'écrire. Je lui ai téléphoné avant notre départ et je lui ai dit que j'amenais avec moi une amie écrivain.

— Lui avez-vous dit qui je suis ?

— Je n'ai pas cru opportun de le faire au téléphone.

— Elle va probablement reconnaître mon nom.

— Probablement. Nous verrons bien ce qui arrivera en temps et lieu.

J'étais fort curieuse de rencontrer une femme qui avait déjà été la fiancée de mon redoutable grand-père.

12

Un peu plus loin, nous aperçûmes la grande maison blanche dont l'architecture ne me rappelait rien de connu. Un grand pignon au toit pointu, et percé de trois fenêtres, s'élevait au-dessus du porche. À l'une des fenêtres se tenait une silhouette qui nous observait. Non pas la propriétaire de la maison, mais un homme, qui se retira vivement à notre approche, comme s'il ne voulait pas être vu.

La route longeait la façade de la maison. Nous garâmes la voiture près d'un escalier qui montait jusqu'à la terrasse, puis nous traversâmes une vaste pelouse. Je vis que des arcades blanches, surmontées d'un haut toit gris couvert d'innombrables pignons et lucarnes, faisaient le tour de la maison. À l'exception du toit, toute la maison était peinte en blanc. Il y avait alentour de vieux arbres et des bosquets de conifères en abondance, mais la maison se dressait à l'écart, imposante masse d'une blancheur immaculée.

Comme nous gravissions les marches menant à la terrasse, une femme sortit et s'avança vivement vers nous. Laura Kelly était grande et mince. Ses traits bien dessinés étaient encore fermes. Ses cheveux gris, séparés par une raie au milieu, étaient tirés vers l'arrière et nattés en une lourde tresse qui retombait devant sur une épaule. L'extrémité de la tresse était coquettement retenue par un tout petit nœud de velours rouge. Sur un pantalon en tweed couleur moka bien coupé, elle portait une veste en soie brune qui laissait voir le col montant d'un tricot rose.

Elle vint à notre rencontre, un sourire radieux et chaleureux aux lèvres, et tendit une main fine à Ryan d'abord, puis à moi.

— Merci de m'offrir l'occasion de voir ces papiers, Laura, dit Ryan. Voici mon amie, Lacey Elliot.

Ses grands yeux bruns me fixèrent sans manifester d'étonnement.

— La petite-fille d'Ida.

C'était une constatation, pas une question.

— J'ai jadis beaucoup aimé votre mère. Comment va Amelia ?

— Elle est actuellement en convalescence, mais elle ira bientôt mieux, dis-je brièvement.

Laura Kelly hocha aimablement la tête et nous fit suivre une longue galerie couverte d'un carrelage et qui s'étendait sous les arcades de la façade. Elle la traversa jusqu'à une porte vitrée et nous fit entrer dans une pièce où une énorme cheminée en pierre couvrait un mur entier. La tablette courbée du manteau de bois saillait de la pierre, un mousquet datant de la guerre de Sécession suspendu de biais au-dessus. L'ameublement de la pièce était simple et confortable ; un tapis aux teintes douces couvrait une partie du plancher.

Laura nous conduisit ensuite dans une vaste entrée où un grand escalier montait jusqu'à un palier pour s'élever ensuite le long du mur jusqu'à l'étage supérieur.

Les boiseries avaient encore leur vernis foncé d'origine, ayant échappé à la mode voulant que les boiseries intérieures fussent peintes en blanc. Une salle à manger donnait sur l'entrée avec, au centre, une remarquable longue table ovale où étaient entassés boîtes et papiers.

Mme Kelly fit un signe de la main en direction des piles.

— J'ai fait un peu de classement, Ryan, mais je vous laisse décider de la façon de procéder. Je suis certaine que vous y trouverez des choses qui pourront vous être utiles. Prenez tout votre temps.

Sa voix était agréable, grave et sonore.

Je ne savais presque rien de Laura Kelly, mais elle me plaisait déjà.

— Vous m'avez parlé d'une trouvaille particulière qui devrait m'intéresser, lui rappela Ryan.

— C'est vrai, j'en suis sûre. Mlle Elliot sera peut-être intéressée elle aussi. Assoyez-vous donc. J'ai fait de la limonade. Je vais aller en chercher un pichet, ainsi que ce petit livre que je veux vous montrer.

Je m'assis à la table et regardai autour de moi. Des portraits d'hommes et de femmes vêtus de costumes anciens étaient suspendus aux murs. Celui d'un séduisant soldat vêtu de gris était bien en vue.

Laura revint rapidement, avec un plateau d'argent supportant un pichet et des verres. Ryan repoussa quelques papiers, et elle déposa le plateau sur la table. Après avoir versé de la limonade dans les verres, elle sortit un petit livre de sa poche et le tendit à Ryan.

J'aperçus des violettes décolorées et des trèfles à quatre feuilles peints sur la couverture. Le livre ressemblait à un journal intime d'autrefois. Quand Ryan l'ouvrit pour le feuilleter, je vis des pattes de mouche tracées de biais sur des pages jaunies.

Sur le coup, rien ne parut frapper le jeune homme et il posa le livre.

— Merci, Laura. Ça va sûrement m'intéresser.

— J'en suis absolument certaine, dit-elle d'un ton sec qui m'amena à me demander ce qu'elle avait bien pu découvrir dans ces pages.

Ryan s'empara d'une liasse de papiers qui avait attiré son attention et s'absorba dans sa lecture, impatient d'explorer ce trésor issu du passé.

— Laissons-le travailler un peu, dit Laura. Apportez votre verre, et je vais vous montrer la merveilleuse vue qu'on a d'ici.

Avant de quitter la pièce, je m'arrêtai devant le portrait du soldat vêtu de gris.

— Qui est-ce ?

— C'est Royal Fenwick. Peut-être en avez-vous entendu parler ? Quand il est revenu de la guerre, son plus jeune frère, Jud, s'est querellé avec lui parce qu'il le considérait comme un traître à la cause de l'Union. Jud est ensuite allé vivre à Charles Town. Royal, lui, s'est installé ici et il a continué à fabriquer les tambours qui ont fait sa réputation.

J'observai le visage du jeune soldat, si différent de la figure dure et tourmentée de son jeune frère, que j'avais vue chez Lady Lacey. L'artiste avait peint un visage séduisant, ouvert et plein de vie. Royal me plaisait, alors que son frère me donnait la chair de poule.

— Lady Lacey possède un de ses tambours, dis-je. Le fils de Caryl, Egan, me l'a montré aujourd'hui. Comment se fait-il que vous ayez ce portrait ?

— La mère de Royal était une Kelly, une ancêtre de mon

154

mari. Encore un exemple du brassage des lignées dans le Sud !
À cause de ce lien de parenté, j'ai hérité du portrait de Royal.
Avec toutes ces relations inextricables, vous et moi sommes
probablement apparentées aussi, d'une façon ou d'une autre.

— J'en serais heureuse, dis-je.

Ryan avait pris connaissance du contenu d'une des boîtes
et, avant que nous sortions, il s'adressa de nouveau à Laura.

— Saviez-vous que Daniel Griffin est de retour à Harpers
Ferry ?

Elle acquiesça gravement.

— Je sais.

Elle quitta la pièce sans autre commentaire, et je la suivis.

Nous traversâmes la maison jusqu'à une véranda qui en
occupait un angle. De là, on voyait la bande de terre de plus
en plus étroite qui descendait en pente douce pour aller cons-
tituer le village de Harpers Ferry, au niveau de la rivière. Les
maisons d'abord clairsemées se faisaient de plus en plus nombreuses pour former le triangle qui s'étendait jusqu'à The
Point. D'où nous étions, nous ne voyions pas la Shenandoah,
mais à notre gauche le Potomac s'élançait vers sa rencontre
inéluctable avec ce turbulent cours d'eau. On apercevait au
loin The Gap, lieu de cette rencontre.

Laura tendit la main vers sa droite.

— Ce grand immeuble sur les falaises de la Shenandoah
est construit sur les terrains de ce qui fut le Storer College, le
premier collège pour les Noirs dans ce pays. Pendant la guerre,
des milliers d'esclaves affranchis s'étaient regroupés autour de
Harpers Ferry pour assurer leur sécurité. Après la fin des com-
bats, plusieurs des édifices de l'ancien arsenal furent utilisés
pour mettre cette école sur pied. Comme le John Brown's Fort
représentait un symbole de la liberté, on l'a transporté sur
les terrains du Storer College pendant un certain temps. Plus

155

précisément à l'endroit qu'on appelle Camp Hill où les soldats de l'Union avaient établi leur bivouac.

Ce rappel de l'histoire était fascinant, mais il y avait une question personnelle qui me brûlait les lèvres. Je décidai de la poser sans tarder.

— Avez-vous connu mon père ?

Elle approcha deux chaises longues de la balustrade pour que nous puissions admirer le panorama tout en parlant, et nous nous assîmes. Je bus un peu de limonade en attendant sa réponse. Quand elle se décida à parler, j'eus l'impression que c'était un peu à contrecœur.

— Brad appartenait à une génération plus jeune que la mienne, évidemment, mais je l'ai rencontré à l'occasion.

— Voudriez-vous m'en parler ? Ma mère a toujours refusé de me dire quoi que ce soit à son sujet.

— Je peux la comprendre. Il l'a profondément blessée. C'était un homme qui avait une certaine allure, même s'il semblait plutôt frêle et insignifiant à première vue. C'était son charme, plus que son allure ou sa prestance, qui le rendait séduisant. Il savait comment plaire aux femmes et il leur manifestait plus d'intérêt que la plupart des autres hommes. Votre mère a retenu son attention. Elle était belle, intelligente et spirituelle. Ils tombèrent amoureux, malgré le père d'Amelia qui n'aimait pas Brad et ne lui faisait pas confiance. Daniel s'opposa au mariage, et, bien sûr, Ida se rangea du côté de son mari. Les deux jeunes gens n'avaient pas d'autre choix que de s'enfuir pour se marier. À leur retour, ils achetèrent une petite maison à Bolivar Heights et se mirent en ménage. J'imagine que ça ne pouvait pas marcher, compte tenu de la nature de Brad. Il n'était pas du genre à être fidèle à une seule femme. Il est bien malheureux qu'il ait choisi d'avoir une liaison avec la propre sœur de votre mère. Brad espérait garder l'affaire secrète, malgré la grossesse d'Ardra.

— J'ai rencontré Ardra aujourd'hui, dis-je. Comment était-elle en ce temps-là ?

— Elle avait un genre casse-cou qui plaît à certains hommes. Brad fut attiré par elle et il ne renonçait jamais à obtenir ce qu'il convoitait. Il entraîna facilement Ardra dans ce qui semble avoir été une histoire d'amour passionné. Quand Daniel apprit qu'Ardra était enceinte, il refusa d'accepter la situation. Il lui arrivait d'être violent quand il se mettait en colère. Brad avait trahi une de ses filles et bafoué l'autre. Daniel se querella avec lui et le menaça. Les soupçons se portèrent donc tout naturellement sur lui quand Brad disparut et que sa veste, trouée par une balle, fut retrouvée en aval, dans la rivière. Tout cela est de l'histoire ancienne, Lacey : Dan prit alors la poudre d'escampette et disparut lui aussi. Ida ne put le supporter. Elle démissionna et prit la porte de sortie à sa façon. Amelia a eu raison de vous emmener et de fuir toute cette histoire sordide.

Même si certains détails de son récit m'étaient maintenant familiers, Laura m'en avait dit plus que personne d'autre. Je percevais peu à peu le sens des révélations qu'elle m'avait livrées à contrecœur. Pour la première fois de ma vie, je pouvais enfin saisir tout le poids du fardeau que ma mère avait dû porter si longtemps en silence.

— Merci de m'avoir dit tout cela, madame Kelly.

Elle me regarda amicalement.

— Je vous en prie, appelez-moi Laura. Maintenant que Dan Griffin est de retour, continua-t-elle après une courte hésitation, bien des vieilles histoires pourraient être déterrées. Il fut un temps où j'ai songé à l'épouser. Mais, comme il me faisait parfois peur, j'ai changé d'idée. Il m'en a voulu un certain temps. Quand il a décidé de se marier avec Ida, les gens ont prétendu qu'il m'avait laissé tomber, dit-elle avec une ironie désabusée. Dan était un homme passionnant et fascinant à l'époque. Mais il savait qu'il avait besoin d'un port d'attache, et c'est peut-être ce qu'il espérait trouver avec Ida. J'ai eu de la chance de rencontrer mon mari, un homme qui m'a rendue très heureuse. Je n'ai jamais regretté d'avoir rompu avec Daniel Griffin.

Je posai de nouveau l'éternelle question qui ne cessait de me hanter.

— Croyez-vous que c'est lui qui a tué mon père ?

Elle réfléchit un instant avant de me répondre.

— J'ai longtemps pensé que c'était le cas. Je n'en ai pourtant jamais été certaine, car les preuves sont toutes indirectes. Je préfère lui accorder le bénéfice du doute.

Je lui racontai ce que j'avais appris au sujet de la deuxième femme de Daniel dont la mort semblait l'avoir incité à revenir à Harpers Ferry.

— Je me demande s'il cherche à se blanchir ou s'il veut régler leur compte à ceux qui l'ont obligé à se cacher.

Je tournais le dos à la porte qui menait dans la maison. Quand je vis Laura se raidir, je regardai par-dessus mon épaule. Henry Elliot était là et nous observait. Il ne semblait pas aussi ivre qu'auparavant, mais il titubait encore un peu. C'était probablement lui qui nous avait observés de la fenêtre du premier étage à notre arrivée. Je me demandais bien ce qu'il pouvait faire dans cette maison.

Laura s'adressa à lui.

— Viens te joindre à nous, Henry. Lacey, voici le frère de votre père, Henry Elliot, ajouta-t-elle à mon intention.

— Je sais, dis-je. Nous nous sommes rencontrés plus tôt aujourd'hui chez Lady Lacey.

Henry ne fit aucun cas des présentations.

— Saviez-vous que Daniel Griffin est de retour et qu'il loge là-haut chez Lady Lacey? demanda-t-il à Laura.

— Je savais qu'il était en ville, dit Laura. Mais je ne savais pas où il habitait. L'affaire semble prendre un tour nouveau, car je croyais que Lady Lacey n'aimait pas Daniel.

— Il a une dent contre moi. C'est pourquoi je suis monté chez Lady Lacey avec un fusil aujourd'hui, pour me défendre contre lui. Tout le monde aurait été bien content si je l'avais abattu.

— Penses-tu que ce serait une solution intelligente? demanda Laura. Que s'est-il passé?

Henry commença à bafouiller, et je répondis à sa place.

— Lady Lacey lui a fait entendre raison, et Henry est reparti.

Il proféra de nouveau son ressentiment.

— Dan veut me mettre sur le dos des choses avec lesquelles je n'ai rien à voir!

Laura hocha la tête.

— Tout ce qui s'est passé a été la faute de Brad. Je ne crois pas que Daniel puisse te reprocher quoi que ce soit.

— Et elle, qu'est-ce qu'elle fait ici? demanda Henry en me jetant un regard noir. Elle ne peut qu'apporter des ennuis, elle aussi. C'est la fille d'Amelia. Tout ce sang pourri!

— Tu te trompes, Henry. Lacey, pas plus que sa mère, n'a rien eu à voir avec la mort de Brad. Lacey n'avait que quatre ans quand sa mère s'est sauvée avec elle.

Il rentra dans la maison sans me jeter le moindre regard. Laura reprit tristement la parole.

— Il me fait pitié, mais s'il devient insupportable je ne pourrai pas le garder ici.

— N'a-t-il pas d'endroit où loger?

— Je crois qu'il habite un appartement dans un immeuble à Charles Town où il travaille comme concierge.

— Vous avez raison de dire que ma mère n'a rien eu à voir avec la mort de mon père. Il est de plus en plus clair pour moi qu'elle n'a été qu'une victime dans tout ce qui est arrivé.

Laura hocha la tête.

— Amelia n'a jamais été une victime. Elle avait bien trop de force de caractère. Henry, lui, a toujours souffert d'être le cadet d'un homme qui avait toutes les qualités qui lui manquaient. J'ai recueilli Henry comme je le fais parfois avec des chiens errants.

— J'espère que mon père ne lui ressemblait en rien.

— Curieusement, dans leur jeunesse, c'est Henry qui était le séduisant jeune frère costaud. Mais il n'a jamais eu le charme et l'intelligence de Brad. Il était à la fois très attaché à Brad et jaloux de lui. Il a un peu perdu la tête quand Brad a disparu. Lady Lacey l'a pris en main et lui a remis du plomb dans la cervelle. Il avait déjà travaillé pour elle quand il était jeune garçon et il avait beaucoup de considération pour ses opinions.

— Elle lui a conseillé aujourd'hui de se tenir loin de Daniel qui serait capable de le réduire en bouillie. J'ai de la difficulté à me faire à l'idée que c'est mon oncle. Il semble que je reçoive en héritage une bien étrange collection de parents.

Laura sourit.

— Ne vous en faites pas, Lacey. Vous me rappelez Amelia à l'occasion. Elle avait toute la volonté qui manquait à Ardra. Et on ne peut rien reprocher à Caryl qui est absolument charmante. J'aime aussi beaucoup son adorable petit garçon. Ils sont vos parents, eux aussi, vous savez.

La sonnerie du téléphone retentit dans la maison, et elle

rentra pour prendre l'appel. En l'attendant, je regardai vers The Gap et tentai de laisser le panorama me calmer. La réapparition de Henry m'inquiétait. J'avais bien l'impression que c'était un fauteur de troubles.

Quand Laura revint, elle paraissait stupéfaite.

— C'était Dan Griffin. Il veut me voir et il m'a demandé s'il pouvait venir ici tout de suite.

— Vous a-t-il dit ce qu'il voulait?

— Il n'a pas perdu de temps en bavardages, mais il m'a dit que c'était important. Je l'ai informé de votre présence. Ça n'a pas semblé le faire changer d'idée.

Je ne pus m'empêcher de me demander ce qu'elle ressentait à la pensée de revoir Daniel après toutes ces années.

Laura jouait distraitement avec la lourde tresse qui retombait sur son épaule, refaisant le petit nœud. Elle n'était manifestement pas parfaitement calme à l'idée de revoir Daniel Griffin.

— J'irai retrouver Ryan pour l'aider quand Daniel sera là, lui proposai-je.

— Non! Restez avec moi, je vous en prie. Je ne veux pas le voir seule à seul. S'il vient ici pour déterrer de vieux cadavres, il n'est pas question que je m'en mêle. C'est terminé, réglé, et on ne peut rien y changer.

Je parlai doucement.

— Comment peut-on dire que tout est terminé quand personne ne sait exactement ce qui est arrivé à mon père?

— Et si c'était mieux de ne pas le savoir? Mieux pour tout le monde?

Je rétorquai immédiatement.

— Vous pourriez au moins me dire ce que vous savez, vous.

Elle écarta aussitôt ma demande.

— Je ne sais rien. Je n'ai jamais été impliquée dans cette affaire. J'avais cessé de voir Dan bien longtemps avant la naissance de Brad.

On entendit un coup de sonnette à la porte d'entrée, et son inquiétude parut s'accroître. Elle tendit la main vers moi.

— Venez avec moi, je vous en prie.

En me voyant hésiter, elle se mit à rire.

— Si j'avais épousé Dan, poursuivit-elle, je pourrais être votre grand-mère ! Alors, faites ce que je vous demande.

— Je voudrais bien que ce soit le cas, dis-je en l'accompagnant.

J'étais touchée du fait qu'elle avait besoin de moi et j'avais moins l'impression d'être une étrangère. Une fois dans l'entrée, après qu'elle eut ouvert la porte, je m'écartai un peu pour qu'ils puissent se retrouver sans sentir ma présence.

Dan resta un instant à l'extérieur, sa longue silhouette robuste se découpant dans l'embrasure. Sa barbe seule le faisait paraître vieux. Quand Laura lui tendit la main pour l'accueillir, il ne la prit pas, mais se pencha vers elle et l'embrassa sur la joue.

— Laura, dit-il.

Son nom, et rien d'autre.

Elle se détourna vivement et le conduisit dans le salon en me jetant un coup d'œil pour me demander de les suivre. Des fauteuils entouraient une table basse joliment sculptée, et Laura nous invita silencieusement à nous y asseoir. Elle prit elle-même place sur le canapé, loin de Daniel. Je m'assis en pensant que je n'avais rien à faire là, mais un autre regard de Laura me retint. En observant mon grand-père, j'avais l'impression qu'il savait très bien ce que Laura éprouvait, et qu'il s'en amusait.

Il parut enfin s'apercevoir de ma présence.

— Bonjour, Lacey. Il semble que nous ne pouvons pas éviter de nous rencontrer aujourd'hui.

Je réussis à le regarder bien en face.

— Bonjour, grand-père.

C'était la première fois que je l'appelais ainsi, mais il fit comme si de rien n'était.

Un silence contraint planait sur la pièce, comme si chacun d'entre nous avait été plongé dans des pensées qu'il n'osait pas exprimer. Puis Laura dit :

— Eh bien, Daniel, pourquoi voulais-tu me voir ?

Bien que rien ne le trahît dans son comportement extérieur, j'avais l'impression qu'il n'était pas tout à fait à l'aise de revoir Laura, mais qu'il s'était maintenant ressaisi.

— On me dit que Henry Elliot habite ici, chez toi, Laura. Je voudrais lui parler.

Il avait prononcé son nom de nouveau, mais pas de la même façon. Son ton était maintenant désagréable et distant.

— Je ne sais pas si c'est une bonne idée, dit Laura. Il a bu ; il n'est pas en pleine possession de ses moyens. Qu'est-ce que ça te donnerait de... ?

Il l'interrompit.

— Lady Lacey me dit qu'il est venu chez elle avec un fusil et qu'il me cherchait. Je ne sais pas pourquoi. Mais il y a une seule raison pour laquelle je suis revenu à Harpers Ferry, et j'ai une question à poser à Henry.

— Nous aimerions tous connaître la raison de ton retour, dit doucement Laura.

Il parut surpris, comme si la réponse était absolument évidente.

— Je veux savoir qui a tué Brad Elliot.

— Et tu penses que Henry sait quelque chose ?

— Après avoir quitté ce village, je me suis arrangé pour

recevoir les journaux de Harpers Ferry pendant un certain temps. J'avais un ami qui savait où j'étais et qui me les faisait parvenir, jusqu'à ce que je déménage et que je perde le contact. J'ai appris dans ces articles que Henry parlait abondamment du meurtre de son frère. La police a essayé de le coincer, mais il s'est esquivé en prétendant qu'il était ivre au moment des événements et qu'il ne se rappelait rien. Je me suis toujours demandé si c'était vrai. Il va peut-être enfin se décider à parler.

Laura jouait avec sa tresse en l'écoutant, et le nœud rouge lui glissa entre les doigts. Elle rejeta ses cheveux derrière son épaule et se redressa.

— Je ne sais pas ce que ça peut donner, Dan, mais je vais voir s'il est en haut. Il est terrorisé, et les hommes qui ont peur peuvent être imprévisibles, alors traite-le avec ménagement.

Elle se leva du canapé avec grâce, le dos droit, la tête haute. Il n'y avait que sa tresse grise qui se défaisait dans son dos pour trahir son incertitude et manifester une certaine anxiété. J'étais certaine qu'elle était de nature une femme soignée de sa personne, ayant de la tenue.

Quand elle eut quitté la pièce, mon grand-père s'adressa à moi.

— Alors tu te décides à reconnaître nos liens de parenté, même si je suis un meurtrier?

— Je suis absolument certaine que ce n'est pas le cas.

J'avais instinctivement parlé avec beaucoup de conviction, ce qui me surprit et dut le surprendre aussi.

Il me sourit avec difficulté, comme s'il en avait perdu l'habitude. Il inclina légèrement la tête dans ma direction.

— Merci, Lacey. Mais je crois que tu ne seras pas très bien vue si tu veux répandre cette opinion autour de toi.

J'entendis un bruit derrière moi et je me retournai pour

voir entrer Ryan qui avait traversé l'entrée. Je fis les présentations.

— Ryan, voici Daniel Griffin. Grand-père, Ryan Pearce.

Ryan traversa la pièce pour serrer la main du vieil homme, et Daniel répéta son nom.

— Ryan Pearce? J'ai lu récemment un article signé de ce nom, portant sur Virginius Island. J'ai été intéressé d'apprendre qu'on y avait fait des fouilles.

Cela me surprit.

— Des fouilles?

Ryan expliqua.

— L'île a déjà été habitée, Lacey, comme je crois vous l'avoir dit. Son histoire remonte à plus de cent ans. On pourrait apprendre beaucoup de choses sur les gens qui y vivaient. C'est devenu en quelque sorte un trésor archéologique, enterré sous le limon laissé par les inondations.

Nous entendîmes la voix de Henry en provenance de l'escalier. Il avait finalement accepté de descendre, avec maintes protestations. Quand Laura l'eut littéralement poussé dans la pièce, il jeta un regard désespéré sur tout ce qui l'entourait, sauf sur Daniel Griffin.

— Ça fait bien longtemps, Henry, dit doucement Daniel.

— Pour l'amour de Dieu! Henry, dit Laura en lui donnant une petite poussée pour le faire avancer dans notre direction. Dan veut seulement te poser une question.

Henry regarda pour la première fois dans la direction de Griffin.

— Quelle question? Je ne suis pas bon pour répondre aux questions.

— Tu peux peut-être répondre à celle-ci, dit Griffin. Qui a tué Brad Elliot?

La voix de Henry se brisa.

— Je ne sais pas. Je ne l'ai jamais su. Tout le monde dit que c'est vous qui l'avez tué.

— Mais je suis certain que tu sais que ce n'est pas le cas et que tu finiras par m'avouer ce que tu sais. Je veux bien attendre encore un peu, mais le plus tôt sera le mieux.

— Oh! c'est vrai que j'ai quelque chose à vous dire, dit Henry, mais il n'est pas encore temps. J'irai vous voir quand je serai prêt. Jusque-là, vous devrez attendre.

Il se retourna brusquement et quitta la pièce. La porte d'entrée claqua un instant plus tard.

— J'espère que tu es satisfait, dit Laura à Daniel. Qu'est-ce que ça te donne d'essayer de l'effrayer?

— Quand il aura assez mariné dans sa peur, il parlera, dit-il en tirant sur sa barbe. Merci quand même de m'avoir permis de le voir.

— Ça t'aiderait peut-être, dit Laura, si tu parlais à quelqu'un de ce qui te tarabuste.

— Une confession? dit-il avec mépris d'un ton mordant. Et qui jouera le rôle du curé, je te prie?

Laura ramena d'un coup de tête sa tresse vers l'avant, et des mèches s'en détachèrent pour former une lourde masse. Il l'avait mise en colère, et le rouge lui montait aux joues. Bien qu'en furie, elle était superbe.

— Je m'excuse, ajouta sèchement Daniel. Personne ne peut m'aider. J'ai peut-être eu tort de revenir et de penser que je pourrais découvrir ce qui est arrivé à Brad. Je croyais que si les gens connaissaient la vérité, ils cesseraient de me calomnier. Je me demande pourquoi je ne suis pas capable de les envoyer promener.

Je sentis que Daniel et Laura étaient tous les deux malheureux et je ressentis le besoin de faire quelque chose.

— Quand Ryan me ramènera chez Vinnie, voulez-vous

nous accompagner, grand-père ? Caryl veut vous connaître, et vous avez dit que vous aimeriez la rencontrer. De plus, Ardra est de retour à la maison. Vous pourriez aussi voir votre fille...

Il m'interrompit sèchement.

— Nous n'avons rien à nous dire, ma fille et moi.

— Dans ce cas, vous n'êtes pas obligé de la voir. Mais j'amènerai Caryl dans le jardin de fines herbes où vous pourrez lui parler.

— Partons dès maintenant, si vous voulez, dit posément Ryan.

Laura n'était plus en colère.

— Vas-y, Daniel. Ça te fera du bien.

— D'accord, dit Daniel à Ryan. Je vais vous accompagner avec Lacey.

Nous décidâmes de partir aussitôt, avant que Daniel ne changeât d'idée. Laura nous accompagna sur la galerie et nous regarda nous diriger vers la voiture de Ryan. Sa silhouette s'encadrait dans l'une des arcades blanches. Sa tresse s'était complètement défaite et ses cheveux gris soyeux flottaient sur ses épaules. Daniel se retourna. Quelle que fût son expression, elle était bien dissimulée derrière sa barbe. À ce moment précis, j'aurais donné tout au monde pour le voir rasé de près.

Quand il fut assis sur la banquette arrière, il ne se retourna pas vers la maison, mais alors que nous démarrions il se parla doucement à lui-même.

— Je manquais pas mal de jugeote quand j'étais jeune. Comme bien d'autres, j'imagine.

C'est moi qui me retournai, cette fois, mais Laura était rentrée.

— Je vous remercie de m'avoir amenée, dis-je à Ryan. J'ai l'impression que je me suis fait une nouvelle amie. Elle sait tout sur ma famille et elle m'en a dit beaucoup plus que ma mère ne l'a jamais fait.

— Amelia ne te dira jamais rien, laissa négligemment tomber Daniel.

Par la suite, personne ne dit mot durant tout le trajet jusque chez Vinnie.

13

En arrivant chez Vinnie, Ryan proposa d'aller lui-même prévenir ma grand-tante de la visite de Daniel pendant que j'en profiterais pour amener mon grand-père directement au jardin.

Malgré les bonnes intentions de Ryan, j'étais certaine que Vinnie ne serait pas contente. Il n'y avait personne dans le jardin. Daniel emprunta un sentier en brique, la tête rentrée dans les épaules, apparemment perdu dans de sombres pensées.

Je me dirigeai vers la porte de ma chambre, pensant le laisser seul quelques instants, mais il me retint.

— Reste ici, Lacey. Il se peut que j'aie besoin de toi.

Je fus surprise de l'entendre avouer qu'il pouvait avoir besoin de quelqu'un et je commençai à me demander quel genre d'homme il avait été plus jeune, avec sa femme Ida et ses deux filles. Il avait quitté toute sa famille parce que, s'il était resté, il craignait d'être accusé de meurtre et probablement condamné à partir d'une preuve forgée de toutes pièces. Je m'imaginai en frissonnant la douleur et la colère accablantes qui avaient dû être siennes jadis, quand il avait quitté Harpers Ferry.

Assise sur le banc, je le regardais faire les cent pas. Quand il s'approcha de moi, je l'interrogeai.

— Après votre départ, avez-vous gardé contact avec quelqu'un d'autre que l'homme qui vous envoyait les journaux ?

Il baissa les yeux vers moi, et je constatai une fois de plus combien il était grand et robuste.

— Il n'y avait pas un membre de la famille en qui j'aurais eu assez confiance pour lui révéler où j'étais.

— Vous avez quand même appris la mort d'Ida.

— Je l'ai apprise. C'était dans les journaux. Elle avait refusé de partir avec moi quand je le lui avais demandé. Elle croyait que j'étais coupable et elle avait peur de moi.

Il s'interrompit, sans doute pour camoufler ses émotions, puis reprit la parole, plus calmement.

— À part sa maladie, comment va ta mère actuellement, Lacey ?

C'était difficile à dire.

— Je ne sais plus trop. Je l'ai toujours connue renfermée, jalouse de ses secrets. Je sais bien qu'elle désirait pour moi une meilleure vie que la sienne. Mais, depuis mon arrivée ici, j'ai entendu parler d'une femme bien différente de celle que je croyais connaître.

Une porte s'ouvrit. Caryl sortit, suivie d'Ardra. Je me doutais que sa mère avait dû se laisser convaincre de l'accompagner à son corps défendant. D'un pas assuré, Caryl s'avança en plein soleil et s'approcha de notre grand-père, mais Ardra resta en arrière, dans l'ombre de la maison. Daniel attendait Caryl, en l'observant d'un air grave.

Elle me lança un sourire nerveux et s'arrêta devant lui.

— Je me suis toujours demandé de quoi vous aviez l'air, dit-elle. Même si j'ai déjà beaucoup entendu parler de vous, je voulais avoir ma propre opinion. J'aime mieux me fier à mon intuition.

Il esquissa un sourire.

— Et alors, quelles sont tes impressions?

— Je ne crois pas un mot de tout ce qu'on m'a raconté. Je ne pense pas que vous avez tué mon père.

— Il est étonnant que tu en arrives à cette conclusion. Tout Harpers Ferry est convaincu du contraire. Y compris ta mère.

Il jeta un regard sombre vers Ardra qui tentait de passer inaperçue. Je fus de nouveau frappée par sa beauté fanée et par son air fragile qui donnaient l'impression qu'elle pourrait se briser d'un coup si on la rudoyait.

— Eh bien? dit-il. Tu ne viens pas embrasser ton vieux père que tu as perdu de vue depuis si longtemps?

Elle fit comme si elle ne l'avait pas entendu et s'esquiva rapidement dans la maison. Il la regarda partir d'un air écœuré.

Caryl ne lâchait pas pied.

— Vous lui faites peur, mais pas à moi. Je ne vous connais pas encore et je ne suis pas certaine de vous aimer quand je vous connaîtrai mieux. C'est ce que je veux découvrir.

— Comment pourrais-tu me connaître mieux quand tout le monde s'acharne à nous empêcher de nous voir?

— Lacey va nous aider. Vous savez, je vous ai toujours imaginé comme le terrible bandit de grand chemin, un personnage d'une histoire que j'ai lue autrefois. Mais maintenant, vous me rappelez plutôt John Brown dont j'ai vu des photos. Lui aussi, il devait être terrible comme pas un.

Mon grand-père éclata de rire. Ce fut comme si, ayant abandonné sa carapace, il devenait plus humain et plus vulnérable. Je ne lui faisais quand même pas entièrement confiance.

J'avais l'impression qu'il y avait encore quelque chose de grave qui clochait.

— Alors, j'ai maintenant deux petites-filles qui n'ont pas peur de moi ?

Je le pris au mot.

— Oui, mais nous sommes aussi les filles de Brad Elliot. Pourrez-vous jamais nous le pardonner ?

— Dieu merci, vous ne ressemblez ni l'une ni l'autre à Brad ou à son frère Henry. Je n'ai rien à vous pardonner. Vous n'êtes pas à blâmer pour ce qui s'est passé. Mais d'autres le sont.

Il regarda derrière nous. Je me retournai et je vis Ryan sortir de la maison avec Vinnie et Ardra. Vinnie avait passé son bras autour de sa nièce qui semblait prête à s'enfuir à tout moment. La présence de Ryan, du moins, conférerait un peu d'équilibre à cette curieuse rencontre. Caryl voulut s'approcher de sa mère, mais Vinnie l'arrêta d'un mouvement de tête, puis s'adressa directement à son frère.

— Si tu promets de partir et de nous laisser tranquilles, je vais te dire tout ce que tu veux savoir. Presque tout. Tout ce que je sais, en tout cas.

Ardra se mit à protester à grands cris, d'une voix perçante.

— Non ! Si tu fais ça, il va frapper de nouveau. C'est pour ça qu'il est revenu.

— Bravo ! riposta Daniel d'un ton moqueur.

Vinnie jeta un regard étrange, presque suspicieux, à Ardra.

— C'est assez, lui dit-elle. Ne parle pas comme ça. Ça ne donne rien.

Ardra se figea. Pendant tout cet échange, j'avais conscience de la présence de Ryan, un peu à l'écart, en historien attentif et lucide. Quand nos yeux se rencontrèrent, il me fit un petit signe rassurant. C'était comme s'il m'avait dit : *Déten-*

dez-vous et observez. Mais je me sentais beaucoup trop impliquée dans toute cette histoire pour être capable de me détendre et j'étais morte de peur.

Daniel ignora complètement la réplique d'Ardra.

— Ce n'est pas moi qui l'ai tué, mais Brad a eu ce qu'il méritait. Et le chat va bientôt sortir du sac, comme il se doit. S'agit-il d'une représentation privée, Vinnie ? Ou bien y a-t-il d'autres personnes que tu souhaiterais inviter ? Lady Lacey, par exemple ?

Vinnie eut un geste de découragement et vint s'asseoir près de moi sur le banc, abandonnant Ardra à sa fille.

— Continue, Vinnie, poursuivit Daniel. Je sais que tu as beaucoup de choses à dire. Et tu ne dormiras pas sur tes deux oreilles tant que tu n'auras pas vidé ton sac.

Vinnie était si pâle que je crus qu'elle allait s'évanouir, mais Daniel continuait à la harceler sans répit.

— Veux-tu que cette représentation ait lieu dehors, Vinnie ?

— Oui ! Si tu veux appeler cela une représentation. Tous les principaux acteurs sont ici. Toi, bien sûr. Et les filles de Brad. Et moi.

— Vas-y, nous t'écoutons, dit Daniel.

Je remarquai que les joues de Vinnie avaient retrouvé leurs couleurs. À mesure qu'elle parlait, sa voix prenait de l'assurance. L'image d'une sombre nuit lointaine se matérialisa peu à peu dans mon esprit. Les nuages, poussés par le vent, passaient devant la lune. Un orage se levait, fouettant les eaux de la Shenandoah. Brad était apparemment parti avec le bébé ce soir-là, et Vinnie, méfiante, l'avait suivi.

— Je n'avais jamais détesté personne auparavant, nous dit-elle, mais je détestais Brad Elliot. Il avait le don de tout abîmer. Il avait déjà tellement blessé Amelia qu'elle ne s'en remettrait jamais. Et il avait fait un enfant à la pauvre Ardra.

J'étais là quand tu es née, Caryl. Brad n'est venu qu'une semaine plus tard. Il refusait d'accepter l'existence d'un enfant illégitime. Il avait toujours voulu être considéré comme un héros et il n'admettait pas la critique. Ardra avait quitté le village pour cacher sa grossesse. Mais elle était revenue à Harpers Ferry pour la naissance du bébé. Elle voulait être avec sa mère, Ida, qui était infirmière. C'est Ida qui a mis Caryl au monde.

Vinnie parut reprendre des forces et elle s'adressa directement à moi.

— Ta grand-mère Ida a essayé d'éviter le naufrage aussi longtemps que possible. Elle aurait été prête à soutenir Ardra en dépit de toi, Daniel, mais Brad avait d'autres vues. Il voulait faire disparaître le bébé. Il prétendait avoir trouvé quelqu'un qui s'en chargerait et l'élèverait dans un autre État.

— Arrêtez ! soupira Ardra. Je n'ai jamais su ce qui s'est passé et je ne veux pas le savoir !

Vinnie poursuivit comme si de rien n'était.

— Une rencontre secrète avait été organisée sur Virginius Island, et c'est là que Brad amenait le bébé. Je le suivis dans ma voiture. Quand il s'engagea sur la passerelle, je garai ma voiture et lui emboîtai le pas. Je ne lui faisais pas confiance et je craignais surtout pour la vie du bébé. C'était une nuit terrible. Le vent soufflait en bourrasques, et on entendait la rivière s'engouffrer dans les rapides. Il ne pleuvait pas. Pas encore.

Vinnie leva le visage vers le soleil, comme si elle avait besoin de sa chaleur pour contrebalancer le souvenir de cette nuit glaciale.

— Seul Brad savait s'il avait vraiment donné rendez-vous à quelqu'un. En trébuchant, je le suivis sur l'île jusqu'aux ruines d'une ancienne usine. Le bébé était bien emmailloté, et Brad déposa l'enfant à l'abri sous une arcade de pierre. Il semblait attendre quelqu'un ou peut-être simplement se demander ce qu'il allait faire. Il m'était facile de rester hors de sa vue. Je voulais simplement tirer le bébé de là et le ramener à la maison auprès de sa mère. Comme le sol de l'île était jonché de gravats, je dus faire rouler une pierre. Brad entendit le bruit et me découvrit accroupie derrière un mur. Même si la lumière était diffuse, je pus voir qu'il était furieux. Déchaîné même.

Vinnie se cacha la figure dans les mains et fut parcourue d'un long frisson. Nous attendions la suite sans mot dire, et je n'osais pas regarder Ryan. C'était comme si le récit de Vinnie nous avait ramenés à cette nuit-là sur l'île et comme si nous revivions réellement tous les événements d'alors.

Un instant plus tard, elle redressa la tête et nous raconta la suite.

— Brad me dit que je me mêlais de ce qui ne me regardait pas et se jeta sur moi, fou de rage. Le lendemain j'avais encore les marques de ses doigts autour de mon cou. Il aurait été capable de me tuer si je n'avais pas réussi à m'arracher à son étreinte. J'avais pris le vieux revolver de mon père pour me protéger. Je l'en menaçai et, quand il s'approcha de nouveau de moi, je l'abattis. Il tomba lourdement. Je me souviendrai toujours du bruit de son corps heurtant le sol. J'avais seulement voulu sauver ma vie et celle du bébé, mais Brad était mort. Le bébé a commencé à pleurer. Je savais que la personne que Brad devait rencontrer apparaîtrait peut-être d'une minute à l'autre. Je ne pouvais pas prendre de risque, même s'il s'agissait d'un rendez-vous fictif, et je m'enfuis avec le bébé.

— Tu t'es enfuie après avoir tué Brad? demanda Daniel. La belle solution! Et que s'est-il passé ensuite?

— Quand je suis rentrée à la maison, Ida dormait. J'ai posé le bébé dans son berceau et je suis allée voir comment allait Ardra. Elle n'était pas dans son lit, elle n'était nulle part dans la maison. J'ai donc réveillé Ida, mais elle n'avait aucune idée de l'endroit où Ardra pouvait se trouver. C'est dans le jardin que je l'ai découverte. Elle était là, recroquevillée sur le banc, trempée jusqu'aux os. Elle me dit qu'elle avait cherché son bébé partout, mais elle avait des comportements étranges depuis son accouchement. Je la fis rentrer dans la maison, et Ida la mit au lit. Elle a ensuite été gravement malade pendant près d'une semaine et elle n'a même pas pu parler aux policiers quand ils sont venus poser des questions au sujet de Brad. Il avait apparemment été porté disparu.

Vinnie se tut, les yeux fixés sur le carillon éolien que la brise faisait tinter.

— Continue, dit Daniel.

Elle hocha la tête.

— Il n'y a rien d'autre.

— Qu'est devenu le cadavre de Brad ?

— Je... je ne l'ai jamais su. Tu dois me croire !

— Je ne suis pas obligé de croire ce que tu me dis. Pas après ce que tu as déclaré aux policiers à mon sujet.

Elle ne le regardait toujours pas.

— Je n'ai dit que la vérité. C'est vrai que tu t'étais querellé avec Brad et que tu l'avais menacé. Je t'avais entendu.

— Alors tu t'es organisée pour sauver ta peau à mes dépens. Est-ce à ce moment-là que tu as commencé à me haïr autant ?

Elle adressa à son frère un regard tellement chargé d'angoisse que j'eus pitié d'elle, malgré ce qu'elle avait pu faire.

Daniel éclata d'un rire incongru dans ce jardin si tranquille, après ce que nous venions tout juste d'apprendre.

— C'est une bonne histoire, Vinnie, se moqua-t-il. Je ne doute pas que tu aies sauvé le bébé d'Ardra, Caryl ici présente

176

en est la preuve vivante, mais je ne crois pas un mot du reste. Je ne crois pas que tu aies été assez maligne pour tuer Brad, Vinnie. Même pas il y a trente ans. Mais tu n'aurais pas hésité à me laisser moisir en prison pour un crime que je n'avais pas commis.

Soudain, à notre grande surprise, Vinnie se mit à vociférer.

— Je t'ai dit les choses comme elles se sont passées ! Tant pis si tu ne me crois pas.

Elle tendit une main tremblante à Ardra.

— Viens avec moi, ma chérie. Tout cela est trop pour nous deux.

Ardra l'accompagna silencieusement. Alors qu'elles allaient atteindre la porte arrière de la maison, la voix de Daniel les arrêta :

— Qui veux-tu protéger, Vinnie ?

Elle lui jeta un regard désespéré.

— Je ne t'aurais pas laissé aller en prison. Comme on n'a jamais retrouvé son cadavre, on ne pouvait rien prouver.

— Mais il y a eu un cadavre, dit Daniel. Il y en a probablement encore un, quelque part. Je ne pouvais pas prendre le risque de rester ici en attendant qu'on le découvre. Surtout pas alors que quelqu'un tentait de me transformer en bouc émissaire.

Ardra s'écarta de Vinnie et entra en courant dans la maison. Après avoir regardé son frère pendant un moment sans dire un mot, Vinnie la suivit. Nous n'étions plus que quatre, Caryl, Ryan, Daniel et moi.

Pendant tout ce temps, j'avais senti la présence constante de Ryan qui nous écoutait et nous observait, un peu à l'écart. Qui attendait. Les révélations de Vinnie m'avaient stupéfaite et, après les accusations subséquentes de Daniel, je ne savais plus quoi penser. J'aurais bien voulu en parler avec Ryan, mais ce n'était pas le moment.

Caryl parla la première, d'une voix douce et remplie d'étonnement.

— Je suis ici. Je suis vivante. Mais j'aurais pu être élevée ailleurs, et Egan n'existerait pas. Ou j'aurais pu ne pas vivre du tout.

Elle avait les larmes aux yeux. Ryan s'approcha d'elle et passa son bras autour de ses épaules. Elle s'accrocha à lui en pleurant désespérément. Il la garda contre lui un moment, puis la fit entrer dans la maison. Je restai seule avec mon grand-père que je trouvais de plus en plus énigmatique.

— Vous ne croyez pas un mot de ce que votre sœur a raconté ? demandai-je.

— Qu'est-ce que tu en penses, toi ?

Quels que fussent ses sentiments, ils étaient bien dissimulés derrière son abondante barbe.

Mon affection pour Vinnie, jamais remise en question jusqu'alors, venait d'être ébranlée.

— Je ne sais que croire. À votre avis, qui Vinnie veut-elle protéger ?

Il fronça cyniquement les sourcils.

— On a le choix, n'est-ce pas ? Ça pourrait même être ta mère.

Absolument saisie, je le regardai fixement en accusant le coup.

— Maman n'a certainement pas été impliquée dans la mort de son mari, dis-je quand j'eus retrouvé la voix.

— Une femme qu'on a méprisée à ce point, pourquoi pas ? Et elle s'est bien enfuie aussi, n'est-ce pas ?

Je le détestai soudain profondément. Je savais que ma mère avait beaucoup souffert pour me protéger et j'avais confiance en elle. Je me retournai et me dirigeai vers la porte qui donnait sur ma chambre. Mentaient-ils tous ? Voulaient-ils me tromper dans leur propre intérêt ? Pas seulement Daniel, mais aussi ceux qui disaient du mal de lui. Parce qu'ils avaient peur ?

En atteignant les marches basses, je me retournai, mais mon grand-père était déjà parti. La barrière du jardin de fines herbes était ouverte, et le carillon tintait doucement dans la brise légère.

14

Je trouvai refuge dans ma chambre et humai de nouveau ce parfum qui évoquait à la fois mon enfance et tante Vinnie. J'aurais voulu aller la retrouver pour lui offrir mon réconfort. Lui dire que, peu importe ce qui s'était passé, je ne la jugerais ni ne la condamnerais. Mais je savais que je n'en serais pas capable tant que je serais aussi bouleversée.

Me promenant distraitement dans la chambre, je m'arrêtai devant les agates posées sur les rebords des fenêtres. Je pris une pierre toute lisse, du quartz rose, et la serrai dans ma paume. Elle se réchauffa rapidement et m'apporta un certain apaisement.

Les petites pierres étaient toutes intéressantes. Une « rose » en grès, peut-être sculptée par les vents du désert ; un œil de tigre brun et or bien poli ; une pierre rouge brique, probablement du jaspe ; une calcédoine translucide rouge orangé. J'avais déjà réalisé un prospectus pour un magasin de cristaux de Charlottesville, et le propriétaire m'avait offert une petite collection de pierres très semblables à celles-ci.

Quelqu'un frappa à la porte. J'hésitai à répondre et je fus

surprise de voir entrer Vinnie. J'aurais cru qu'elle serait troublée après ce qui venait de se passer, mais elle paraissait avoir recouvré son sang-froid. Il ne restait aucune trace de la femme en furie qui avait affronté son frère quelques instants auparavant.

Elle traversa la pièce pour voir quelle pierre je tenais dans ma paume, comme si elle y attachait une grande importance.

— Quartz rose, dit-elle. Savais-tu que le quartz est apaisant et qu'il symbolise l'amour ?

J'essayai de sourire en replaçant la petite pierre luisante sur le rebord de la fenêtre.

— Comment vas-tu ? me demanda Vinnie quand je me retournai vers elle.

Je répondis prudemment. Je n'étais pas encore prête à prononcer un serment d'allégeance.

— J'ai évidemment été troublée par ce qui s'est passé dans le jardin, mais je suis moins impliquée que d'autres. Et vous, comment allez-vous ?

— Tu es forcément impliquée, dit-elle tristement en ignorant ma question. Tout comme Ardra et Caryl. Je suis désolée d'avoir dû déterrer tant d'horreur et de souffrance. Mais au moins, tu sais maintenant ce qui s'est passé.

Je me demandai si je le savais vraiment.

— Vinnie, protégez-vous quelqu'un ?

— Bien sûr que non !

Elle semblait sincèrement indignée, mais je me demandais pourquoi au juste.

— Tu ne dois rien croire de ce que mon frère raconte. De toute façon, ce n'est pas pour parler de ce qui vient de se passer que je suis ici. Je ne veux même plus y penser. Je sens que je vais avoir la migraine. La pauvre Ardra chérie est tellement ébranlée que Caryl a dû la mettre au lit. Si je suis venue, Lacey, c'est parce qu'il y a ici une femme qui veut te voir. J'ai essayé de l'éconduire, mais elle a insisté, comme seule Anne-Marie peut le faire. Tu devrais accepter de lui parler.

Anne-Marie ! Voilà qui annonçait un message de Lady Lacey. Je remerciai Vinnie et me rendis dans le petit salon avant réservé aux hôtes. Anne-Marie était assise bien raide sur le bord d'une chaise, comme si elle n'avait pas l'habitude de se détendre. Elle se leva quand elle me vit, arborant le regard réprobateur qu'elle semblait avoir adopté à mon endroit. Mais elle se conformait consciencieusement à l'ordre qu'elle avait reçu.

— Lady Lacey vous attend le plus tôt possible et elle vous demande d'apporter un sac de voyage afin de rester quelques jours chez elle.

Cette invitation ressemblait à un ordre et ne tenait aucun compte de mes désirs.

— Je ne sais pas... commençai-je d'un ton hésitant.

Elle poursuivit sans tenir compte de mon intervention.

— Lady Lacey veut que vous ameniez Egan avec vous, pour une visite de quelques jours.

Apparemment, la reine avait parlé, et on s'attendait à ce que je m'empresse d'obtempérer. Ce n'était pas mon intention.

— Je ne veux pas y aller, Anne-Marie. Je dois m'occuper de certaines choses ici et je n'ai pas encore commencé à travailler à mon livre.

Elle haussa les épaules.

— Voulez-vous que je dise à Lady Lacey que vous n'êtes pas intéressée à lui rendre visite ?

En entendant mon refus formulé de cette façon, je commençai à battre en retraite.

— C'est que tout cela est bien soudain, et...

— Je crois que vous devriez vous conformer aux désirs de Lady Lacey, mademoiselle Elliot.

— Et pourquoi donc ?

— Elle forme des projets pour vous. Vous auriez probablement intérêt à les connaître.

C'était la première fois que j'entendais Anne-Marie émettre une opinion personnelle. Auparavant, je ne l'avais entendue parler librement que lorsqu'elle m'avait fait visiter la chambre d'Ellen Fenwick. Je devais assurément faire comprendre à Lady Lacey qu'il n'était pas question qu'elle élaborât quelque projet que ce soit pour moi. Et il me vint également à l'esprit que Lady Lacey détenait probablement encore des réponses à des questions que je me posais. Chez elle, je pourrais l'interroger tout à loisir.

— Je ne peux pas y aller tout de suite, dis-je.

Elle me répondit d'un ton plat et inexpressif.

— Vous êtes attendue pour le dîner.

— Attendue... ou invitée ?

Elle se contenta de me fixer du regard, d'un air calme et indifférent.

— C'est bon, j'irai, dis-je. Mais je ne sais pas si j'emmènerai Egan. La décision relève de sa mère.

Anne-Marie fit la moue.

— La mère d'Egan n'y verra aucune objection.

Elle se leva, attendant calmement mon prochain geste. Je remarquai tout à coup à quel point elle était effacée. Chaque fois que je l'avais vue, elle portait une simple robe noire, sans le moindre accessoire pour atténuer l'austérité de sa tenue. Même ses yeux étaient gris pâle et inexpressifs. Elle paraissait s'être barricadée à l'écart du monde extérieur. Je me demandais bien à la suite de quels malheurs, de quels échecs.

— Voudriez-vous vous rasseoir un instant ? lui demandai-je plus doucement.

Elle se rassit à contrecœur. J'approchai une chaise de la sienne et choisis prudemment mes mots.

— Je ne comprends pas pourquoi vous me détestez autant, Anne-Marie. Au fond, je pense que nous voulons la même chose. Vous ne voudriez surtout pas voir une intruse s'immiscer dans la vie de Lady Lacey, mais vous devez comprendre que je ne veux justement pas être une intruse. Que diriez-vous si nous établissions une trêve entre nous ?

À ma grande surprise, ses yeux s'emplirent de larmes, et elle fouilla dans sa poche pour trouver un mouchoir de papier. Cela me parut de bon augure, et je continuai.

— Si ce sont les projets de mon arrière-grand-mère qui vous inquiètent, vous ne devriez vraiment pas vous en préoccuper. Je ne veux pas prendre votre place, vous savez. Je n'ai aucunement l'intention de m'installer à demeure dans cette maison.

La digue se rompit sous le poids de toutes les émotions qu'elle retenait probablement depuis bien longtemps.

— Le mois dernier, elle m'a dit qu'elle me renverrait ! Elle m'a dit qu'elle voudrait près d'elle quelqu'un de plus enjoué. J'essaie de répondre à tous ses désirs. Mais, quand quelqu'un comme vous, une vraie parente, apparaît dans sa vie, elle est toute transformée. Elle élabore des projets pour vous. Elle n'aura plus besoin de moi. Et où vais-je aller ? Qu'est-ce que je vais devenir ?

J'étais peinée de la voir si effondrée et je ne savais pas comment réagir. Dans son esprit inquiet, Anne-Marie avait dû s'inventer une histoire qui faisait d'elle un membre de la famille de Lady Lacey. Lady Lacey avait profité de son dévouement et elle n'avait pas le droit de la repousser du revers de la main. Il était même difficile de croire qu'elle ait voulu le faire.

J'essayai de nouveau de rassurer Anne-Marie.

— Elle était peut-être dans une de ses mauvaises journées. Elle était peut-être préoccupée par autre chose et elle s'en est prise à vous. Elle n'en reparlera probablement jamais. Je ne vois pas comment elle pourrait prendre soin de cette grande maison sans vous.

Anne-Marie s'essuya les yeux et renifla. J'enchaînai rapidement.

— Je suis certaine que tout va s'arranger. Quand vous serez de retour, dites-lui que je serai là pour le dîner et que j'amènerai Egan, si c'est possible. Quand je la verrai cette fois-ci, je mettrai les choses au point. Je veux retourner à Charlottesville bientôt. Ma mère a besoin de moi. Vous ne devez donc pas vous inquiéter de me voir m'installer à demeure chez mon arrière-grand-mère. Je l'admire, mais je ne la laisserai pas régenter ma vie.

Anne-Marie se releva en serrant dans sa main son mouchoir de papier tout humide, probablement un peu honteuse de son comportement tout à fait inhabituel. Je l'accompagnai jusqu'à la porte. Avant de sortir, elle me prit de nouveau par surprise en ajoutant :

— Vous lui ressemblez beaucoup, mademoiselle Elliot.

Elle marcha jusqu'à la voiture de Lady Lacey, y monta et démarra. Un peu perplexe, je la regardai s'éloigner. Puis je partis à la recherche de Caryl.

Sa chambre était au premier étage, en face de celle de Vinnie et à côté de celle d'Ardra. Je tombai sur elle au moment où elle sortait de la chambre de sa mère.

En me voyant, elle me fit signe de parler tout bas.

— J'ai donné à maman un des somnifères à base d'herbes

de tante Vinnie, et elle s'est assoupie. Viens dans ma chambre, nous pourrons parler.

Elle m'ouvrit la porte. Sa chambre ressemblait presque à celle d'une collégienne. Il y avait de vieilles affiches sur les murs : une de Nureyev à ses heures de gloire, une autre de Bruce Springsteen dans sa jeunesse et un ancien portrait de Carly Simon et James Taylor. Le coloris rose vif qui prédominait dans la pièce convenait bien à Caryl. À son invitation, je m'assis dans un fauteuil recouvert d'un tissu imprimé de roses pompon et je lui fis part des intentions de Lady Lacey.

Elle hocha aussitôt la tête.

— Je veux éviter le plus possible qu'Egan aille là-haut. Je vois bien où Lady Lacey veut en venir. Et je connais sa détermination. J'ai besoin de ton aide, Lacey. Pour lui tenir tête.

Je ne lui répondis pas. Je n'avais surtout pas l'intention de m'immiscer dans une querelle entre une tierce personne et mon arrière-grand-mère. J'avais assez de mes propres batailles à livrer.

Caryl se déplaçait dans la chambre, maniant différents objets : des livres, un assortiment de petites sculptures en bois, des articles posés sur sa coiffeuse. Elle prit dans ses mains un petit chameau, adroitement sculpté, et me le montra.

— Grand-père Daniel l'a fait pour ma mère quand elle était petite. Il sculptait de merveilleuses choses. Tu as vu la tête de griffon sur la canne de Lady Lacey ? C'est lui qui l'a faite, il y a bien des années.

Elle laissa tomber le chameau sans se préoccuper de le poser sur ses pattes et fit une grimace.

— Ça a été absolument affreux ! Je veux dire, ce qui s'est passé dans le jardin tout à l'heure. Il a été cruel envers Vinnie. Je ne peux pas admettre qu'il soit mon grand-père ! Ma mère a évidemment été effrayée et bouleversée. J'ai eu de la difficulté à la rassurer. Je voudrais tellement que le passé reste enterré. Je ne sais pas ce que j'aurais fait sans Ryan. Il m'a aidée à rassurer maman. C'est toujours un bon conseiller.

Je ne voulais pas aborder le sujet de la relation entre Caryl et Ryan.

— À quoi pensais-tu quand tu as dit que tu savais où Lady Lacey voulait en venir ?

— Elle estime qu'Egan ne devrait pas vivre avec nous. Elle déteste ma mère et elle pense que je suis une déficiente mentale, dit-elle en regardant avec nostalgie les trois affiches. Elle a peut-être raison. Il me semble que tout était plus beau dans ma jeunesse. Ça m'angoisse d'assumer seule la responsabilité d'un petit garçon comme Egan.

C'était donc probablement pour échapper à sa solitude qu'elle se tournait vers Ryan.

— Lady Lacey essaie d'attirer Egan avec le tambour, entre autres, poursuivit Caryl. Elle voudrait me l'enlever et l'élever elle-même. Comme si je pouvais accepter cela ! Elle veut l'adopter parce qu'elle pense que nous ne pouvons pas lui apporter autant qu'elle.

— Légalement, elle ne peut rien faire, n'est-ce pas ?

— Je ne crois pas. Mais Egan est un petit garçon singulier. S'il le souhaitait vraiment, je ne suis pas du tout certaine que je pourrais l'empêcher d'aller vivre avec elle.

— Comment cela ? Tu es sa mère, après tout.

Elle me regarda tristement.

— J'ai parfois l'impression qu'il m'a seulement été prêté. Il dit parfois des choses bien trop raisonnables pour son âge.

— Dans ce cas-ci, il ne s'agirait que d'une courte visite, Caryl.

— C'est vrai que si je le laissais aller avec toi tu pourrais peut-être observer comment elle se comporte avec lui et ce qu'elle fait pour essayer de l'attirer. Surveille-le, Lacey. Protège-le.

J'aurais déjà fort à faire en essayant de me protéger moi-même des intentions de Lacey Fenwick Enright à mon égard. Mais j'allais quand même faire tout mon possible.

— D'accord, je te promets d'essayer. Je crois qu'Egan m'aime bien.

— Oh oui ! Il dit que ta présence ici sera bénéfique.

Cette déclaration ne me plaisait pas, elle me conférait trop de responsabilités. Caryl sourit en voyant ma réaction.

— Peu importe ce qui arrivera, tu sauras comment réagir pour le mieux. J'en suis certaine ! Egan sait qu'il vient de se passer un événement malheureux qui a rendu sa grand-mère Ardra malade. Au fond, il vaudrait peut-être mieux qu'il parte quelques jours avec toi.

— Je serai heureuse d'être en sa compagnie, dis-je. Et Shenandoah ?

— Lady Lacey n'aime pas les chats. Et Shenna a ses aises ici.

Il y avait une autre chose que je voulais faire avant de partir. Je demandai où était la chambre de Ryan. Caryl m'indiqua une enfilade de chambres dans l'aile de la maison réservée aux hôtes. Je suivis le corridor. La porte de Ryan était ouverte. De la musique s'en échappait, une voix profonde et sonore interprétant un chant qui avait suscité l'enthousiasme de toute une nation plus de cent ans auparavant.

Le cadavre de John Brown pourrit dans sa tombe,
Le cadavre de John Brown pourrit dans sa tombe,
Le cadavre de John Brown pourrit dans sa tombe,
Mais son âme est toujours en marche.

Puis le vibrant refrain : « Glory, glory, hallelujah... »

La voix était si puissante qu'elle me cloua sur le pas de la porte. Ryan était assis à son bureau près de la fenêtre, en train d'étudier des papiers qui venaient probablement de la collection de Laura Kelly.

Je frappai légèrement, et il se retourna.

— Entrez, Lacey.

Il se leva pour fermer le magnétophone, mais je l'arrêtai.

— Non, je vous en prie. C'est une voix extraordinaire. Qui est le chanteur ?

— Paul Robeson[1]. C'est un enregistrement de ses chansons. Nous avons bien de la chance de le posséder. Écoutez ceci...

Il arrêta l'appareil, puis fit avancer la bande magnétique à grande vitesse. La voix puissante s'éleva de nouveau : « Ô Shenandoah ! grande rivière tumultueuse... »

J'étais absolument ravie. Cette vieille chanson de folklore m'avait toujours plu, mais je ne l'avais jamais entendue interprétée par une telle voix, une voix qui rendait aussi bien la grandeur tumultueuse de la rivière. J'en avais des frissons dans le dos. La véritable Shenandoah était là tout près, longeant majestueusement Harpers Ferry. Je compris tout à coup qu'il n'était pas question que, comme dans la chanson, je prenne la route pour traverser le « large Missouri ». J'avais la ferme intention de rester ici, précisément où Ryan était lui-même. Une émotion profonde, déclenchée par cette chanson, montait en moi.

Quand la musique fut terminée, Ryan ferma le magnétophone et traversa la chambre pour me rejoindre. Avec un

---

1. Chanteur, acteur, athlète et militant pour les droits civils des Noirs (1898-1976). Il avait une voix de baryton-basse. Son interprétation de la chanson *Ol' Man River* dans le film *Show Boat* (1936) l'a rendu particulièrement célèbre. (NDT)

regard neuf, je remarquai l'élégance naturelle de ses mouvements qui lui donnait une démarche légère. Quand il fut près de moi, je fus submergée par des sentiments qui me bouleversaient.

— Est-ce que ça va, Lacey ? me demanda-t-il.

Je compris que mon visage trahissait mes émotions.

Ça n'allait pas bien du tout. J'aurais voulu continuer à protéger une part de moi où aucun homme ne pouvait vraiment m'atteindre, comme je l'avais toujours fait. Mais voilà que, tout à coup, cette protection n'existait plus. Je me sentais plus vulnérable que jamais. Et je ne souhaitais pourtant pas qu'il en fût autrement.

J'essayai de trouver les mots pour lui répondre.

— Après ce qui vient de se passer dans le jardin, j'imagine que personne d'entre nous ne se sent vraiment bien. Je suis bouleversée et perplexe. Inquiète aussi. D'après vous, qu'est-ce que Daniel Griffin a l'intention de faire ?

— Peut-être rien de plus que ce qu'il a fait jusqu'à présent. Secouer les gens pour les forcer à se souvenir.

— Pauvre Vinnie. C'était terrible de l'entendre raconter sa triste histoire.

— Si c'est vraiment ce qui s'est passé.

— Croyez-vous que Daniel a raison de croire que Vinnie a menti ?

Ryan me regarda avec bienveillance.

— Je pense que nous devrions abandonner ce sujet pour l'instant, Lacey. Advienne que pourra, comme dit toujours ma mère. L'eau va continuer à couler sous les ponts.

— Cela me semble bien fataliste.

— Nous sommes en marge des événements, Lacey. Nous ne pouvons pas influencer la conduite de ceux qui sont profondément impliqués.

— Et si je choisis de ne pas rester en marge ? Si tout ce que je ressens à l'endroit des membres de ma famille m'entraîne en plein cœur du maelström ? Vous savez, Ryan, Lady Lacey tient à m'impliquer. Je vais passer quelques jours chez elle pour découvrir quelles sont ses intentions à mon endroit.

— Voulez-vous vraiment aller chez Lady Lacey ?

— J'aimerais mieux rester ici. Mais je dois la convaincre de m'écouter. Elle s'est créé la folle chimère de faire de moi son héritière et de me léguer sa vieille maison. Je ne veux absolument pas en entendre parler.

— Je vous souhaite bonne chance, dit sèchement Ryan. Du moins, vous ne serez pas loin. Et vous ne serez quand même pas prisonnière. Si vous voulez, nous pourrions faire quelque chose ensemble demain.

Oh oui ! J'étais de plus en plus prête à faire n'importe quoi pour être en compagnie de Ryan. Je restais sourde au tintement de ma petite sonnette d'alarme intérieure qui semblait vouloir m'avertir d'un danger.

Ryan poursuivit.

— Je dois aller à Virginius Island demain matin. Voudriez-vous m'accompagner ?

Je fus tout de suite prête à y aller, malgré les relents d'horreur de l'histoire de Vinnie.

— Ça me plairait bien, lui dis-je. Avez-vous une raison particulière de vous rendre sur l'île ?

— Oui, et plus encore après avoir entendu l'histoire de Vinnie. Je voudrais également vous montrer ce qu'on y trouve. Après tout, c'est une partie de votre héritage relié à Harpers Ferry. Vous pourriez même vous en servir dans votre livre. De plus, un étranger remarque souvent des choses auxquelles les gens de l'endroit sont habitués et qu'ils trouvent naturelles. Je ne sais pas ce qui pourrait vous frapper, vous, mais je serais curieux de vérifier cette hypothèse.

J'aurais préféré qu'il souhaitât simplement être avec moi, mais j'étais prête à accepter n'importe quelle excuse pour l'instant.

— Je serais très heureuse d'y aller, dis-je d'une voix qui trahissait mon enthousiasme plus que je ne l'aurais voulu.

— Parfait! J'irai vous chercher chez Lady Lacey demain matin. Vers dix heures, disons?

Follement heureuse, j'acquiesçai.

— Avez-vous trouvé quelque chose d'intéressant dans les papiers de Laura Kelly?

— Tout est intéressant, mais je n'ai rien trouvé de passionnant jusqu'à maintenant. Le contenu des vieilles lettres semble souvent insignifiant à tout autre qu'à leur auteur. Je dois quand même rester attentif pour ne pas laisser passer le paragraphe inattendu qui se révélera une mine d'or.

— Je vais vous laisser travailler, alors, et je vais aller voir Vinnie, dis-je. Je dois dîner chez Lady Lacey ce soir.

Il m'accompagna jusqu'à la porte. J'étais particulièrement sensible à sa présence à mes côtés. Une odeur propre d'eau et de savon, et une légère touche de lotion après-rasage. Ses cheveux courts et bouclés aux reflets dorés dans la lumière. Des cheveux que j'aurais bien voulu effleurer. Ses mains aux longs doigts. J'imaginais ce que je ressentirais sous leurs caresses.

Je me repris aussitôt. De telles rêveries ne pourraient m'apporter que de la souffrance. Il y avait longtemps que je ne m'étais sentie ainsi attirée par un homme. Peut-être jamais en fait, car je m'étais toujours tenue sur mes gardes. Ma mère m'avait dit tellement souvent de ne pas faire trop confiance aux hommes que je n'osais pas m'abandonner à ce qui m'arrivait.

Après l'avoir quitté et avoir longé le corridor jusqu'à la partie principale du premier étage, j'entendis la musique qui reprenait, Paul Robeson qui chantait *Deep River*. Je m'éloignai rapidement et partis à la recherche de Vinnie.

Je la trouvai dans sa chambre, étendue sur le lit, un oreiller sous les genoux et un autre, plus petit, sous la tête. Jasmine était en train de lui mettre une compresse fraîche sur les yeux.

— Mlle Vinnie a une de ses vraiment mauvaises migraines, m'informa Jasmine.

— Puisque c'est comme ça, je ne la dérangerai pas maintenant, dis-je en me préparant à ressortir.

Vinnie repoussa aussitôt la compresse.

— Ça va, Jasmine. Laisse-la entrer. Ça ira bien. Tu reviendras plus tard.

Jasmine me jeta un regard hésitant, puis quitta la pièce.

— Je vous promets de ne pas rester longtemps. Je voudrais seulement...

Vinnie m'interrompit.

— Assieds-toi, Lacey.

J'approchai une chaise du lit pour m'y asseoir comme elle le souhaitait. Elle me prit la main et la garda tendrement dans la sienne.

— Je suis si heureuse que tu sois ici. Mais je suis vraiment désolée que tu aies eu à entendre cette horrible histoire.

— Moi, je suis contente de l'avoir entendue. Quoique je sois encore toute retournée quand je pense à ce que vous avez dû endurer cette terrible nuit.

Elle ferma les yeux et poursuivit doucement.

— Tout ce que j'ai dit n'était pas vrai, ma chérie. Dan avait raison là-dessus. Je n'ai pas tué ton père, Lacey.

— Mais alors, pourquoi...?

— J'espérais que Dan se contenterait de mon histoire et

abandonnerait sa quête. Il est dangereux, Lacey. Mais je ne crois pas qu'il ait tué ton père. J'ai constaté que tu commences à ressentir de l'affection pour lui et je pense que ce n'est pas prudent. Je voulais simplement qu'il me croie et qu'il s'en aille.

— Protégez-vous quelqu'un, tante Vinnie ? lui demandai-je de nouveau.

Elle secoua la tête sur l'oreiller et geignit doucement.

— Oublie ça ! Ne te fais surtout pas prendre par toute cette histoire. Tout cela s'est passé il y a si longtemps que ça n'a plus d'importance. Vraiment plus.

Je n'en étais pas certaine. Il était évident que ce n'était pas non plus l'avis de Daniel Griffin. Tant qu'on n'aurait pas retrouvé le corps de Brad, rien ne pourrait être réglé, terminé. Mais il ne servait à rien de rappeler cela à Vinnie pour l'instant. En caressant sa main que je tenais dans la mienne, je lui dis que je prévoyais aller en visite chez Lady Lacey et qu'Egan m'accompagnerait.

Elle ne s'y opposa pas, contrairement à ce que je prévoyais.

— Si c'est ce que Lady Lacey veut, il vaut mieux que tu y ailles. Mais rappelle-toi ce que je t'ai dit lors de ta première visite. Ne la laisse pas t'écraser. Ne la laisse pas régenter ta vie.

— Comme elle a régenté la vôtre dans le passé ?

— Elle n'a pas vraiment réussi, même si elle a bien essayé. J'en fais tranquillement à ma tête, parce qu'il ne sert à rien de se battre. Elle est encore plus forte quand on s'oppose à elle. Mais c'est une bonne personne, au fond. Tu sais, bien sûr, que c'est elle qui fournit l'argent que je continue à faire parvenir à ta mère par la poste une fois par année. Elle a ressenti un coup terrible quand Amelia est partie en t'emmenant avec elle. Elle n'a presque plus de proches parents, et Amelia a toujours été sa préférée. Alors, même si elle ne le montre pas, elle est profondément attachée à toi. Tu es la fille d'Amelia et tu portes son nom à elle. Raison de plus pour que tu sois prudente et que tu ne la laisses pas t'emberlificoter.

— Je vous promets de faire attention.

Je me sentais d'attaque pour tenir tête à Lady Lacey.

Je me levai pour partir, mais Vinnie n'était pas encore prête à me laisser aller.

— Parle-moi de ta visite chez Laura Kelly. Laura et moi avons été de très bonnes amies autrefois.

Ce sujet ne me parut pas trop risqué. Je lui décrivis notre visite et je lui dis que j'y avais vu Henry Elliot.

Elle fut surprise.

— Laura a toujours été une originale. Je ne comprends pas pourquoi elle a recueilli Henry. Sais-tu que Laura et Lady Lacey se détestent?

Ce fut à mon tour d'être surprise.

— Laura ne me semble pas être le genre de personne capable de détester quelqu'un.

— Normalement, non. Mais Lady Lacey peut amener les gens à se montrer sous leur plus mauvais jour. Cela fait si longtemps que Laura n'y pense peut-être même plus. Par contre, je ne crois pas que Lady Lacey soit capable d'oublier quoi que ce soit.

— Elle veut me léguer sa vieille maison dans son testament. Si j'ai accepté son invitation et si je vais en visite chez elle, c'est pour la convaincre que je n'en veux pas et que je ne l'accepterai pas.

— Pauvre Lady Lacey, dit Vinnie. Personne ne l'aime

vraiment. Sauf Egan. C'est probablement parce que nous la craignons tous. Il est difficile d'aimer quelqu'un que l'on craint. Elle essaie maintenant de t'amadouer, toi.

— Caryl dit que Lady Lacey voudrait adopter Egan pour l'élever comme elle l'entend.

— Il ne saurait en être question !

Ce que je venais de lui dire parut la perturber, et elle porta la main à son front.

— Je recommence à avoir mal à la tête. Voudrais-tu dire à Jasmine que j'ai besoin d'elle. Et donne-nous de tes nouvelles pendant ton absence, Lacey.

Je me penchai pour l'embrasser sur la joue. Elle leva les yeux vers moi et me jeta un regard rempli d'affection. J'allai chercher Jasmine, puis me dirigeai rapidement vers ma chambre au rez-de-chaussée. Egan me rejoignit en courant dans le corridor.

— Maman dit que je peux aller là-haut chez grand-maman Lacey avec toi. Je pourrai jouer avec le tambour tant que je vais vouloir ! Et voir grand-papa Daniel aussi.

— Je suis contente que tu viennes avec moi, lui dis-je.

J'aurais quand même souhaité qu'il manifestât un peu moins d'enthousiasme pour les projets de son arrière-arrière-grand-mère.

— Il faut que j'aide maman à faire mes bagages. Après ça, on pourra partir quand tu voudras.

Je lui dis que je le retrouverais bientôt et entrai dans ma chambre pour aller prendre ma valise dans l'armoire. Je devais toutefois téléphoner à ma mère avant de partir pour lui dire où je serais. Je m'assis à côté du téléphone.

Elle répondit elle-même cette fois-ci, et sa voix était meilleure. Je lui fis un rapport soigneusement élagué des derniers événements et je lui dis que j'allais passer quelques jours chez mon arrière-grand-mère. Je ne lui parlai pas de Daniel Griffin, car je craignais qu'elle soit trop inquiète si elle apprenait sa présence parmi nous.

— Tu ne m'avais jamais informée de l'existence de mon arrière-grand-mère, dis-je, ni du fait que c'était elle qui libellait les chèques que tu recevais année après année.

— Je me sentais incapable de te parler d'elle. Je pense qu'elle ne m'a jamais pardonné d'être partie. Je lui ai écrit une fois, mais elle ne m'a jamais répondu. Elle a été méchante avec ma mère et, évidemment, elle détestait ton père. Après tous ces événements horribles, elle s'est cloîtrée dans sa grande maison.

— C'est seulement en venant ici que j'ai pu connaître le passé, lui dis-je sans pouvoir dissimuler le reproche dans ma voix.

— Et maintenant, voilà, tu sais, dit-elle tout net avant d'adopter un ton plus léger, sans doute pour détourner mon attention. Mais quoi que tu fasses, Lacey, ne te lie pas d'amitié avec Ezekiel. Je n'ai jamais cru qu'il ait la moindre sympathie pour notre famille après tout ce qui est arrivé.

— Qui est Ezekiel? lui demandai-je.

Elle éclata de rire comme si elle trouvait ma question ridicule.

— Peu importe. Tu le découvriras peut-être ou peut-être pas. Prends garde à toi, je t'en prie, ma chère Lacey.

Elle raccrocha avant que je puisse ajouter quoi que ce soit. Elle semblait du moins avoir retrouvé ses moyens, et je me sentais moins coupable de ne pas être près d'elle.

15

Cette fois, ce fut Lady Lacey qui nous accueillit elle-même à la porte. Anne-Marie se tenait nonchalamment à l'arrière-plan, l'air maussade, mais prête à bondir au moindre signe de sa patronne.

Je n'avais jamais vu mon arrière-grand-mère en si grande forme et je me sentis coupable en constatant à quel point elle se faisait une fête de notre visite. En effet, j'étais si déterminée à résister à tous ses projets, que je savais qu'elle avait tort de se réjouir.

Elle m'embrassa même sur la joue – une première ! – et je perçus son parfum. L'odeur suave du nénuphar était coupée par une senteur épicée que je ne reconnus pas. Elle portait du vert de mer ce jour-là, avec un jabot de dentelle qui évoquait l'écume. Ses joues étaient teintées d'un rose qui ne devait rien au maquillage. L'exaltation lui avait redonné vie.

Après s'être penchée pour serrer Egan dans ses bras, elle nous informa joyeusement que nos chambres étaient prêtes au premier étage.

— Anne-Marie va vous y conduire. Avec Egan dans la

chambre à côté de la tienne, tu ne te sentiras pas seule, Lacey.

Elle avait compris que je n'aurais pas aimé me retrouver seule là-haut, si près de la chambre d'Ellen. Jusqu'alors, je ne m'étais pas vraiment demandé où j'allais dormir et je fus consternée de constater que ma chambre était en face de celle d'Ellen Fenwick. Troublée, je vis que la porte était ouverte.

Anne-Marie, qui nous accompagnait en haut, suivit la direction de mon regard.

— Oui, il a été décidé de laisser dorénavant ouverte la porte de Mlle Ellen. Lady Lacey dit que vous êtes la seule descendante qui pourrait changer quelque chose dans cette maison. Et elle veut qu'Ellen Fenwick sache que vous êtes ici.

Cette histoire de fantôme ne me plaisait pas du tout. Il coulait d'ailleurs bien peu de sang des Fenwick dans mes veines, et je ne descendais pas d'Ellen de toute façon.

Egan gambadait joyeusement, tout heureux d'avoir sa propre chambre à côté de la mienne. Chez Vinnie, il partageait la chambre de sa mère. Anne-Marie ne semblait pas du tout lui faire peur. Elle perdait même un peu de sa froideur quand il lui parlait. Depuis que je l'avais vue éclater en sanglots, je savais qu'on pouvait trouver le défaut de sa cuirasse.

Elle assura Egan qu'il n'avait pas à se préoccuper de défaire sa valise, qu'elle s'en chargerait elle-même. Il s'empressa d'aller jouer avec son tambour.

J'entrai dans la chambre qu'on m'avait réservée et l'examinai. Les stores étaient levés, et j'aperçus le soleil couchant dans le ciel. Comme la fenêtre donnait du côté de la rivière, je pouvais voir le cottage de Daniel. Ce dernier n'était pas visible, et je me demandai s'il savait qu'Egan et moi étions en visite ici.

J'accrochai dans une grande penderie les quelques vêtements que j'avais apportés. En jetant un coup d'œil dans le miroir trouble qui se trouvait sur la porte, je constatai quelque désordre dans ma tenue. Je cherchai une salle de bains pour aller m'arranger un peu.

De retour dans ma chambre, je passai l'unique robe que j'avais apportée. D'un rubis foncé chatoyant, elle était garnie de boutons dorés. Mes boucles d'oreilles étaient des calcédoines rouges que ma mère m'avait offertes pour mes dix-huit ans. J'avais l'impression d'être habillée à mon avantage et cela me donnait du courage. Je me sentais prête à aller retrouver Lady Lacey et, peut-être même, à l'affronter.

Quand je descendis, elle m'attendait au salon. Assise sur son canapé de style victorien, elle avait un port de reine et paraissait en pleine possession de ses moyens. En me voyant, elle tapota le coussin raide à côté du sien.

— Comme tu as belle allure ! Viens t'asseoir près de moi, Lacey. Nous avons le temps de causer un peu avant le dîner.

Je m'assis près d'elle, mais pas trop. Je ne voulais pas me laisser enjôler par l'attitude chaleureuse qu'elle avait adoptée. Je pouvais pratiquement deviner ce qui se manigançait derrière son front lisse et sans rides et je me tenais sur mes gardes. Dans la pièce voisine, le petit salon, Egan battait sur son tambour datant de la guerre de Sécession, créant ses propres rythmes.

J'interrogeai Lady Lacey.

— Si vous aviez vécu à l'époque de la construction de cette maison, à quel parti auriez-vous appartenu, les bleus ou les gris ?

— La plupart des Fenwick ont porté l'uniforme bleu[1]. Mais avec toutes mes lectures sur cette guerre qui a été à l'origine de la division de la Virginie en deux États, j'ai parfois

---

1. L'uniforme des troupes de l'Union était bleu. (NDT)

plus de sympathie pour le Sud et le général Lee que pour M. Lincoln. En comparaison avec cette époque, le présent paraît bien paisible.

Considérant l'état du monde et les événements effroyables se produisant un peu partout, je n'aurais certainement pas qualifié la vie actuelle aux États-Unis de paisible. Mais elle, elle ne songeait évidemment qu'à cette petite pointe de terre qui s'allongeait jusqu'au point de rencontre des deux rivières.

En entendant le heurtoir de la porte avant, Lady Lacey me sourit, les yeux brillants.

— J'ai un autre invité pour le dîner. Ryan Pearce est un jeune ami à moi, alors je lui ai téléphoné il y a environ une demi-heure pour lui demander de se joindre à nous.

Mon cœur bondit stupidement, mais je réussis à n'en rien laisser paraître.

Anne-Marie lui ouvrit, et je les entendis converser pendant qu'elle l'accompagnait jusqu'au salon. Le ton était presque amical. Les larmes qu'elle avait versées plus tôt lui avaient peut-être apporté un soulagement salutaire.

Ryan se dirigea vers Lady Lacey et se pencha sur sa main comme un galant gentleman du Sud, ce qui la remplit d'aise. Egan abandonna son tambour pour venir accueillir son ami.

Anne-Marie nous invita à passer à table, et nous nous retrouvâmes dans la grande salle à manger d'apparat où les Fenwick avaient toujours dû dîner depuis bien longtemps avant la guerre.

Lady Lacey était assise à une extrémité de la table ovale et Egan, en tant qu'homme de la famille, à l'autre extrémité. Confortablement juché sur des annuaires téléphoniques, il arborait un air digne tout à fait de circonstance. Ryan était assis à la droite de Lady Lacey, et j'étais à la gauche de mon arrière-grand-mère, en face de lui.

Une fois de plus, je me sentais follement heureuse, même si son attitude envers moi n'avait jamais été que purement amicale.

Il y avait apparemment une cuisinière que je n'avais pas encore rencontrée. Anne-Marie adopta un nouveau rôle en nous servant avec tout le brio d'un grand maître d'hôtel. Elle semblait même y prendre plaisir. La vie dans cette maison devait être mortellement ennuyeuse la plupart du temps. Je me demandai quel genre de vie privée elle pouvait mener, à supposer qu'elle en eût une.

On nous servit du poulet frit dans l'huile d'olive, accompagné de patates douces cuites au four et d'épinards frais du jardin. Pendant qu'Anne-Marie versait le vin, Lady Lacey interrogea Ryan au sujet de Laura Kelly.

— Comment va-t-elle ? Daniel m'a dit que vous étiez allés chez elle aujourd'hui.

Ryan parla avec abondance de notre visite chez Laura et informa Lady Lacey du trésor de documents anciens qui avait été mis à sa disposition. Il ne lui mentionna pas la présence de Henry Elliot chez Laura, mais Daniel l'en avait apparemment informée. Lady Lacey ne semblait toutefois pas au courant de la malheureuse réunion dans le jardin de fines herbes, au cours de laquelle Vinnie nous avait raconté une histoire qui n'était peut-être pas entièrement vraie. Personne ne parla non plus d'un homme portant le nom d'Ezekiel. Mais les paroles énigmatiques de ma mère m'avaient intriguée. Quand l'occasion se présenta, je posai une question à son sujet.

— Veux-tu bien me dire comment il se fait que tu aies entendu parler d'Ezekiel ? me demanda Lady Lacey tout étonnée.

Je lui répétai les paroles de ma mère : Ezekiel n'avait aucune sympathie pour notre famille et je ne devais surtout pas me lier d'amitié avec lui.

Lady Lacey soupira.

— Voilà bien Amelia. Elle a toujours eu des idées saugrenues. Tu n'es pas tellement susceptible de te lier d'amitié avec lui puisqu'il a été tué à la bataille de Shepherdstown[1], le lendemain de celle d'Antietam. Il a grandi à Harpers Ferry. Nos deux familles étaient amies jusqu'à leur départ du village et jusqu'à ce qu'Ezekiel endosse l'uniforme gris pour se battre du côté des troupes du Sud.

— Mais pourquoi ma mère m'aurait-elle dit...?

Lady Lacey jeta un regard vers Ryan.

— Vous connaissez bien l'histoire. Voudriez-vous dire à Lacey de quoi il s'agit?

Ryan m'expliqua que, alors qu'elle fréquentait les ventes aux enchères à la recherche d'œuvres anciennes, Lady Lacey était tombée sur un tableau fruste représentant Ezekiel Montgomery.

— Son nom et son grade de capitaine étaient inscrits en arrière de la toile. Elle l'a donc achetée et ramenée ici, il y a fort longtemps. Ezekiel, elle le savait, avait joué un rôle dans l'histoire de la famille.

Lady Lacey ajouta :

— Le tableau est en haut, dans la chambre d'Ellen. Tu pourras le voir quand tu monteras.

— C'est un portrait qui donne froid dans le dos, fit remarquer Ryan. Lady Lacey l'a descendu une fois pour que je puisse l'examiner.

Pendant que nous mangions un sablé aux fraises fraîches en guise de dessert, le heurtoir de la porte avant résonna de nouveau. Anne-Marie alla ouvrir, et nous l'entendîmes inviter

---

1. Victoire de l'armée de l'Union qui fit battre en retraite les troupes confédérées au-delà du Potomac au lendemain de leur attaque au cours de la bataille d'Antietam, le 17 septembre 1862. (NDT)

quelqu'un à passer au salon. Un instant plus tard, elle entra dans la salle à manger et s'adressa à Lady Lacey.

— Mme Kelly voudrait vous voir, dit-elle d'un ton indécis. Je l'ai installée dans le salon avant.

Lady Lacey fronça les sourcils.

— Qu'est-ce qu'elle peut bien vouloir ? Il y a des années que nous ne nous sommes pas parlé, et notre dernière rencontre fut loin d'être amicale. Eh bien ! je suppose que je dois la recevoir !

Elle se leva de table, et Egan lui offrit son bras.

— Merci, dit-elle, mais je veux que tu restes ici avec Ryan jusqu'à ce que je revienne. Lacey, viens donc avec moi.

Elle passa son bras sous le mien.

Nous traversâmes le corridor. Debout à côté du piano, Laura examinait la collection de petites photographies qui y était disposée. Elle portait encore son pantalon de tweed de couleur moka, mais elle avait enfilé un pull-over à motifs brun et rose. Elle avait enroulé sa longue tresse autour de sa tête. Elle était très belle, même si elle n'avait pas l'air parfaitement sereine.

À notre entrée, elle se retourna, me fit un signe de tête et s'adressa à Lady Lacey.

— Bonsoir. Je suis désolée de vous déranger, mais je suis inquiète au sujet de Henry Elliot. Il est sorti cet après-midi sans dire où il allait. Je ne l'ai pas revu depuis. Il m'est venu à l'idée qu'il était peut-être ici. Comme il n'est pas toujours en pleine possession de ses moyens, j'ai pensé que, s'il était ici, je pourrais le ramener moi-même à la maison.

Lady Lacey hocha la tête.

— Je ne l'ai pas vu. Il est peut-être avec Daniel dans le cottage derrière la maison, mais j'en doute, s'il est sobre. Il est venu ici ce matin dans un état de grande fébrilité, puis il s'est calmé et a abandonné l'idée d'une confrontation avec Daniel.

— Si Daniel habite dans votre cottage... hésita-t-elle avant de poursuivre : Auriez-vous objection à ce que j'aille le voir pour lui parler?

— Faites comme vous voulez, dit Lady Lacey avec réticence. Voudrais-tu accompagner Mme Kelly, Lacey?

Devinant qu'elle souhaitait que je lui fasse un rapport au sujet de cette rencontre, je me dirigeai vers la porte donnant sur le corridor, croyant que Laura me suivrait. Mais elle restait en arrière. Comme je me retournais pour l'attendre, je la vis s'approcher de Lady Lacey et lui tendre la main.

— J'ai toujours regretté ce qui s'est passé entre nous. Nous n'avions aucune bonne raison de nous disputer.

— Je ne sais pas, dit Lady Lacey. Il y avait Brad Elliot et tous les ennuis qu'il a causés...

Après un moment d'hésitation, elle prit la main que Laura lui tendait.

— Nous avons déjà été amies. Je ne vois pas pourquoi nous ne pourrions pas l'être de nouveau. Osons espérer que tous ces horribles événements resteront dans l'oubli.

— Je n'ai jamais cru que Daniel ait eu quelque responsabilité dans la mort de Brad et je ne le crois toujours pas, mais je n'aurais pas dû prendre sa défense avec autant d'acharnement.

— En ces temps difficiles, nous avions tous une sensibilité à fleur de peau, rappela Lady Lacey.

Laura approuva silencieusement et me suivit vers la porte arrière. Daniel Griffin était à l'extérieur, en train de fendre du bois pour faire du feu dans le poêle du cottage. En nous voyant, il donna un dernier coup de hache et la laissa enfoncée dans la bûche.

Laura s'approcha en s'adressant chaleureusement à lui.

— Je suis heureuse que tu sois de retour, Daniel. Nous n'avons pas eu beaucoup de temps pour bavarder quand tu es venu chez moi plus tôt aujourd'hui. Lacey m'a parlé de la mort de ta femme, et j'en suis vraiment désolée.

— Je te remercie de ta sollicitude, lui répondit-il sincèrement.

— Tu aurais pu venir habiter chez moi, Dan.

— Vraiment ? Je ne crois pas.

Son ton était bourru, mais il lui adressa un regard aussi affectueux que celui qu'il réservait à Egan.

— De toute façon, je voulais défier Lady Lacey sur son propre terrain. Quand elle m'a offert de m'installer ici, j'ai sauté sur l'occasion. De cette façon, nous vivons une sorte de trêve armée et nous pouvons nous observer mutuellement. De plus, il y a cet idiot de Henry chez toi. Je ne vois pas comment nous pourrions sympathiser. Autrefois, poursuivit-il après une pause, tu n'étais pas en très bons termes avec Lady Lacey. Alors, comment se fait-il que tu sois ici ?

— Je cherchais Henry et j'ai pensé que ce serait une bonne occasion de faire la paix avec Lacey Enright.

— Je n'ai pas revu Henry depuis que je suis allé chez toi et je ne tiens pas tellement à le voir. Qui plus est, je pense qu'il aurait tout intérêt à se tenir loin de moi.

— Tu as vraiment l'air féroce, Daniel. Est-ce que Virginia aimait ta barbe ?

— Elle ne l'a jamais vue comme ça. Je l'ai toujours taillée. Mais je n'ai plus personne à qui plaire, et ça n'est plus important maintenant.

— C'est peut-être important quand même, dit Laura. De toute façon, ne gaspille pas ta colère sur le pauvre Henry. Il est bien trop pitoyable. J'essaie de le rendre sobre.

— Bonne chance ! dit Daniel en hochant la tête.

— Si tu le vois, renvoie-le à la maison. Et reviens me voir, Daniel. Ça me ferait plaisir.

Il ne répondit pas, mais jeta un regard vers la maison, l'oreille aux aguets.

— J'ai entendu battre un tambour un peu plus tôt, dit-il.

Je lui fis part de l'affaire de cœur entre Egan et le tambour de Royal Fenwick.

Daniel hocha gravement la tête.

— Je vois très bien où elle veut en venir avec Egan. Mais avec toi, Lacey Elliot ? Où veut-elle en venir ?

— À rien dont je ne puisse me charger toute seule.

— Vas-tu retourner auprès de ta mère à Charlottesville ?

— Éventuellement, grand-père, mais je prévois rester quelques jours chez Lady Lacey. Pourquoi ne viendriez-vous pas nous rendre visite à Charlottesville quand je serai de retour là-bas ?

Il parut stupéfait.

— Je ne crois pas que ta mère serait très heureuse de me voir.

Laura jeta un coup d'œil à sa montre.

— Il faut que je parte. Lacey, voudrais-tu m'accompagner jusqu'à ma voiture ?

Elle tendit la main à Daniel. Il parut manifester une certaine méfiance à son endroit en lui disant au revoir, et elle dut le sentir car elle s'éloigna rapidement.

Nous fîmes le tour de la maison pour nous rendre jusqu'à la route. Elle ouvrit la portière arrière de sa voiture. Je la regardai en sortir un gros colis bien emballé qui ne pouvait contenir qu'un tableau.

— J'ai apporté quelque chose à Lady Lacey en gage de paix, dit-elle en me le tendant.

Je crus deviner ce que c'était.

— Le portrait de Royal Fenwick?

— Oui. Voudriez-vous le lui apporter pour moi? Je ne veux pas qu'elle se sente obligée de me remercier. Elle n'est pas très heureuse de m'avoir revue, même si elle a fait bonne figure.

Je regardai la voiture s'éloigner jusqu'à ce que je la perde de vue, puis je rentrai dans la maison, le colis de Laura sous le bras.

16

J'apportai le portrait dans la salle à manger où Lady Lacey, Egan et Ryan étaient encore assis.

— Laura vous offre ceci, dis-je à mon arrière-grand-mère.

Elle jeta un regard soupçonneux sur le colis.

— Qu'est-ce que c'est ?

— Je pense que ça vous plaira. Pourquoi ne l'ouvrez-vous pas ?

— Ouvre-le pour moi, m'ordonna-t-elle.

Je déchirai le papier et lui présentai le tableau.

— Royal Fenwick, dit-elle doucement. J'ai déjà vu d'autres portraits de lui. C'est généreux de la part de Laura, mais je ne sais pas si je dois l'accepter.

Je n'en croyais pas mes oreilles.

— Mais elle tient à vous le donner !

Elle me fit un signe de la main.

— Dépose-le quelque part, et je vais y réfléchir. Puis viens finir de manger ton dessert.

Elle me donnait des ordres comme si elle s'adressait à un enfant, mais je savais maintenant que c'était sa façon de faire.

J'appuyai le tableau contre un mur et me rassis à table. Ryan fronça les sourcils et me regarda sans rien dire.

Lady Lacey ne parut pas le remarquer.

— Que s'est-il passé entre Laura et Daniel ?

— Pas grand-chose. Laura l'a interrogé à propos de Henry qui est parti tout seul, Dieu sait où.

Une fois le repas terminé, Egan quitta la table pour examiner de plus près le portrait de Royal.

— Est-ce que je peux l'avoir dans ma chambre, grand-mère ? J'aimerais le regarder autant que je veux. À cause de mon tambour.

Devant l'hésitation de Lady Lacey, il lui adressa un de ses plus beaux sourires.

— Je te promets que je vais en prendre bien soin.

Elle lui sourit affectueusement.

— Très bien, mon chéri. Tu pourras garder le tableau dans ta chambre pour le moment. Ryan te le montera plus tard.

Egan étant retourné dans le petit salon pour retrouver son tambour, Lady Lacey s'adressa directement à Ryan.

— Quand comptez-vous épouser Caryl ?

Il parut stupéfait.

— J'ignorais que je devais épouser qui que ce soit.

— Vinnie m'a dit que Caryl est amoureuse de vous. Et je sais que vous avez beaucoup d'affection pour Egan. Et...

— Vinnie se comporte parfois comme une vraie commère, dit-il en l'interrompant.

Je le sentis se hérisser et je vis bien que la question lui déplaisait. L'atmosphère s'alourdit. Ryan prétexta qu'il devait retourner à son travail et s'empressa de faire ses adieux.

— Merci pour le dîner, Lady Lacey. Je vous verrai demain matin, ajouta-t-il à mon intention en me faisant un signe de la tête.

Dès qu'il fut parti, Lady Lacey enchaîna sur ses derniers mots.

— Tu dois voir Ryan demain matin ?

Je lui expliquai qu'il devait m'amener à Virginius Island.

— Il trouve que je devrais en savoir davantage sur ce qu'il appelle mon héritage de Harpers Ferry.

Il était évident qu'elle n'était pas d'accord avec ce projet. Je ne pouvais cependant pas dire si c'était parce qu'elle ne voulait pas que j'aille à Virginius Island ou parce qu'elle ne voulait pas que Ryan s'intéresse à moi. De toute façon, elle était contrariée et elle invoqua la fatigue. Après m'avoir laissée l'embrasser sur la joue, elle se retira dans sa chambre.

J'allai rejoindre Egan et je le trouvai en train de disposer des armées de soldats de plomb bleus et gris sur le tapis près du tambour.

— Quelle armée préfères-tu ? lui demandai-je quand il leva la tête pour me sourire.

— C'est juste un jeu, dit-il. Regarde. Voilà le petit garçon qui portait le tambour. Il marche à découvert, en avant, mais personne ne va tirer sur lui. Il voudrait que les deux armées soient amies.

Je m'agenouillai pour le serrer contre moi et je fus émue quand il m'entoura le cou de ses bras.

— Si tu vois ma mère demain, dis-lui que je vais bien et que je l'aime. Et dis à Shenandoah que je serai bientôt de retour à la maison.

Vinnie n'avait pas à craindre qu'Egan s'attache à Lady Lacey, pensai-je. Il savait très bien ce qu'il voulait, et on pouvait lui faire confiance.

— Je vais monter maintenant, dis-je, et j'apporterai le portrait de Royal dans ta chambre. Je pense que Ryan était distrait et qu'il a oublié de le faire. Vas-tu aller te coucher bientôt ?

213

Anne-Marie était entrée dans la pièce et se tenait derrière nous.

— Je vais me charger de mettre Egan au lit très bientôt, m'assura-t-elle.

Je me sentais vidée émotivement plus que physiquement. J'avais besoin de me retrouver seule pour revenir sur certains des curieux événements de la journée. Et pour penser à Ryan, un sujet de réflexion troublant qui ébranlait mon assurance.

Quand je m'engageai dans l'escalier, Anne-Marie me suivit, les yeux brillants d'une impatience qui, je ne sais pourquoi, me parut louche.

— Vous vouliez voir le portrait d'Ezekiel, dit-elle. Je peux vous le montrer.

Toujours intriguée par la réflexion énigmatique de ma mère, j'hésitai pourtant à suivre Anne-Marie quand elle se dirigea vers la porte ouverte de la chambre d'Ellen.

Elle se retourna vers moi.

— Vous ne reconnaîtrez pas cette chambre. Lady Lacey m'a fait faire un ménage de fond en comble. Nous sommes montées ensemble hier, et elle a décidé qu'un changement s'imposait. À cause de vous.

Je ne voulais pas savoir ce qu'elle entendait par là. J'entrai dans la chambre et en fis le tour des yeux. Elle avait été nettoyée et aérée, les vieilles draperies avaient été enlevées. Mais, même sans les toiles d'araignée, je ne m'y sentais toujours pas à l'aise. Je déposai le portrait de Royal, me demandant ce qu'il ressentirait, lui, s'il visitait cette chambre.

Anne-Marie actionna un interrupteur, et je vis un portrait encadré accroché au fond de la pièce. Je ne l'avais pas remarqué auparavant.

Ryan avait qualifié le tableau de fruste, et c'était un fait que la facture en était plutôt maladroite. Le peintre avait néanmoins réussi à reproduire le visage d'un homme assez séduisant pour briser les cœurs. Il avait les cheveux blond foncé, était jeune et ne portait pas de barbe. Il affichait le sourire d'un homme conscient de son charme. Mais ce sont surtout ses yeux bleus, particulièrement remarquables, qui attirèrent mon attention.

On aurait dit qu'ils me regardaient directement et fixement. Quand je reculai pour m'éloigner du portrait, le regard intense me poursuivit. Peu importe où je me dirigeais, les yeux m'examinaient comme si, chose étrange, ils me reconnaissaient.

J'essayai de secouer le charme et me tournai vers Anne-Marie qui m'observait aussi intensément que le portrait.

— J'ai déjà vu ce genre de truc dans d'autres peintures. Mais pourquoi ce tableau est-il accroché ici, dans la chambre d'Ellen?

Anne-Marie, qui semblait savoir tout ce qui s'était passé dans cette maison, prenait un plaisir évident à en parler.

— Ezekiel et Ellen Fenwick étaient fiancés. Nous avons conservé de vieilles lettres qui prouvent combien ils s'aimaient. Mais au moment de la déclaration de guerre, il s'engagea comme capitaine dans l'armée des Confédérés, comme vous pouvez le voir à son uniforme. Ellen Fenwick ne cessa pas de l'aimer pour autant, mais son père était furieux. Jud lui interdit de jamais le revoir. Alors, quand Ezekiel partit avec un régiment de la Virginie pour aller se battre, elle fut contrainte de rompre ses fiançailles. Ezekiel fit faire son portrait et le lui envoya par l'entremise d'un de ses amis. Elle a dû le cacher pour que Jud ne le détruise pas. On ne l'a retrouvé qu'une ou deux générations plus tard. Ezekiel est mort à la bataille de Shepherdstown, juste après celle d'Antietam. Le cœur de la pauvre petite Ellen avait donc déjà été brisé avant même que les maraudeurs ne s'introduisent dans la maison.

Un profond sentiment de tristesse, qu'aucun nettoyage ne pourrait jamais faire disparaître, hantait la chambre. Le regard sinistre des yeux d'Ezekiel qui me suivaient partout semblait attendre quelque chose de moi. Dans sa jeunesse, ma mère avait dû ressentir la même chose devant ce tableau.

Je repris le portrait de Royal et me débarrassai à la fois d'Ezekiel et d'Anne-Marie en traversant le corridor pour me rendre dans la chambre d'Egan.

J'accrochai le portrait de mon ancêtre à un clou, à la place d'une gravure fanée représentant des fleurs sauvages. Convaincue qu'Egan serait content de l'endroit où je l'avais installé, j'entrai dans ma propre chambre à la porte voisine. Il était trop tôt pour me mettre au lit, et j'étais trop surexcitée pour m'endormir de toute façon. Je m'assis donc pour lire un des livres que j'avais apportés, sur l'histoire de Harpers Ferry. Au bout de quelques pages, je vis bien que, dans l'état d'esprit où j'étais, je serais incapable de me concentrer.

Je déposai mon livre et m'approchai de la fenêtre arrière, par laquelle on voyait le cottage de Daniel Griffin. Tout était noir de ce côté-là, et il n'y avait aucune lumière aux fenêtres. Il était probablement sorti, rôdant dans Harpers Ferry à la recherche d'une chose mystérieuse que lui seul connaissait. Le clair de lune illuminait la pelouse et faisait scintiller la rivière qui coulait loin en contrebas des falaises escarpées.

Peu importe ce que je faisais ou ce à quoi je pensais, j'étais incapable de me défaire du souvenir envoûtant de la chambre d'Ellen. J'avais fait de nombreuses lectures sur les phénomènes extrasensoriels qui se produisent dans les maisons hantées. Pas des fantômes, mais la persistance de quelque chose qui appartient à une autre dimension et qui tourmente ceux qui osent s'approcher.

Je savais ce qu'il fallait faire dans un tel état d'excitation. J'enfilai un pantalon chaud et un pull-over, je nouai un fichu sur mes cheveux, puis je descendis à pas furtifs et je me glissai à l'extérieur de la maison.

Le bruit causé par le démarrage de ma voiture briserait le silence et attirerait probablement l'attention de la maisonnée, mais tant pis. En un rien de temps, j'avais descendu des rues escarpées jusqu'à la ville basse. Il était facile de se garer à cette heure-là, et je laissai ma voiture pour me rendre à pied à The Point. C'était le premier endroit où j'étais venue en arrivant à Harpers Ferry et c'était là que j'avais rencontré Ryan Pearce.

J'observai les rapides bouillonnants de la rivière qui scintillaient. C'était bien la « Fille des étoiles ». Au fond, j'étais effectivement une romantique, même si je n'avais pas encore eu l'occasion de m'en rendre compte, étant donné la vie que je menais à Charlottesville. Je ne m'étais jamais laissé vraiment émouvoir auparavant, mais à présent de vieilles sensations refoulées commençaient à affleurer.

Je ne fus pas surprise quand Ryan vint me rejoindre, comme la première fois. C'était comme si je m'étais précisément rendue ici dans l'attente de cette rencontre inéluctable.

— J'ai l'impression que ce n'est pas la première fois que nous nous rencontrons ainsi, dit-il.

Le timbre grave de sa voix me fit de nouveau frissonner de plaisir.

— Je suis toujours captivé par le spectacle de la rivière à la pleine lune, ajouta-t-il. Elle est vive ce soir, mais pas en furie.

— Je ne m'endormais pas, dis-je. Je savais qu'il était inutile d'essayer de me coucher.

— C'est la même chose pour moi. Je ne cessais de penser à vous, toute seule là-haut dans cette grande maison, et j'étais inquiet. Non que vous y soyez en danger. Le soir, Anne-Marie ferme tout à clé, comme si c'était une véritable forteresse. Et je suis certain que votre grand-père ne vous veut pas de mal. Mais j'étais quand même soucieux.

Son inquiétude pour moi me réchauffa le cœur et me remplit de joie. J'étais heureuse qu'il ait été incapable de s'endormir parce qu'il se préoccupait de moi.

— Je suis certaine que personne ne m'en veut, dis-je. Je suis apparue trop tard dans le déroulement des événements. Les cibles de toutes les passions et de toutes les colères sont sans doute déjà déterminées.

— En êtes-vous absolument certaine ?

Il se tenait près de moi, sans me toucher, le regard perdu au loin vers The Gap.

— Vous avez quand même quelque chose à voir avec tout cela, et vous pourriez être une menace sans le savoir.

— Pour qui ? demandai-je.

Il ne répondit pas à ma question.

— Quelle impression vous a donnée la réconciliation entre Laura et Lady Lacey ce soir ?

— Je ne suis pas certaine que le geste magnanime de mon arrière-grand-mère a été vraiment sincère.

— Je suis d'accord avec vous. Je soupçonne qu'au fin fond d'elle-même Lady Lacey n'a jamais pardonné à Laura ce qui s'est passé.

— Et que s'est-il passé ?

— Ce ne sont sans doute que des racontars, mais il semble qu'après son mariage avec votre mère, Brad aurait commencé à s'intéresser à Laura. Ardra ne fut apparemment pas la première à attirer son attention. Lady Lacey remarqua les signes avant-coureurs de cette toquade. Elle en fit part à Laura et l'avertit de ne pas toucher à Brad. De toute façon, Laura n'aurait probablement jamais été attirée par un homme tellement plus jeune qu'elle. Elle en voulut terriblement à Lady Lacey d'avoir mis son intégrité en doute. Ce fut vraiment dommage car, auparavant, Laura l'avait toujours mise sur un piédestal.

Plus j'apprenais de choses sur mon père, plus j'avais pitié de ma mère. Sa vie avait dû être intolérable, surtout si elle avait été vraiment amoureuse de lui au début de leur mariage, comme je le croyais.

Mais pour l'instant, sous le charme de la rivière et de la nuit, je ne voulais penser à rien d'autre qu'à l'homme qui se tenait à mes côtés. Je connaissais si peu de choses de lui. La plupart du temps, il semblait n'être qu'un observateur ou un rêveur, profondément captivé par la trame de la destinée d'autrui. J'aurais espéré que quelque chose vienne l'arracher à son obsession du passé, de telle sorte qu'il s'attarde davantage à la réalité présente.

Ce qu'il ajouta alors me prit par surprise.

— J'ai une merveilleuse idée, Lacey! Nous ne sommes pas obligés d'attendre à demain matin. Nous pourrions visiter Virginius Island ce soir, au clair de lune. C'est la seule vraie façon de découvrir une ville morte. Est-ce que ça vous tente?

— Bien sûr. J'adorerais cela!

Je me sentis tout à coup plus fébrile que jamais. J'étais après tout une rêveuse moi aussi, à ma façon.

— Alors venez, dit-il en me prenant le bras.

Nous descendîmes à partir de The Point jusqu'à Shenandoah Street, bordée à cette heure de fenêtres obscures. Nous laissâmes bientôt derrière nous les rues éclairées. De hautes falaises de schiste rose qui grimpaient jusqu'au Rocher de Jefferson s'élevaient à notre droite.

Deux ponts traversaient le canal, mais l'un des deux était fermé pour réparation. L'autre, me dit Ryan, avait été reconstruit pour reproduire le pont d'origine, emporté lors d'une inondation.

Il sortit une petite lampe de poche dont le faisceau n'éclairait pas beaucoup. La lumière de la lune était plus efficace. Le pont se composait de quatre arcades tronquées. Entre ces charpentes de bois, il y avait plusieurs garde-fous parallèles pour prévenir toute chute dans l'eau. Nous suivîmes des planches de bois jusqu'au centre du pont d'où la vue sur le canal était magnifique et d'où nous pouvions observer l'eau qui coulait paisiblement au-dessous de nous. La lumière du clair de lune éclairait les troncs sombres des arbres qui surgissaient de l'eau là où il y avait déjà eu des terres. Ryan me dit que les bateaux ne passaient plus par le canal pour contourner les rapides. Il avait été dragué et ses berges avaient été restaurées quand le Service du parc national en avait pris possession.

— L'île n'est pas aussi sauvage qu'elle l'a déjà été, dit Ryan. Les ruines des constructions anciennes ont été rendues aussi sûres que possible pour les visiteurs et les allées ont été dégagées. Il y a même un chemin de terre pour les véhicules de service, bien que l'accès à l'île soit évidemment interdit aux voitures particulières. Il ne reste plus que des fondations en pierre et des trous dans le sol à la place de ce qui était autrefois des usines et des maisons. Après que la rivière déchaînée eut tout balayé sur son passage à quelques reprises, il n'est pas resté grand-chose à conserver.

Pendant que nous poursuivions notre route sur le pont, j'aperçus des murs à demi écroulés éclairés par la lune et des amas de pierres là où des édifices s'élevaient autrefois. Une vraie ville morte ! Nous quittâmes l'allée et le sol devint accidenté et pierreux, de sorte que nous devions avancer avec précaution. Bien que le clair de lune fût assez brillant, des ombres sombres rendaient chaque pas périlleux. Au-dessus de nos têtes, les branches noires des arbres se détachaient sur le ciel éclairé par la lune, projetant des raies d'ombre sur nos visages.

Nous arrivâmes à une voie ferrée qui traversait notre route, et Ryan me prévint pour que je ne trébuche pas sur les rails.

— C'est la voie du chemin de fer Winchester and Potomac, me dit-il. Pendant la guerre, ce chemin de fer transportait les troupes et les approvisionnements pour l'armée de la Shenandoah, dirigée par Sheridan[1]. La voie ferrée est toujours en service.

Quelques instants plus tard, après avoir traversé la mince bande de terre façonnée par la rivière, nous nous retrouvâmes sur le bord de la Shenandoah, presque au niveau de l'eau, et nous observâmes le miroitement de la vive lumière blanche sur les rapides et le reflet plus sombre, là où la rivière coulait plus paisiblement.

Un peu en aval, un homme pêchait au bord de la rivière, sans nous prêter la moindre attention. L'île était ouverte au public à toute heure, me dit Ryan, à cause, entre autres, de la popularité de la pêche de nuit.

J'étais profondément sensible à tout ce qui m'entourait : la nuit, la rivière et l'île. Mais surtout à l'homme qui était à mes côtés. Immobile, j'observais le scintillement de l'eau et je me demandais si Ryan éprouvait la même chose que moi en cet instant, un sentiment d'émerveillement accompagné d'une

---

1. Commandant de l'armée de la Shenandoah d'août à octobre 1864, il deviendra la même année général au sein des troupes de l'Union. (NDT)

émotion qui me prenait à la gorge. Mais quand il reprit la parole, ce fut encore une fois pour évoquer le passé.

— Je ne peux m'empêcher de penser à tous ces hommes, à toutes ces femmes et à tous ces enfants qui ont vécu et travaillé sur cette île ! Tout l'amour et toute la haine, tout le bien et tout le mal, tous les problèmes humains qui les ont assaillis, tout cela a disparu au fil des ans. La plupart d'entre eux ont même été oubliés. Ils sont morts si nombreux lors des inondations ! Une femme qui avait réussi à s'échapper a écrit que, une nuit, l'eau avait monté de deux mètres en quatre minutes. Il y en eut tant qui n'eurent aucune chance de se sauver. Comparés à d'autres désastres, les événements qui se sont déroulés ici ne sont peut-être qu'une goutte d'eau dans la mer, mais je voudrais bien pouvoir me retrouver à cette époque. Pas pour y vivre, mais pour recueillir ces événements et en faire la chronique. On a la mémoire si courte !

— C'est justement ce que vous voulez faire en écrivant votre livre, n'est-ce pas ? Amener les gens à se souvenir ? En faisant revivre Virginius Island pour vos lecteurs.

— Et c'est pourquoi je dois en apprendre encore tellement plus. Sous le limon qui recouvre l'île gisent encore bien des vestiges de vies humaines. Des ustensiles, des jouets, des bijoux, des bibelots, toutes ces possessions qui ont été enterrées et protégées des implacables attaques des eaux. C'est pourquoi on poursuit les fouilles, pour retrouver les traces de l'histoire. Comme l'île a été façonnée par la rivière, son histoire est particulière.

J'aimais sa façon de considérer son travail. Il prenait une part active à redécouvrir et à recréer les événements. Mais cela ne pouvait pas combler toute sa vie. C'était aussi un peu ce que je voulais faire dans mon propre livre. En tant qu'auteur et artiste, je comprenais à quel point cela pouvait absorber la plus grande partie d'une vie. Mais pas toute. Quant à moi, il me fallait quelque chose de plus, même si je commençais à peine à m'en rendre compte.

— C'est maintenant que je veux vivre, dis-je tout à coup.

Avec le seul éclairage de la lune, son sourire était dans l'ombre et demeurait énigmatique. La lune et la rivière conféraient un caractère mystérieux et romantique à la scène.

— D'accord, parlons du présent alors, dit-il. C'est votre première visite sur l'île. Qu'est-ce qui vous frappe ?

Je voyais qu'il souhaitait vérifier sa théorie selon laquelle des étrangers remarqueraient des choses devenues banales et imperceptibles pour les gens de l'endroit. Je ne pouvais pas lui dire qu'à ce moment-là je n'étais sensible à rien d'autre qu'à l'homme qui se tenait à mes côtés.

— Je coucherai mes impressions sur le papier pour vous plus tard, quand j'aurai eu le temps d'y repenser, lui promis-je.

Il se contenta de cela, et j'entrepris de lui faire comprendre ce que représentait alors le présent pour moi.

— Ma vie me paraît remplie de problèmes encore bien vivants et pas du tout enterrés sous le temps et le limon. J'ai besoin de réfléchir pour trouver comment composer avec le présent.

Nous fîmes quelques pas le long de la berge sablonneuse de la rivière, et, alors que j'allais trébucher sur une racine, il m'attrapa par le bras pour m'empêcher de tomber.

— Bien sûr, vous avez raison, Lacey. Je suis parfois tellement pris par les événements du passé que j'en oublie presque le présent. C'est du moins ce que ma femme avait l'habitude de dire.

Il n'avait mentionné sa femme qu'une seule fois auparavant, et cela m'avait laissée songeuse.

Il reprit la parole, comme si je lui avais posé une question.

— Nous nous sommes mariés très jeunes et, après un certain temps, nous avons évolué différemment. Les débuts furent une période heureuse pour l'homme que j'étais alors, et j'espère que ce fut la même chose pour elle. Mais après notre séparation, j'ai compris qu'elle avait raison de m'accuser d'être si rêveur qu'aucune femme ne pourrait jamais m'endurer.

— Il faut être un rêveur pour écrire des livres, dis-je. Je suis aussi une rêveuse, à ma façon. Mais, en même temps, je n'oublie pas que je suis ici, maintenant.

— C'est peut-être ce que je n'ai jamais réussi à faire.

Il me prit dans ses bras et m'embrassa. Pas distraitement, pas comme un rêveur.

— Et voilà pour maintenant, dit-il les lèvres contre ma joue.

Nous repartîmes, et il garda ma main dans la sienne. Je me demandais s'il pouvait entendre battre mon cœur. Le sentier devint plus étroit, et je le devançai, d'un pas nonchalant, comme si je flottais. Mais mes pieds touchaient toujours bel et bien à terre. Je glissai sur un fragment de schiste, et c'est seulement la présence d'un mur à demi écroulé qui m'empêcha de plonger dans le trou noir qui s'ouvrait sous mes pieds. Accrochée au mur rugueux, je baissai les yeux vers des ténèbres que la lune n'éclairait pas. Au-delà du trou se dressait un arc en cintre bien découpé par le clair de lune.

Ryan me ramena sur un terrain plus sûr, mais mon attention avait été attirée par quelque chose au fond du trou.

— Regardez, Ryan! Qu'y a-t-il au fond?

Il se pencha près de moi au-dessus du mur, et la lune se dégageant d'un léger brouillard éclaira quelque chose de rond et de blanc au fin fond du trou.

— Ne bougez pas, dit Ryan. Je vais voir de plus près.

Le ton de sa voix s'était modifié, ce qui ajouta à mon impression que quelque chose clochait.

Du côté où nous nous tenions, la paroi du trou était couverte de fragments de schiste, et il descendit à reculons, les pierres déboulant derrière lui. Il atterrit au fond dans un grand fracas et il sortit de nouveau sa petite lampe de poche. Dans les ténèbres du trou, le faisceau était assez clair pour laisser voir le visage renversé d'un homme qui gisait là.

J'entendis Ryan haleter et je vis son propre visage, blême sous le clair de lune, qui me regardait.

— C'est Henry Elliot. Il est mort. Il doit être ici depuis plus d'une heure. Il est froid comme de la glace.

Je m'accrochai de nouveau au mur pendant que Ryan grimpait péniblement pour venir me rejoindre.

— Il était probablement ivre et il a dû perdre pied. Il est couvert de sang. Il s'est sans doute cogné la tête sur l'arc en tombant. Les gardes du Service de sécurité du parc ont leur quartier général près d'ici. C'est la police municipale qui s'occupe de tout ce qui se passe sur la route. Mais ce sont les gardes qui ont juridiction sur ce qui se produit sur les terrains ou dans les édifices situés dans le parc national. Ils sont donc responsables de la sécurité sur Virginius Island. Il y aura sûrement quelqu'un de garde.

En retraversant le pont pour rejoindre la route, je ne trouvais plus le clair de lune mystérieux ou romantique. Je ne savais pas que j'avais un oncle Henry jusqu'à ce jour et je ne l'avais pas trouvé sympathique, mais c'était quand même le frère de mon père. Je devais éprouver un certain esprit de famille au fond de moi, car je me sentais navrée et triste tout à la fois. Navrée parce qu'un homme était mort. Et triste à cause de tous ces espaces vides dans ma vie, de tous ces membres de ma famille que je n'avais pas connus. À cause peut-être aussi de l'amour que j'avais manqué. À tout jamais?

Malgré tout, je ne cessais de revoir en esprit les merveilleux moments que je venais de vivre au bord de la rivière. N'était-ce encore qu'un rêve?

17

Par la suite, comme dans un nuage, je me soumis aux procédures d'usage avec le garde responsable. Il fallut montrer au policier de service l'endroit où Henry était tombé. On fit venir d'autres gardes qui nous interrogèrent. Tout le monde semblait étonné de notre présence sur l'île ce soir-là. Nos raisons avaient peut-être l'air un peu incongrues, mais heureusement Ryan était avantageusement connu. La recherche qu'il poursuivait pour écrire son livre représentait par ailleurs une justification plausible.

Quand on nous laissa enfin partir, Ryan me reconduisit chez Lady Lacey. Je lui en fus reconnaissante. Je pourrais reprendre ma voiture le lendemain. Le jour même en fait, puisqu'il était alors plus d'une heure du matin.

Je ne fus pas surprise de constater qu'Anne-Marie n'était pas encore couchée et qu'elle m'attendait. Elle ouvrit la porte alors que nous étions encore dans l'escalier et se mit à débiter un flot de paroles.

— Alors, mademoiselle Elliot! me dit-elle du ton d'une maîtresse de dortoir. Vous êtes partie sans rien dire. Lady

Lacey était folle d'inquiétude, mais j'ai réussi à la convaincre de retourner se coucher.

Ryan prit rapidement le contrôle de la situation et exposa les faits à Anne-Marie sans attendre ses questions.

— Lacey et moi nous sommes rencontrés dans la ville basse, et je l'ai amenée voir Virginius Island au clair de lune. Malheureusement, pendant que nous y étions, nous avons découvert le corps de Henry Elliot au fond d'un trou au bord de la rivière, là où il y a d'anciennes fondations. Il était mort quand nous l'avons trouvé. Nous avons passé le reste du temps avec les gardes du parc.

Pour une fois, Anne-Marie parut interloquée. Sans lui laisser le temps de retrouver la parole, Ryan lui dit que j'étais très fatiguée et lui demanda d'attendre au lendemain matin pour me poser des questions.

— Ne vous inquiétez pas, Lacey, me dit-il. Je vous reverrai demain.

Je montai aussitôt à ma chambre, sans tenir compte des grommellements d'Anne-Marie. Une fois dans mon lit, je me sentis tout à la fois fatiguée, inquiète et transportée de joie. La mort de Henry aurait dû occuper toutes mes pensées, mais une sensation aiguë de bonheur dominait le sentiment d'horreur bien réel que cet événement m'avait inspiré. Je ne savais peut-être pas encore comment Ryan envisageait l'avenir, mais je savais ce que moi je voulais. Et pour l'instant, ça me suffisait.

Anne-Marie me prit par surprise en frappant à ma porte et en entrant dans ma chambre. Elle alluma une lampe. Je vis qu'elle m'avait apporté un petit plateau sur lequel elle avait posé un verre de lait, un peu de fromage et quelques craquelins.

— Voilà qui va vous aider à vous endormir, Lacey.

Pour une fois, elle ne m'avait pas gratifiée de son « mademoiselle Elliot », solennel et guindé.

Elle resta là pendant que je buvais le lait chaud à petites gorgées. Je sentais bien que, pleine de curiosité pour ce qui s'était passé, elle aurait voulu en savoir plus. Mon absence de réaction finit par la décourager, et elle partit.

Je terminai mon lait et je me sentis enfin assez détendue pour m'endormir.

Je ne sais pas jusqu'à quelle heure j'aurais dormi le lendemain matin si Lady Lacey n'était pas venue dans ma chambre. Elle frappa et ouvrit la porte avant même que je sois assez réveillée pour lui répondre. Quand elle s'assit près de mon lit, je me retournai pour la regarder et je fus étonnée. Je ne l'avais jamais vue si débraillée. À la lumière du matin, elle paraissait amplement son âge. Elle avait jeté un vieux peignoir matelassé sur ses épaules. Ses cheveux blancs étaient en désordre. Son petit visage triangulaire semblait se fondre dans les plis de son cou.

Malgré tout, elle n'avait quand même pas perdu ses manières péremptoires.

— Raconte-moi comment vous avez trouvé Henry, me dit-elle aussitôt.

Anne-Marie lui avait donc déjà annoncé la nouvelle. Je m'assis contre mes oreillers, assez éveillée maintenant pour répéter l'histoire.

En m'écoutant, elle se détendit manifestement peu à peu, comme si elle était soulagée.

— On pouvait évidemment s'attendre à quelque chose de ce genre avec un soûlard comme Henry. Laura peut s'estimer heureuse qu'il ne soit pas tombé et qu'il ne se soit pas cassé le cou chez elle. De toute façon, il n'y a pas grand monde qui va le regretter. Je suis désolée que ce soit toi qui aies découvert son cadavre.

Tout en l'écoutant, je m'aperçus que, derrière ses manières assurées, se cachait une femme profondément ébranlée.

Elle s'empressa de poursuivre, mais sa voix était un peu tremblante maintenant.

— Tu ne sais pas dans quelle galère tu t'es embarquée en venant ici. On dirait que les peurs anciennes resurgissent depuis ton arrivée à Harpers Ferry.

Elle commençait à perdre le contrôle d'elle-même. Ses mains tremblaient sur ses genoux. Je tendis le bras vers elle, mais elle recula.

— Je vous en supplie, Lady Lacey, expliquez-moi ce que vous voulez dire.

Avec effort, elle réussit à se remettre.

— Ta mère t'a peut-être envoyée ici comme émissaire. Tu es peut-être celle que nous redoutons tous.

J'espérais qu'elle n'était pas en train de perdre l'esprit.

— C'est ridicule ! Je ne suis une menace pour personne, ma mère non plus d'ailleurs.

Je sentis une nouvelle inquiétude monter en moi. Les autres connaissaient-ils des choses que j'ignorais ?

Lady Lacey m'observait de ses yeux d'un bleu argenté.

— J'espère que tu as raison, dit-elle.

Elle se leva, en lissant vers l'arrière ses cheveux décoiffés, comme si elle venait de se rendre compte tout à coup de son allure débraillée. Elle laissa ma porte ouverte en sortant, et je la vis traverser le corridor pour entrer dans la chambre d'Ellen Fenwick.

Je me glissai hors du lit et je la suivis. Personne d'autre, à l'exception peut-être de Daniel Griffin, ne possédait autant qu'elle la clef des mystères du passé. Je m'étais même demandé si ce n'était pas Lady Lacey que Vinnie avait voulu protéger en inventant son histoire.

Elle s'était arrêtée devant l'étrange portrait d'Ezekiel. Même si les yeux du tableau semblaient m'observer à mon entrée dans la chambre, je savais qu'ils la regardaient aussi.

Elle s'adressa tristement au portrait.

— Si seulement tu avais épousé Ellen, tout aurait peut-être été différent.

J'étais debout juste derrière elle.

— Comment cela ? Il serait quand même allé à la guerre. Il n'aurait pas pu rester à la maison pour la protéger.

Elle ne parut pas surprise de constater que je l'avais suivie.

— Il aurait pu la mettre en sécurité ailleurs que dans cette maison avant de partir.

— J'ai bien peur qu'on ne puisse pas changer le cours de l'histoire, dis-je plus doucement.

Pour la première fois depuis que je la connaissais, mon arrière-grand-mère paraissait vieille, démunie et triste.

— J'imagine que tu as raison. Mais on peut toujours organiser l'avenir.

Elle avait dit « organiser » plutôt que « modifier » et elle avait affermi sa voix, comme si elle essayait de se ressaisir.

— Voulez-vous dire « trafiquer » ? lui demandai-je.

Elle fit comme si de rien n'était et regarda autour d'elle.

— Cette chambre a meilleure allure depuis qu'on y a fait le ménage, n'est-ce pas ? Mais ça a été toute une histoire de convaincre Anne-Marie de s'y mettre. Elle est persuadée que j'ai offensé Ellen.

Je lui indiquai d'un signe de tête que je trouvais aussi que la chambre paraissait mieux ainsi. Lady Lacey releva le menton et me jeta son habituel regard intimidant avant de sortir. Elle semblait avoir repris son assurance, comme si son apparence avait été impeccable et qu'elle avait parfaitement contrôlé la situation. Mais j'étais maintenant consciente de la faiblesse qui se cachait derrière sa prétendue force.

Les yeux du portrait semblaient me jeter un défi. Je lui souris d'un air désabusé.

— Et voilà, tout est de votre faute à présent, Ezekiel.

Grand charmeur de son vivant, il avait dû aussi faire preuve d'un peu d'arrogance. Son regard semblait insinuer que je ne valais vraiment pas grand-chose.

Il y avait maintenant trois portraits anciens dans cette maison. Ce n'était pas étonnant si on pensait qu'ils avaient été peints à une époque où il n'y avait pas d'appareil photo dans toutes les maisons et où des peintres itinérants parcouraient la campagne, ne travaillant souvent que pour le gîte et le couvert. Les portraits étaient très différents l'un de l'autre : Jud et sa beauté arrogante, Royal duquel émanait une certaine noblesse, et Ezekiel avec son regard pénétrant. Les trois figures me hantaient, comme si elles avaient chacune quelque chose à me dire. Mais je me demandais bien quoi.

De retour dans ma chambre, j'enfilai un jean et un pull-over chaud. Quand j'arrivai en bas, je trouvai Egan seul à la table de la salle à manger, en train de savourer un copieux petit-déjeuner. Le sourire qu'il m'adressa pour me souhaiter la bienvenue me réchauffa le cœur, et je me penchai pour l'embrasser sur la joue. Il semblait n'être qu'un tout petit garçon ce matin-là, sans aucune trace de l'inquiétante sagesse dont il faisait parfois preuve.

Tout en buvant mon café, je souriais distraitement pendant qu'il babillait à propos de ses petits amis et de Shenna. Mais il me fit sursauter tout à coup.

— Quelqu'un a passé la nuit dernière, hein ?

— A passé ? Qu'est-ce que tu veux dire ?

— J'étais très triste quand je me suis réveillé ce matin. On dirait que c'était quelqu'un qui n'était pas prêt à partir. J'espère qu'on ne le connaît pas.

— Veux-tu dire que quelqu'un est mort, Egan ?

Il secoua la tête.

— Les gens ne meurent jamais, mais ils passent, même si parfois ils ne veulent pas.

Il m'arrivait d'avoir l'impression qu'Egan était sensible à une dimension qui restait invisible au commun des mortels.

— Tu te souviens de Henry Elliot ? lui demandai-je.

— Bien sûr. C'est lui qui a passé ? C'était peut-être le moment qu'il s'en aille.

J'espérais qu'il avait raison.

Sans que j'aie rien demandé, Anne-Marie apparut avec un bol de porridge et une assiette de pain de blé fraîchement grillé qu'elle déposa devant moi. Je fus bien contente qu'elle n'eût rien à me dire ce matin-là.

Cette fois, je l'avertis avant de quitter la maison, puis je sortis dans la fraîcheur d'un beau matin de printemps. Je humai le parfum des fleurs et j'admirai les arbres de Judée en descendant vers la ville basse. Malgré ce qui était arrivé à Henry et malgré les idées noires que me donnait la maison de Lady Lacey, mon moral s'améliora. Je savais que je verrais Ryan ce jour-là.

Ma voiture était toujours là où je l'avais laissée, mais je poursuivis nonchalamment ma route, car je n'avais pas du tout envie de rentrer tout de suite chez Lady Lacey. Je remonterais plus tard chez tante Vinnie et j'irais voir Ryan. Je ne pourrais parler de la mort de Henry avec personne d'autre que lui. Mais surtout, j'avais envie d'être avec lui.

Pour l'instant, je m'efforcerais de penser à mon livre et à

la carte illustrée que je ferais de la ville basse. J'attendrais d'être chez Vinnie pour téléphoner à ma mère.

Je remarquai de nouveau l'affiche annonçant l'exposition John Brown et je décidai de la visiter. La pièce dans laquelle j'entrai avait été aménagée pour utiliser au mieux l'espace disponible. Des livres, des documents et des souvenirs étaient exposés dans des vitrines le long des murs. Au centre, il y avait de grands écrans disposés en ligne brisée sur lesquels on avait affiché des photographies anciennes et des documents imprimés. Sur une face des écrans, on voyait les portraits et l'histoire des conjurés de John Brown et, sur l'autre, les portraits et l'histoire des Marines américains qui les avaient capturés. Ils semblaient tous des hommes bien ordinaires, mais ils avaient pourtant pris part à un événement historique majeur.

Pendant que je lisais les documents affichés, j'entendis de nouveau le son de la voix de Paul Robeson s'élever pour chanter ces mots vibrants qui avaient tiré le Nord de sa torpeur : *Le cadavre de John Brown pourrit dans sa tombe.*

Je me dirigeai vers l'endroit d'où venait le son et me retrouvai à la porte d'une petite salle de projection où l'on passait un film sur l'histoire de John Brown. La chanson vibrante de Robeson terminait la présentation.

Beaucoup de monde avait assisté à la projection. Quand les lumières se rallumèrent, les spectateurs sortirent lentement en file. J'attendis que la salle me paraisse vide, puis j'entrai dans l'espace rempli de rangées de fauteuils, pour y jeter un coup d'œil.

Il ne restait qu'un seul spectateur. Un homme était encore assis dans la dernière rangée. Penché vers l'avant, il avait posé les bras sur le dossier du fauteuil de la rangée précédente et fixait l'écran maintenant vide. C'était mon grand-père, Daniel Griffin.

Je me serais peut-être glissée à l'extérieur sans lui parler, mais il se retourna et me fit signe de venir m'asseoir sur le fauteuil voisin du sien.

— Bonjour, Lacey. As-tu assisté à la représentation ? As-tu entendu le texte dit par Sydney Poitier ?

Je m'assis avec un peu de réticence.

— J'ai manqué la projection, dis-je. Je regardais l'exposition dans l'autre salle.

Griffin poursuivit, presque avec vénération :

— J'aurais bien voulu connaître John Brown. J'aurais évidemment été abolitionniste et j'aurais appuyé ses prises de position contre l'esclavagisme.

— Ses prises de position n'étaient-elles pas erronées ?

— Les choses sont allées de travers. Il n'a pas pu mener à bien le plan qu'il avait imaginé. Mais ce qu'il a mis en branle s'est quand même terminé par la libération des esclaves et la sauvegarde de l'Union.

J'observai le profil puissant et rude de cet homme qui était mon grand-père.

— Vous ressemblez à certaines photos de John Brown que j'ai vues. Est-ce intentionnel ?

— C'est accidentel, dit-il en hochant la tête. Mais je serais fier de lui ressembler. Que sais-tu de son histoire ?

— Bien peu de choses, je le crains.

Griffin se cala dans son fauteuil.

— Il est venu dans l'État esclavagiste de la Virginie avec l'intention de libérer tous les esclaves qui s'y trouvaient. Ce n'était évidemment pas encore la Virginie-Occidentale. Il croyait que les hommes noirs quitteraient leurs maîtres et le suivraient dans les montagnes entourant Harpers Ferry, où ils seraient tous en sécurité. Malheureusement, il ne pouvait divulguer ses plans. C'est précisément ce secret qui a causé son échec. Les esclaves n'étaient absolument pas au courant de sa venue éventuelle. Et ses intentions ont probablement effrayé les quelques personnes qui en ont entendu parler. Il n'y a donc pas eu de mouvement de masse pour quitter les plantations.

En se dirigeant vers Harpers Ferry, poursuivit-il, Brown s'est emparé de plusieurs otages. Après avoir pris le contrôle de l'arsenal, il en a ajouté d'autres au fur et à mesure que les employés se présentaient au travail. À la fin, les conjurés de Brown retenaient une quarantaine d'otages entassés dans cette petite caserne.

Une expression intense animait les yeux de Daniel, ces yeux gris qui m'avaient paru froids et remplis de reproches la première fois que je l'avais vu au restaurant The Anvil.

— Il y eut de nombreux morts en cette nuit terrible pendant laquelle Brown a défendu la caserne contre l'assaut de tous les habitants du village. La milice locale était impuissante. Mais à l'aube, Washington a envoyé un corps de Marines pour libérer les otages. Malgré sa courageuse résistance, Brown n'a pas pu tenir bien longtemps. Il avait été blessé et il a été fait prisonnier, ainsi que les autres conjurés encore vivants. Heureusement, aucun otage ne fut molesté. Le procès, qui n'eut lieu que pour la forme, se tint tout près d'ici à Charles Town. Brown fut amené dans la salle du tribunal sur un brancard. Tous les conjurés capturés furent condamnés à la peine de mort par pendaison. Certains avaient réussi à s'échapper.

Il poursuivit encore.

— Après l'arrestation de Brown, le gouverneur de Virginie l'a rencontré. John Brown lui a prédit la guerre imminente entre les États et la destruction de Harpers Ferry. Quand, le visage couvert, il monta à l'échafaud, le terrain était cerné par des soldats, au cas où il y aurait une tentative pour le libérer. Le gouverneur avait averti les habitants de rester chez eux et de prendre les armes pour protéger eux-mêmes leur propriété. Il n'y a pas eu de troubles, peut-être à cause des précautions qui avaient été prises. Parmi les soldats témoins de l'exécution, il y avait une compagnie de cadets d'une école militaire de Virginie. Ils étaient accompagnés d'un de leurs professeurs qui deviendrait plus tard le célèbre « Stonewall » Jackson, général dans l'armée des Confédérés. Et un jeune acteur, membre d'une troupe de théâtre de Richmond, observait également la scène. Il s'appelait John Wilkes Booth[1].

Le récit de Daniel m'avait transportée en un autre temps et en un autre lieu, mais toute sa violence se reportait sur le présent. On ressentait encore profondément les effets de l'histoire à Harpers Ferry, comme si passé et présent y étaient indissolublement liés.

— Les marques du passé sont toujours présentes ici, dit-il. Tu t'en rends certainement compte, Lacey. À cause de ton hérédité, tu ne peux éviter de te sentir impliquée toi aussi. Rien n'est perdu tant que les hommes se souviennent.

Je me rappelai ce que Ryan disait à propos de la société qui, justement, ne se souvient pas.

— Peut-être ne pouvons-nous rien faire d'autre que d'essayer de ne pas reproduire les erreurs du passé, dis-je.

Il écarta d'un regard ironique une idée aussi banale.

— Voilà un sentiment bien noble qui a fait couler beaucoup d'encre mais qui n'a jamais eu d'effets bien concrets.

Je ne pouvais m'empêcher de me demander ce qui, dans son passé à lui, l'incitait actuellement à agir. Et pourquoi? Pour se venger? Pour faire payer aux autres ses propres souffrances?

---

1. Acteur américain (1838-1865), ardent partisan de la cause du Sud pendant la guerre de Sécession, il assassina le président Abraham Lincoln en avril 1865 au Ford's Theatre de Washington. (NDT)

Il me fixa et son regard parut s'adoucir.

— Sais-tu où John Brown est enterré? me demanda-t-il.

— Non, pas précisément.

— Sa femme a été autorisée à réclamer son cadavre après sa mort et elle l'a ramené sur leur ferme à North Elba, dans l'État de New York, près de Lake Placid. Sur sa tombe, on a aussi inscrit les noms de son grand-père et de ses fils morts au combat.

— Si loin de Harpers Ferry, dis-je.

Daniel hocha tristement la tête.

— Aucun homme n'est assez futé pour prévoir les conséquences de ses propres actions. Alors, on se laisse souvent emporter par un sentiment impérieux jusqu'à une conclusion imprévue, et le mal est fait. John Brown n'aurait jamais voulu être à l'origine de la monstrueuse effusion de sang causée par la lutte entre les États. Il croyait éviter le conflit par ses propositions. Or ses actions précipitèrent au contraire le déclenchement de la guerre de Sécession. John Wilkes Booth n'aurait jamais voulu nuire au Sud, mais il lui causa un tort considérable en éliminant Lincoln dont l'influence était lénifiante.

J'essayai de le ramener au présent en lui parlant tout bas.

— Pourquoi êtes-vous revenu à Harpers Ferry alors, grand-père? Votre présence a déjà eu des effets indésirables.

Il se releva et s'étira. Je me levai aussi.

— Êtes-vous au courant de ce qui est arrivé à Henry Elliot? lui demandai-je.

Son visage était inexpressif.

— Que lui est-il arrivé?

Je lui expliquai comment Henry était mort. Il m'écouta jusqu'au bout.

— Voilà, la partie est égale maintenant, dit-il.

Il quitta la salle à grands pas, si rapidement que je compris qu'il ne voulait pas que je le suive.

Quelle partie était maintenant égale ? Et, si elle se jouait contre quelqu'un, contre qui ?

Je retournai lentement jusqu'à ma voiture, encore sous le charme que m'avaient jeté Daniel Griffin et John Brown.

18

Quand j'entrai dans la maison, Vinnie était occupée. Je m'installai dans le petit salon pour l'attendre. Shenandoah faisait la sieste sur le canapé. Elle s'éveilla ct se redressa, les yeux grands ouverts, pour m'observer avec beaucoup d'intérêt. Assise près d'elle, je tapotai mes genoux. Après mûre réflexion, elle accepta mon invitation et se pelotonna sur moi en ronronnant. Je la caressai en lui disant qu'Egan reviendrait bientôt et qu'elle n'avait pas à s'inquiéter. Le son de ma voix parut la rassurer. Elle se rendormit presque aussitôt. Je caressai son pelage soyeux jusqu'à ce que Vinnie vienne me rejoindre.

— Je suis contente que tu sois là, Lacey. J'imagine que tu ne resteras plus chez ton arrière-grand-mère maintenant que ta mère est rentrée à la maison.

À l'annonce de cette nouvelle, je fus abasourdie et un peu inquiète.

— Maman est ici ! Mais comment est-elle venue ? Et pourquoi ?

Vinnie resta vague en ce qui concernait le pourquoi. Elle paraissait nerveuse.

241

— Elle est venue de Charlottesville en voiture, toute seule. Elle était très fatiguée, alors je l'ai installée dans ta chambre. Plus tard dans la journée, je libérerai une chambre pour elle.

— On dirait que quelque chose ne va pas, tante Vinnie. Qu'est-ce que c'est?

— C'est trop horrible. Si imprévu. Henry Elliot est mort.

— Je sais, dis-je. C'est Ryan et moi qui avons découvert son cadavre. Mais vous, comment l'avez-vous appris?

Elle se laissa tomber sur un siège.

— C'est Ardra qui me l'a dit.

— Ardra?

— Elle est montée chez Lady Lacey ce matin pour chercher Egan, mais cette dernière n'a pas voulu le laisser partir avec elle. Tout le monde là-haut était au courant de la mort de Henry, mais je ne savais pas que c'était toi qui l'avais trouvé. Que lui est-il arrivé selon toi, Lacey?

Je lui expliquai qu'il était probablement ivre et qu'il était tombé dans un trou à Virginius Island.

— Qu'y faisait-il?

— Je pense que personne ne connaît la réponse à cette question pour l'instant. Les gardes du Service de sécurité du parc font enquête. Ils transmettront probablement leurs conclusions à la police locale. Laura Kelly aussi était à la recherche de Henry hier soir, mais elle ne l'a pas trouvé.

Vinnie se couvrit le visage des mains et se mit à pleurer doucement.

— Avais-tu de l'affection pour Henry? lui demandai-je toute surprise.

Je n'avais encore vu personne d'autre pleurer sur sa mort.

Elle prit un mouchoir de papier dans une poche et s'essuya les yeux.

— Je ne pleure pas sur Henry. Il a probablement mérité

tout ce qui lui est arrivé. Mais sa mort me fait revivre cette horrible période où ta mère est partie. Je pleure sur nous tous. Moi. La pauvre Ardra. Mon frère Daniel. Et ta mère, évidemment.

— Et pas sur Lady Lacey?

— Elle n'a jamais accepté la compassion de personne. Même pas au moment de la mort de sa fille et de la fuite de ta mère avec toi. Elle nous a toujours tenus à distance, nous qui étions restés ici.

Je ne voulais pas perturber Vinnie davantage. Je n'insistai donc pas, même si je sentais qu'elle me taisait des choses.

— Je vous reverrai plus tard, lui dis-je en la serrant brièvement dans mes bras avant de me diriger rapidement vers ma chambre.

J'ouvris délicatement la porte. Ma mère, les yeux ouverts, était allongée sur le lit et couverte d'un édredon. Elle fit mine de s'asseoir, mais je l'aidai doucement à reposer sa tête sur les oreillers.

— Repose-toi, je t'en prie. Je suis si contente de te voir! Mais tu n'aurais jamais dû faire ce long voyage toute seule. Comment Mme Brewster a-t-elle pu te laisser partir?

— Que voulais-tu qu'elle fasse? Comment aurait-elle pu m'en empêcher?

Je dus en convenir. Elle se redressa alors et s'appuya sur les oreillers pour me regarder bien en face. Il était évident qu'elle allait mieux. Son teint était moins pâle et ses yeux brillaient d'un éclat que je ne leur avais pas vu depuis longtemps. J'y percevais même un sentiment de triomphe pour avoir réussi à faire le voyage seule. Si la route l'avait un peu fatiguée, elle ne donnait certainement pas l'image d'une frêle invalide. Je me sentis rassurée.

— On dirait que tu t'amuses à l'avance de tes manigances, dis-je en m'asseyant sur le bord du lit.

Elle me regarda affectueusement.

— Tu as changé, ma chérie. J'espère bien que ce n'est pas à cause de Lacey Fenwick. Je regrette que tu la fréquentes.

— Pourtant tu as choisi mon prénom en son honneur.

— Il y a bien longtemps, je l'adorais. J'étais convaincue qu'elle était la plus merveilleuse grand-mère au monde. Quand tu es née, ton père et moi t'avons donné le prénom de Lacey en son honneur. Mes sentiments à son endroit ont très vite changé après la mort de ton père. Elle est devenue hargneuse envers toute la famille. Mais laissons tomber toute cette histoire.

J'aurais voulu en apprendre davantage et je lui posai plusieurs questions qu'elle écarta toutes.

— Tu pourrais au moins me dire pourquoi tu es ici, insistai-je.

Elle me répondit à contrecœur.

— Je suppose que ce n'est pas un secret. Vinnie m'a téléphoné et elle m'a demandé de venir pour te convaincre de rentrer à la maison. Par ailleurs, elle m'a appris à l'instant que Henry Elliot est mort. Raison de plus pour que tu t'éloignes d'ici.

— En quoi sa mort me concerne-t-elle, à part le fait que j'ai découvert son cadavre ?

Ma mère ferma les yeux.

— Vinnie pense qu'il ne s'agit pas d'un accident et elle ne veut pas que tu sois mêlée à cette affaire.

Je quittai le bord du lit et m'assis sur une chaise pour pouvoir la regarder droit dans les yeux.

— Vinnie sait-elle quelque chose ? Ça ne semble pas être le cas des gardes du parc.

— Elle n'a rien voulu me dire de plus, mais elle a l'air effrayée. De toute façon, nous repartirons pour Charlottesville demain matin au plus tard. J'aurai ainsi le temps de me reposer, et toi, celui d'aller chercher tes affaires chez Lady Lacey.

— Je ne veux pas partir tout de suite, lui répondis-je avec détermination. J'espère que tu accepteras de rester ici quelques jours, tant que je n'aurai pas éclairci certains mystères.

Elle parut s'alarmer.

— Quels mystères ?

— Je ne sais pas précisément. J'ai l'impression que seule Lady Lacey peut me dire ce qui est arrivé à mon père. Maintenant que je me suis introduite dans sa forteresse, je suis enfin en mesure d'obtenir des réponses que tu n'as jamais voulu me donner. J'ai découvert tant de choses depuis mon arrivée ici. Pour donner un sens à ma vie, il faut que je sache ce qui s'est vraiment passé. Je vois bien qu'il y a des failles dans l'histoire de ma famille. Tu ne peux probablement pas me dire de quoi il s'agit parce que tu ne le sais pas toi-même.

Elle ferma les yeux.

— Il y a peut-être des choses qu'il vaut mieux ne pas savoir.

J'avais déjà entendu cela et je n'en croyais toujours rien.

— Je ne suis pas d'accord. Il y a le mystère de la disparition de mon père et de ta fuite. Pourquoi t'es-tu enfuie ? Grand-père Daniel, lui, devait partir pour éviter d'être accusé de la disparition de Brad Elliot. Mais toi ?

Elle réagit en entendant le nom de son père.

— Ce qui me préoccupe le plus, c'est que mon père soit ici, à Harpers Ferry. Que veut-il ?

— Je ne sais pas précisément, mais je commence à avoir de l'affection pour lui, dis-je. Si j'ai parfois peur de lui, je le respecte pour l'énergie dont il fait preuve.

Elle hocha tristement la tête.

— Je sais. Il fut un temps où je l'aimais plus que ma mère. Quand j'ai été assez vieille pour apprécier celle-ci à sa juste valeur, elle était déjà morte. Grand-mère Lacey l'a toujours critiquée, mais je n'aurais pas dû l'écouter. Je suis peut-être responsable de la mort de ma mère plus que quiconque. Je n'ai jamais essayé de lui venir en aide.

— Je suis sûre que ton sentiment de culpabilité n'est pas justifié, dis-je. Après tout, elle a été assez forte pour affronter la situation au moment de la naissance de Caryl.

Après un long silence, elle me tendit une main que je pris dans la mienne.

— Fais ce que tu crois devoir faire, ma chérie, mais sois très prudente. Je vais rester ici quelques jours avec Vinnie.

— Merci.

Une autre question me tracassait encore.

— Pourquoi Vinnie et toi vous êtes-vous querellées avant ton départ?

— Ça n'a plus d'importance. Comme tu peux l'imaginer, je ressentais beaucoup d'amertume envers ma sœur. Mais Ardra était la préférée de Vinnie, et elle a pris sa défense. Devant moi!

— Si tu restes ici, tu vas revoir Ardra. Elle habite avec Vinnie maintenant.

Ma mère se laissa retomber sur les oreillers.

— Ardra? Ici?

— Oui. Et Caryl aussi, ma demi-sœur dont je ne connaissais même pas l'existence.

Malgré la souffrance que je lisais sur son visage, je n'étais pas prête à pardonner à ma mère de m'avoir caché tant de choses.

— J'ai toujours essayé de te protéger, me dit-elle faiblement.

— De quoi ? De qui ?

— Les gens ont été si méchants ! Ma mère était au courant de tout et elle est morte parce qu'elle n'était pas assez forte pour l'endurer.

— Ardra a l'air faible et désarmée. Je peux difficilement l'imaginer ayant une liaison avec mon père. Elle paraît beaucoup plus âgée que toi, malgré ta maladie. Je ne sais pas si elle sera assez forte pour t'affronter.

— Ne te fais pas d'illusions. Elle a toujours su comment s'y prendre pour paraître désarmée. J'ai grandi avec elle et je l'ai protégée bien souvent, ma petite sœur. Elle avait l'air écervelée, mais quand elle tenait vraiment à quelque chose elle avait une volonté de fer.

— Je n'aime pas beaucoup Ardra, mais j'ai de plus en plus d'affection pour Caryl. Et j'adore son petit garçon, Egan. Il est si intelligent et bon comme du bon pain.

— J'ai hâte de le connaître. Vinnie ne m'a jamais parlé de Caryl ni d'Egan dans ses lettres.

— Tu aurais pu t'en informer toi-même.

— Je suppose que j'aimais mieux ne pas savoir. J'ai voulu couper les ponts avec tous ceux qui étaient restés ici.

— Et tu as parfaitement réussi, dis-je sèchement.

Je fus aussitôt désolée en voyant ses yeux pleins de larmes. Je la serrai dans mes bras et l'embrassai.

— Peu importe. Je veux maintenant retrouver le passé. Pour pouvoir comprendre le présent. En quoi Henry était-il concerné par ce qui se passe maintenant ?

— Henry n'a jamais valu grand-chose, Lacey. Je suis désolée qu'il soit mort, mais il s'est toujours mêlé de ce qui ne le regardait pas. Il n'a jamais accepté que Brad m'ait épousée.

— Parce qu'il avait lui-même le béguin pour toi ? Laura Kelly m'en a parlé.

— Laura ? Elle est encore dans les parages ? C'était une jeune femme absolument adorable. Même mon père...

— Oui, elle me l'a dit.

— Elle ne se gêne pas !

On frappa à la porte. C'était Ryan. Mon cœur bondit dans ma poitrine comme toujours lorsque je me trouvais en sa présence.

— Vinnie m'a dit que votre mère était ici, dit-il.

J'étais loin d'être calme et en pleine possession de mes moyens, mais je l'invitai à entrer. Il se dirigea aussitôt vers le lit et tendit la main à ma mère.

— Je suis heureux de vous rencontrer, madame Elliot, dit-il en lui souriant. Je suis Ryan Pearce, un vieil ami de la famille, pourrait-on dire.

Elle se redressa en réponse à son sourire.

— Ah oui ! Vinnie m'a dit que Caryl et vous...

— Ne croyez pas tout ce que dit Vinnie, madame Elliot. Je crains qu'elle n'ait un esprit bien romanesque.

Il bavarda un peu avec ma mère, puis se tourna vers moi.

— J'ai quelque chose à vous montrer, Lacey. Voulez-vous monter avec moi à mon bureau ? Puis-je vous l'emprunter quelques instants, madame Elliot ?

— Bien sûr, dis-je.

Ma mère avait déjà acquiescé.

— Je vais me reposer, m'assura-t-elle. Tu reviendras me voir plus tard.

Dans le corridor, Ryan m'informa :

— J'ai parlé aux gardes du parc qui ont pris le cas en charge hier soir. La police locale poursuit actuellement l'enquête.

Son ton grave me fit appréhender ce qui allait suivre.

— Ce n'est pas sa chute qui a causé la mort de Henry : il a reçu un coup sur le front, et il était étendu sur le dos quand nous l'avons trouvé. Il semble donc qu'il ait été frappé violemment avec un objet contondant. On fera une autopsie pour déterminer la cause de la mort, mais la police considère déjà qu'il s'agit d'un meurtre.

Vinnie avait donc raison. Je me sentis toute secouée.

Ryan passa son bras autour de mes épaules.

— Ça va, Lacey ?

Je m'appuyai contre lui. J'étais déjà submergée par les événements, et l'arrivée de ma mère n'améliorait pas la situation.

Une fois dans son bureau, il approcha une seconde chaise de sa table de travail, et je m'assis près de lui. Le journal intime que Laura lui avait remis était ouvert, et je reconnus l'écriture oblique tracée sur la page avec une encre brune maintenant décolorée.

Il prit le cahier.

— J'y ai trouvé des choses étonnantes. J'aimerais que vous en preniez connaissance. Je n'ai pas compris tout de suite qui était l'auteur. Son nom est Sarah Lang.

— Lang ? dis-je en tentant de me rafraîchir la mémoire. L'un des déserteurs qui se sont introduits dans la maison des Fenwick ne s'appelait-il pas Orin Lang ? Sarah était-elle sa femme ?

— Pas sa femme.

— Sa fille, alors ?

— Comme Lady Lacey vous l'a sans doute dit, Ellen Fenwick a donné naissance à un bébé que Jud a refusé de garder après la mort de sa fille. On ne lui avait même pas donné de nom avant de la confier à une famille de Charles Town qu'on avait rétribuée pour la recueillir.

Après s'être remis de ses blessures et avoir appris la mort de ses amis, poursuivit Ryan, il semble qu'Orin ait eu des remords de conscience. Il découvrit où était le bébé et, avec sa femme, il décida de l'adopter et de lui donner son nom.

Il me tendit le cahier maintenant refermé. Je le pris et passai le doigt sur les violettes décolorées.

— Quelle merveilleuse histoire! Je suis heureuse que Sarah n'ait pas eu à souffrir des conséquences d'une tragédie dont elle n'était pas responsable. Ce journal intime nous apprend-il ce qui lui est arrivé? Si elle s'est mariée et a eu des enfants, il y a peut-être des descendants des Lang et des Fenwick quelque part.

— J'y ai pensé. Je n'ai pas eu le temps de lire tout le cahier attentivement, mais à la fin de son journal elle parle de quitter la Virginie. La vie était difficile après la guerre, et, à la mort de sa femme, Orin décida de partir vers le nord pour trouver du travail. Elle décrit de façon émouvante les bouleversements qui se sont alors produits dans leur vie.

— Si Orin et Sarah sont partis vers le nord, comment le cahier s'est-il retrouvé dans des archives personnelles à Charles Town?

— Qui sait? Mais je pense que vous devriez l'emporter. Peut-être y trouverez-vous quelque chose qui m'a échappé et qui nous donnerait des indications sur ce qui est arrivé à cette branche de la famille. Il y a un trou de près de cent ans depuis que Sarah a écrit dans ce cahier.

J'avais hâte de le lire.

— Je dois retourner bientôt chez Lady Lacey. Ma mère aurait voulu que je rentre avec elle à la maison, mais je l'ai convaincue de rester ici tant que je n'aurai pas appris tout ce que Lady Lacey peut me dire au sujet de mon père.

— Je suis heureux que vous restiez, mais je ne crois pas que vous pourriez partir de toute façon. À cause de la mort suspecte de Henry. La police locale va vouloir nous interroger de nouveau. Je ne serais pas étonné que la police de l'État soit également appelée à participer à l'enquête. Henry était mort depuis quelques heures quand nous l'avons trouvé, nous devrions donc être à l'abri de tout soupçon. Et, de toute façon, nous n'avions pas de mobile.

Je me levai, pas totalement rassurée.

— Je dois partir à présent, mais je vais revenir voir ma mère. Pourriez-vous vous en occuper entre-temps, Ryan ?

Il n'y avait pas de clair de lune à ce moment-là. Le charme était rompu. Mais son regard était quand même aussi tendre qu'une caresse. Il tendit le bras et m'effleura la joue d'un doigt caressant.

— Chère Lacey. Prenez garde à vous pendant que vous serez chez votre arrière-grand-mère. La mort de Henry n'est peut-être pas reliée au passé embrouillé de votre famille, mais tant que nous ne saurons pas ce qui s'est réellement passé, prenez garde. Je serai heureux de m'occuper de votre mère en votre absence. Ça nous permettra de faire plus ample connaissance.

Après l'avoir quitté, je passai voir maman pour lui dire que je partais, mais que je reviendrais la voir bientôt. Je savais qu'elle désapprouvait mon retour chez mon arrière-grand-mère, mais elle me laissa quand même partir sans protester.

Comme j'allais sortir de la maison, Vinnie m'arrêta.

— Peu importe ce qui se passe, dit-elle, je dois absolument te parler. Viens dans ma chambre.

Son ton traduisait une telle urgence que je la suivis sans

poser de questions. Toutes portes closes, nous nous assîmes devant l'âtre éteint.

— Je dois absolument parler à quelqu'un sinon je vais devenir folle ! Voici ce qui s'est réellement passé le soir de la mort de Brad. Henry m'avait téléphoné pour m'avertir que Brad voulait se débarrasser secrètement du bébé sans se préoccuper d'Ardra. Son idée fixe était de cacher à tout le monde ce qui était arrivé. Mais, dans un petit village comme le nôtre, chacun est au courant de tout. Son secret n'en était donc pas vraiment un, sauf peut-être à Virginius Island. Il aurait toutefois été inutile de lui dire cela, car c'était un homme diablement têtu. Brad prétendait avoir rendez-vous à Virginius Island avec quelqu'un qui emporterait le bébé, garderait son identité secrète et lui donnerait un foyer. Après l'appel téléphonique de Henry, j'ai découvert que Brad avait dû s'introduire dans la maison et partir avec Caryl. Le bébé n'était nulle part.

Complètement effarée, elle s'interrompit.

— Vous êtes donc vraiment allée à Virginius Island ce soir-là ?

— Oui. J'ai traversé le pont, mais je n'ai fait que quelques pas. Un orage se préparait, et l'île avait un aspect terrifiant. À la lumière de ma lampe de poche, j'ai aperçu le cadavre devant moi juste avant de trébucher dessus. C'était Brad, et il était bien mort. Je ne trouvai pas trace du bébé, même après avoir cherché tout autour. Je rentrai à la maison, avec l'intention de téléphoner au quartier général de la police. Mais, à mon arrivée, Caryl était profondément endormie dans son berceau, et le lit d'Ardra était vide. Cela m'effraya plus que tout ce que j'avais vu sur l'île, et je ne téléphonai à personne. Ardra n'était pas dans la maison. J'avais bien peur que, malgré son état de grande faiblesse, elle ait suivi Brad sur l'île et ramené Caryl à la maison. Qui d'autre aurait pu le faire ? Et si elle y était allée et avait tué Brad ? Ce n'est qu'environ une heure plus tard que je me rendis dans le jardin de fines herbes. Je ne sais pas depuis combien de temps elle était là, assise sous la pluie. Je la ramenai dans la maison, lui fis enfiler une chemise de nuit sèche et chaude, et la mis au lit avec des bouillottes.

— Vous a-t-elle raconté ce qui s'était passé ?

— Elle n'était pas en état de raconter quoi que ce soit. Elle n'arrêtait pas de dire que Brad ne l'avait jamais aimée et qu'elle voulait mourir. Malade, elle a déliré durant plusieurs jours avant d'en réchapper. J'ai pris soin du bébé. J'ai toujours aimé Caryl, dès le début, tu sais. Quand Ardra se fut remise, elle n'avait plus aucun souvenir de ce qui était arrivé ce soir-là. Je ne voulais pas qu'elle soit inculpée, ce qui aurait été le cas si j'avais raconté les événements à quiconque.

Et voilà ! Je savais maintenant. Quelqu'un avait vu le cadavre de mon père. C'était la fin du faible espoir que j'avais toujours entretenu de pouvoir le rencontrer.

Je me souciai d'abord de Vinnie. Après avoir menti et gardé ces funestes secrets pendant des années, elle s'était enfin confiée à quelqu'un et, toutes écluses ouvertes, elle avait fondu en larmes.

Je m'agenouillai près d'elle et la serrai dans mes bras. Malgré toutes les bêtises qu'elle avait pu faire, mon affection pour elle ne se démentait pas.

— Je suis heureuse d'avoir appris ce que vous m'avez confié, mais je dois vous poser une autre question. Qu'est devenu le cadavre de mon père ?

Elle hocha tristement la tête.

— Je n'en sais rien. On a simplement rapporté sa disparition, puis on a trouvé sa veste et on a d'abord cru qu'il s'était noyé dans la rivière, jusqu'à ce que la police découvre le trou laissé par la balle. Moi, je savais bien qu'il ne s'était pas noyé, mais je ne pouvais rien dire. Ardra a un caractère bien trempé, et même les gens les plus doux sont capables de violence quand la colère qu'ils ont retenue fait surface. Elle semble avoir occulté tout souvenir de ce soir-là, à tel point qu'elle ne se rappelle vraiment pas ce qui est arrivé. Mais ça pourrait aussi être ta mère qui l'a tué, Lacey, ajouta-t-elle les yeux pleins de larmes. Moralement et physiquement, Amelia était beaucoup plus forte qu'Ardra. Et elle s'est enfuie.

Choquée par cette supposition, je réprimandai Vinnie.

— C'est ainsi que vous avez laissé le blâme retomber sur votre frère pour protéger Ardra?

Elle se cacha le visage dans les mains.

— J'ai toujours considéré Ardra comme ma fille et j'adorais le bébé. Je savais que Daniel était capable de s'en tirer tout seul.

Je trouvais son attitude inacceptable, mais j'aimais Vinnie et j'avais pitié d'elle. Toutefois, je ne pouvais rien faire pour l'aider à échapper à son passé. Je l'embrassai sur la joue et pressai mon visage contre le sien. Quand je la quittai, elle pleurait encore.

Je pris ma voiture et, pendant le trajet menant chez Lady Lacey, j'essayai d'écarter toutes les questions sans réponses qui me hantaient. Je devais aussi m'occuper du présent, et tout particulièrement de Ryan. Même si je ne le connaissais pas encore beaucoup, il m'arrivait quelque chose d'entièrement nouveau. Peut-être était-ce le cas pour lui aussi. Je ressentais encore la caresse de ses doigts sur ma joue.

Quand j'arrivai chez Lady Lacey, je n'avais rien résolu. Je glissai dans mon sac à main le journal intime qui était sur la banquette. Il me paraissait préférable de le lire moi-même avant de le montrer à Lady Lacey.

Pour une fois, personne ne m'attendait quand j'ouvris la

porte. J'entrai dans le corridor et m'arrêtai, l'oreille aux aguets. Pas de petit garçon jouant sur le tambour de Royal Fenwick. Pas d'appareil de radio ou de télévision ouvert. Pas la moindre voix. Le silence était inquiétant.

En passant devant la porte du salon avant, j'y jetai un coup d'œil, mais la pièce était vide. Le petit salon arrière aussi. Le tambour était posé par terre, avec ses baguettes. Mais où étaient-ils tous passés?

— Est-ce toi, Lacey?

Je fus rassurée d'entendre la voix de mon arrière-grand-mère. Après ce qui s'était passé la veille au soir, j'avais encore les nerfs à fleur de peau.

La voix venait d'une ancienne bibliothèque transformée en chambre à coucher au rez-de-chaussée pour Lady Lacey. Je me dirigeai vers la porte et regardai la chambre bien aménagée, avec un coin boudoir.

Assise les mains croisées sur les genoux, Lady Lacey avait les yeux fixés sur les braises rouges et noires d'un feu qui se consumait dans une énorme cheminée. Elle portait une robe longue en laine rouge vin et elle était impeccablement coiffée. Seul son visage semblait défait, comme si quelque chose était en train de se désagréger en elle.

— Tu as été partie longtemps, Lacey, dit-elle sur un ton de plainte plus que de reproche. Je suis heureuse que tu sois de retour. Je craignais que tu ne sois repartie avec ta mère.

Je la regardai, absolument sidérée.

— Comment savez-vous que ma mère est ici? Est-ce que Vinnie vous a appelée?

— Amelia est venue me voir hier après-midi. Pendant ton absence.

— Mais c'est impossible! Je lui ai parlé au téléphone hier au début de l'après-midi. D'après Vinnie, maman est arrivée de Charlottesville ce matin et s'est rendue directement chez elle.

— C'est probablement ce que ta mère a voulu laisser croire. Le trajet depuis Charlottesville ne prend que deux heures, après tout. Elle est arrivée à Harpers Ferry en fin d'après-midi et elle a couché à Hilltop House la nuit dernière. Je lui ai offert de l'héberger, mais elle a refusé, je ne sais pas pourquoi.

Je me laissai tomber dans une chaise en face de Lady Lacey.

— Je ne comprends pas. Je viens tout juste de la voir, et elle ne m'a pas parlé de sa visite chez vous ni de son arrivée hier.

— Amelia a toujours été sournoise, dit Lady Lacey avec un sourire pas du tout amusé. Elle tient peut-être cela de moi. C'est bien ce que tu penses, que je suis sournoise, n'est-ce pas, petite Lacey?

— Je ne sais plus ce que je dois penser de qui ou de quoi que ce soit.

Cela, du moins, était vrai. J'étais certaine que ma mère devait avoir une bonne raison pour agir comme elle l'avait fait et je supposais qu'elle m'en ferait bientôt part.

— Pourquoi est-elle d'abord venue ici pour vous voir?

— Ce n'est pas moi qu'elle voulait voir, mais toi. Tu l'avais apparemment informée que tu passerais quelques jours avec moi. Elle voulait te ramener tout de suite à Charlottes-ville. Quand je lui ai dit que tu étais sortie, elle m'a dit qu'elle reviendrait. Mais je ne l'ai pas revue depuis.

Lady Lacey parlait avec un détachement inexplicable quand on songeait qu'elle décrivait ses retrouvailles avec sa petite-fille.

— Qu'avez-vous ressenti en la revoyant? demandai-je.

— Que veux-tu que je ressente en revoyant quelqu'un qui est parti sans même un mot d'adieu?

— Je sais que c'est vous qui donniez à Vinnie l'argent qu'elle nous a envoyé pendant toutes ces années. Vous ne l'auriez pas fait si vous n'aviez pas eu d'affection pour ma mère.

Lady Lacey avait gardé les yeux fixés sur les braises pendant toute cette conversation, mais elle releva alors la tête et me regarda bien en face.

— Cet argent t'était destiné à toi, tant que tu serais à la charge de ta mère. J'ai toujours su que tu reviendrais un jour à Harpers Ferry.

L'éclat du triomphe brillait au fond de ses yeux. Pour la première fois, elle me faisait pitié. Elle avait vécu, régné même, toute seule du haut de sa colline, coupée de ses amis et de sa famille. À inventer pour l'avenir un scénario qui ne se réaliserait jamais.

— Maintenant que tu es de retour, poursuivit-elle, nous allons parler projets.

Je lui répondis aussi fermement que je pus.

— Je veux bien parler, mais pas de ce que vous appelez des projets.

— De quoi d'autre veux-tu parler?

Je lui posai enfin la question qui me brûlait les lèvres depuis si longtemps.

— Je suis sûre que vous en connaissez plus long que quiconque sur ce qui est arrivé à mon père. Voudriez-vous m'en parler?

Elle baissa les yeux pour me montrer qu'elle était sur ses gardes.

— Pourquoi en saurais-je plus que d'autres?

— Je suis convaincue que vous vous êtes toujours fait un

devoir de savoir tout ce qui se passe à Harpers Ferry. Et vous n'étiez probablement pas aussi isolée à l'époque.

— Tu as peut-être raison, mais je n'ai rien à te dire au sujet de la disparition de ton père.

— Pourquoi ? Il est impossible que vous ne sachiez rien, rétorquai-je.

— Ne m'interroge pas, moi. Interroge plutôt Laura Kelly.

— Qu'est-ce que Laura a à voir avec toute cette affaire ?

— Elle connaissait Henry, n'est-ce pas ?

Elle se fit soudain vieille et misérable.

— Vois-tu ma canne quelque part, Lacey ? J'égare tout, ces derniers temps.

Je vis bien qu'elle cherchait une façon d'éviter de me répondre. Je regardai quand même autour de moi et vis une canne appuyée contre le bras du canapé à l'autre bout de la pièce. J'allai la chercher et constatai que ce n'était pas son élégante canne habituelle.

— Où est votre magnifique griffon ? lui demandai-je en lui tendant la canne.

— Il semble que j'aie perdu ma canne préférée. Savais-tu que c'est Daniel qui a sculpté cette tête de griffon pour moi il y a bien longtemps ? Il avait un talent tout spécial pour faire de merveilleuses sculptures en bois.

Elle se releva en s'aidant de sa canne.

— Viens dans la salle à manger, Lacey. Je l'utilise comme bureau ce matin et je veux te montrer ce que j'ai fait.

Je la suivis le long du corridor où se trouvait le portrait de Jud Fenwick avec son air hostile et je vis, non sans appréhension, les papiers qu'elle avait étalés sur la table de la salle à manger. Elle semblait ne tenir aucun compte de mon refus de parler « projets ».

— Assieds-toi, Lacey. Je veux que tu prennes connaissance de cette nouvelle version de mon testament. Je n'ai consulté personne d'autre à ce sujet jusqu'à présent parce que je voulais d'abord te le montrer.

Je m'assis, mais je ne touchai pas aux papiers.

— Si vous vous entêtez à vouloir me léguer cette maison, je refuserai de l'accepter, lui dis-je.

— Mais non, tu vas évidemment l'accepter. Je suis certaine que ta mère va te conseiller de le faire. Ça te fera un merveilleux endroit où habiter après ma mort. Bien sûr, je te léguerai aussi l'argent nécessaire pour l'entretenir. Et je suis certaine qu'Anne-Marie acceptera de rester gouvernante tant qu'elle en sera capable.

Je n'avais jamais rencontré personne qui ait la tête aussi dure que mon arrière-grand-mère. J'étais consternée à la seule pensée de vivre de longues années dans ce mausolée, sous le regard inquisiteur d'Anne-Marie.

— Et si je me mariais et voulais avoir ma propre maison ?

— Mon mari s'est installé de bon cœur dans cette maison et il y a vécu heureux.

— Lady Lacey, dis-je ne pouvant encore me résoudre à l'appeler arrière-grand-mère, vous arrive-t-il d'écouter ce que les gens vous disent ?

Elle me regarda droit dans les yeux, mais elle ne paraissait pas mécontente.

— Le moins possible. Je sais ce que je veux et je m'arrange généralement pour l'obtenir. Ça m'avancerait à quoi d'écouter les bêtises que tu profères ?

Je n'avais plus qu'à faire mes bagages et à quitter cette maison. Je la laissai assise à sa place et me dirigeai vers la porte.

— Je ne prendrai pas connaissance de ces papiers. Je m'en

moque. Dès que j'aurai fait mes bagages, je retournerai chez tante Vinnie. Ma mère m'y attend.

Lady Lacey parut se ratatiner un peu. Même sa voix était plus faible quand elle reprit la parole.

— Je pourrais peut-être te dire quelque chose de plus au sujet de ton père.

Elle essayait évidemment de m'acheter et je n'avais pas l'intention de me laisser manipuler. J'irais voir ailleurs et je n'attendrais plus rien de Lacey Fenwick Enright.

À cet instant même, Egan enfila le corridor en courant et vint nous rejoindre.

— Regarde ce que j'ai trouvé pour toi ! cria-t-il en brandissant la canne ornée de la tête de griffon en direction de Lady Lacey.

Elle la lui prit calmement des mains.

— Merci, Egan. Dis-moi où tu l'as trouvée.

Il sourit d'un air angélique.

— C'est Shenandoah qui l'a trouvée.

— Pourrais-tu m'expliquer comment cela s'est passé ? lui demanda-t-elle.

Pour une fois, Egan évita son regard et tourna vers moi des yeux implorants.

— Qu'as-tu manigancé, Egan ? demanda Lady Lacey d'une voix sévère.

— J'ai pensé que ça ne ferait rien à personne si j'allais chez tante Vinnie pour voir Shenandoah.

— Ça me fait quelque chose, à moi. Tu n'es pas censé quitter cette maison sans nous prévenir, Anne-Marie ou moi.

— Je regrette, grand-maman, mais Shenandoah avait besoin de moi. Je le sentais, alors j'ai dû y aller. En arrivant chez tante Vinnie, je suis allé dans le jardin de fines herbes. Shenandoah m'attendait pour me montrer quelque chose. Elle a gratté la terre près des plants d'estragon, et j'ai vu tout à coup la tête de ta canne. Alors je l'ai ramassée. Elle n'était pas enterrée ou rien, elle était juste là. J'ai joué un peu avec Shenna, puis je suis vite revenu te rapporter ta canne.

Lady Lacey examinait la canne. Elle me la tendit.

— Tu as de jeunes yeux, Lacey, dis-moi ce que tu vois.

Je lui pris la canne des mains et vis que le bec était abîmé par une profonde fissure qui se poursuivait tout le long de la tête de griffon. Une tache sombre et poisseuse débordait de la fissure. Quelque chose qui ressemblait à du sang coagulé. Ma main se mit à trembler.

— Elle est fissurée et il y a du sang dessus, dis-je. Quand l'avez-vous perdue, Lady Lacey ?

Ses rides s'étaient accentuées.

— J'ai de la difficulté à m'en souvenir. Il m'arrive de très bien me passer de ma canne pendant un certain temps. Je pense que je l'ai cherchée hier. Mais comment a-t-elle bien pu se retrouver dans le jardin de fines herbes de Vinnie ?

— Shenandoah ne savait pas que la canne était à toi, expliqua Egan.

Elle lui sourit.

— Merci de me l'avoir rapportée, mon chéri. Va jouer maintenant. Je veux parler à Lacey.

Quand il fut parti, elle m'interrogea sans détour.

— Penses-tu que ma canne a tué Henry ?

— C'est possible. Vous devriez la remettre à la police. Ils pourront vérifier s'il y a des empreintes digitales, si Egan ne les a pas effacées.

— Je le ferai, mais pas tout de suite. Je dois d'abord réfléchir à tout cela. Une seule personne était chez moi hier après-midi et chez Vinnie ce matin, et c'est ta mère.

— Je refuse d'écouter de telles inepties. Comment pouvez-vous parler ainsi de votre propre petite-fille ?

Elle tenait fermement la canne et examinait attentivement la sculpture.

— Voilà quelque chose dont je ne veux pas discuter.

— Ma mère n'a rien à voir avec la disparition de votre canne ou avec l'état dans lequel elle est maintenant, dis-je fermement en espérant qu'elle ne remarquerait pas que je frissonnais.

— Comme tu voudras, Lacey. Je suis désolée que tu partes, mais je vais garder Egan ici avec moi pendant quelques jours.

Comme autre héritier présomptif ? me demandai-je. Mais la décision relevait de la mère d'Egan.

Elle était assise, les mains croisées sur la canne, dissimulant la fissure, les yeux dans le vague. Je la quittai et montai à ma chambre.

19

De retour dans ma chambre, j'aurais bien voulu m'asseoir pour prendre connaissance du journal intime de Sarah et découvrir ce qui avait frappé Ryan, mais j'étais trop troublée pour rester en place. Je décidai plutôt de me rendre immédiatement chez Laura, puisque Lady Lacey m'avait dit de m'adresser à elle.

Je fis mes bagages en un clin d'œil. En descendant l'escalier, ma valise à la main, j'entendis Egan jouer sur le tambour de Royal. Je m'arrêtai pour lui dire que je retournais chez Vinnie parce que ma mère était là et que j'étais certaine qu'il reviendrait bientôt à la maison. Il parut se résigner à cette modification de nos projets, mais il avait l'air grave.

Je me dirigeai vers la porte. Lady Lacey était absente. Au moment où j'allais sortir, Anne-Marie apparut dans le corridor, l'air aussi sombre et hostile que le portrait de Jud Fenwick.

— Comment osez-vous partir ainsi ? me demanda-t-elle brusquement. Lady Lacey est perturbée. J'ai peur qu'elle en soit malade.

— Ça m'étonnerait. Elle a la peau dure !

Je compris que l'air hostile arboré par Anne-Marie lui servait de moyen de défense quand je la vis devenir toute triste. Elle était, encore une fois, presque au bord des larmes. Je n'en revenais pas de constater combien elle était sensible.

— Je suis désolée, dis-je. Lady Lacey m'a bouleversée moi aussi. J'imaginais que vous seriez contente de savoir que je me refuse absolument d'entendre parler de la rédaction de son nouveau testament.

— Tout ce que je veux, c'est qu'elle soit heureuse, dit Anne-Marie en inspirant profondément pour essayer de se calmer. Elle m'a promis de ne pas me renvoyer. Elle m'a dit qu'elle n'était pas dans son assiette ce jour-là et qu'elle regrettait ses paroles.

Lady Lacey avait probablement réagi ainsi parce qu'elle savait très bien qu'elle ne pouvait pas se passer d'Anne-Marie. J'espérais que cette dernière serait récompensée pour son dévouement. Mais j'étais persuadée que mon arrière-grand-mère serait bien capable de ne rien lui léguer. J'aurais été curieuse de savoir si elles avaient eu de nombreux accrochages au fil des ans.

Au moment où j'allais sortir, Lady Lacey s'avança dans le corridor en frappant le sol avec sa canne abîmée. Elle avait apparemment retrouvé son aplomb.

— Tu allais partir sans me faire tes adieux ? demanda-t-elle.

Je la rassurai calmement.

— Il ne s'agit pas vraiment d'adieux. Je suis certaine de vous revoir très bientôt.

Elle me congédia du regard et s'adressa à sa gouvernante.

— Viens dans la salle à manger pour m'aider, s'il te plaît. J'ai de nouveaux projets pour mon testament. J'ai décidé de laisser tout ce que j'ai à Anne-Marie, ajouta-t-elle d'un ton cinglant en se retournant vers moi.

Elle me tourna le dos et se dirigea majestueusement vers la salle à manger.

Anne-Marie la suivit des yeux, stupéfaite et incrédule. J'en avais assez de ce mélodrame et je m'empressai de descendre les marches jusqu'à ma voiture. Pour une fois, il semblait que ma grand-mère allait se comporter de façon équitable et généreuse. Anne-Marie se sentirait en sécurité et ne serait plus à la merci du moindre caprice de Lady Lacey.

Quelqu'un m'attendait dans ma voiture que je n'avais pas fermée à clef. Mais j'étais trop préoccupée pour m'en être rendu compte avant d'être assise à la place du conducteur.

— J'ai pensé que tu voudrais bien me déposer, dit Daniel Griffin avec un sourire un peu suffisant.

— Bien sûr, répondis-je en m'efforçant de ne pas avoir l'air surprise. Où allez-vous?

— Chez Laura Kelly. Elle vient de me téléphoner pour me dire qu'elle voulait me parler de Henry.

— C'est parfait, dis-je. Je veux justement voir Laura moi aussi. Nous irons ensemble.

Il acquiesça sans un mot et resta silencieux durant tout le trajet, les yeux rivés sur le pare-brise.

La maison de Laura était à moins de dix minutes de route. En arrivant devant la magnifique bâtisse blanche et grise, j'avais un peu retrouvé mon aplomb. La fenêtre du premier étage d'où Henry Elliot m'avait toisée lors de ma visite précédente était vide cette fois-ci. Je me sentis de nouveau toute bouleversée à la pensée de ce qui lui était arrivé. L'idée que la canne de Lady Lacey avait peut-être été l'arme du crime était effrayante.

Laura nous accueillit aussi chaleureusement que d'habitude. En ce début d'après-midi chaud et ensoleillé, elle nous conduisit vers la véranda qui occupait un angle de la maison et qui donnait sur les champs où des armées avaient jadis bivouaqué. Daniel et moi nous assîmes sur des chaises en osier. Laura s'appuya contre la balustrade blanche. À travers les arbres en bourgeons qui occupaient le terrain jusqu'au bord de la falaise, j'apercevais au loin les toits de Harpers Ferry. D'où j'étais assise, on ne voyait que le Potomac. L'air était calme, la vue apaisante. Je commençai à me détendre.

Laura entra directement dans le vif du sujet.

— J'ai beaucoup repensé à la dernière journée que Henry a passée ici, Daniel, même si je n'en ai pas parlé depuis. Il m'a dit qu'il savait ce qui était arrivé à son frère, qu'il savait comment Brad était mort. La chose se serait passée à Virginius Island. J'ai essayé de le faire parler davantage, mais il a refusé. Je me suis demandé si le cadavre de Brad ne serait pas enterré là-bas.

J'en eus le souffle coupé. Laura me jeta un regard compatissant avant de poursuivre.

— Je me suis demandé si ce n'était pas le cadavre de votre père que Henry cherchait sur l'île, Lacey. Il parlait de façon décousue et il divaguait. Il a refusé d'en dire plus et est monté précipitamment au premier étage. C'était juste avant votre arrivée hier après-midi et je ne l'ai évidemment plus revu.

— Il était ivre, trancha Daniel.

— Pas plus que d'habitude, Dan. Juste assez pour risquer de s'attirer des ennuis en répandant des rumeurs dans le village.

— Après si longtemps ! Pourquoi ? demanda Daniel.

Laura tourna son regard vers lui.

— À cause de ta présence ici, peut-être. Il a dû être bourrelé de remords pendant toutes ces années.

— Penses-tu que Henry aurait pu tuer son frère ? demanda Daniel. Ils ne s'aimaient pas beaucoup. Ils se disputaient souvent.

— Ils ne se ressemblaient pas du tout. Henry était jaloux de Brad, mais je pense qu'il n'aurait jamais eu assez de cran pour tuer qui que ce soit.

Daniel eut un regard amusé.

— Henry a pourtant déjà eu le cran de te faire la cour.

— Et à d'autres femmes aussi, dit sèchement Laura. Y compris Ardra. Il ressemblait à Brad à cet égard. Et il voulait toujours avoir les mêmes femmes que Brad.

— Lady Lacey m'a suggéré tout à l'heure de vous demander à vous ce qui était arrivé à mon père. Pourquoi ? demandai-je.

Laura hocha la tête.

— Je vous ai déjà dit tout ce que je sais. Ce n'était sans doute qu'un moyen de vous mystifier.

Daniel reprit le sujet de Henry.

— Je me suis parfois demandé s'il ne lui arrivait pas de faire semblant d'être ivre. Il n'avait peut-être que des soupçons sur ce qui était arrivé à Brad et il a essayé de débusquer son assassin.

— Si tu as raison, il pourrait bien avoir réussi.

Daniel tourna son regard vers les toits de Harpers Ferry et poursuivit comme s'il réfléchissait tout haut :

— À moins que j'adopte la même tactique. C'est-à-dire répandre la rumeur que je sais qui a tué Henry.

— Cette idée ne me plaît pas du tout, répliqua fermement Laura. Maintenant que tu es revenu chez toi...

— Chez moi ! Je ne suis chez moi nulle part. Je suis venu ici pour découvrir la vérité et pour tirer au clair les mensonges qui ont été proférés à mon endroit. Tous ces faux témoignages ont ruiné ma vie.

— Quels témoignages ? demandai-je. Je sais que les gens croient toujours ce qu'ils veulent bien croire, mais y avait-il quelque chose d'autre ?

— Des racontars ! Seulement des racontars vides et malveillants. Je suis parti en butte aux soupçons, mais je n'avais pas le choix si je ne voulais pas être appréhendé.

Laura s'éloigna de la balustrade et s'assit sur une chaise près de Daniel.

— J'ai autre chose à te dire. Je n'en ai jamais parlé à personne parce que je croyais que c'était inutile. Mais ça pourrait t'intéresser maintenant.

— Je t'écoute, dit Daniel soudain sur le qui-vive.

— Cela remonte à la naissance de Caryl. Brad est venu me voir environ une semaine plus tard. Il voulait se débarrasser du bébé. Il m'a demandé de le garder secrètement jusqu'à ce qu'il trouve une famille prête à l'adopter. J'ai évidemment refusé. Brad avait l'idée fixe de garder secret ce qui était arrivé. Il ne pouvait absolument pas supporter la honte d'avoir séduit la sœur de sa femme et de lui avoir fait un enfant. C'était évidemment utopique. Le lendemain même du jour où il était venu me voir, il a disparu. Je ne l'ai jamais revu. J'ai la forte impression qu'il s'est passé quelque chose à Virginius Island. Et voilà maintenant que Henry a été tué sur l'île. Mais le bébé n'a jamais été abandonné, et Caryl a grandi au sein d'une famille aimante.

Je ne racontai pas ce que Vinnie m'avait révélé. Je leur parlai plutôt de la canne de Lady Lacey et de la façon dont elle avait été retrouvée dans le jardin de Vinnie.

— Il est improbable que ce soit Vinnie qui l'y ait mise, mais peut-être quelqu'un veut-il l'impliquer.

Je pris bien soin de ne pas leur faire part de l'outrageante supposition de Lady Lacey concernant ma mère.

— La fin approche, dit Daniel. L'histoire commence à se répéter.

Laura entra à l'intérieur de la maison pour répondre au téléphone qui sonnait. Je m'adressai à Daniel.

— Ce serait un grand risque de faire ce que vous avez évoqué et de dire aux gens que vous connaissez l'assassin de Henry.

— Je ne tiens pas tant que ça à rester en vie et, de plus, je ne suis pas comme Henry. Je vais rester sur mes gardes et je ne me soûlerai pas.

— Soyez prudent, je vous en prie. Egan a besoin de vous, dis-je. Et moi aussi.

Il me fit son plus large sourire.

— Merci, ma chère petite-fille.

— C'était Ryan, dit Laura en revenant. Il vous cherche partout, Lacey. Voulez-vous aller prendre l'appel à l'intérieur ?

Ryan se mit à parler dès que je pris le combiné.

— Vous feriez mieux de revenir tout de suite chez Vinnie, Lacey. On dirait que votre mère est en train de manigancer quelque chose. Je pense que votre présence s'impose.

Sans poser la moindre question, je lui dis que j'arrivais tout de suite. J'expliquai à Laura et à Daniel que Ryan voulait me voir et je me hâtai vers ma voiture.

En arrivant chez Vinnie, je fus soulagée de voir Ryan qui m'attendait sous le porche.

— Je voulais vous mettre tout de suite au courant de la situation, dit-il. Votre mère est surexcitée. Elle veut poser un geste auquel Vinnie s'oppose. Elle veut parler à sa sœur.

— Ça ne me semble pas déraisonnable. Pourquoi ne

pourrait-elle pas parler à Ardra ? Après toutes ces années, certainement...

Ryan me prit la main pour me calmer.

— Quelqu'un qui a refoulé sa haine et sa rancœur pendant des années, comme votre mère l'a fait, se retrouve avec toutes ces émotions négatives sur le cœur. C'est pourquoi Vinnie essaie d'empêcher votre mère d'affronter sa sœur. Vinnie pense qu'Ardra ne devrait pas être contrainte de subir une confrontation avec Amelia pour des erreurs de jeunesse.

Je comprenais pourquoi Vinnie essayait de protéger Ardra. Elle croyait savoir ce qu'Ardra avait fait. Si ma mère provoquait sa sœur, qui pouvait prévoir ce qui arriverait ? Mais je devais continuer de me taire. Pour l'instant.

— Et Caryl ? demandai-je. Ne peut-elle être d'aucune aide ?

— Elle est seule à la boutique et elle ne peut se libérer pour l'instant. Vinnie et moi espérions que vous accepteriez de parler à votre mère pour éviter que la situation ne devienne incontrôlable.

— Je ne suis pas certaine que ma mère soit prête à écouter ce que je pourrais lui dire. Je me rends compte de plus en plus que je la connais vraiment très mal. Mais je veux bien essayer.

— Et vous, Lacey ? Ça va ?

— J'ai peur. Je me sens comme si j'étais constamment épiée.

— Je comprends ce que vous voulez dire.

Il me prit dans ses bras et me fit poser la tête sur son épaule. Son étreinte me rendit confiance pendant un instant. Je me dégageai à regret pour aller voir ma mère, mais pas avant d'avoir embrassé Ryan légèrement sur la bouche.

Il m'accompagna le long du corridor et me quitta à la porte de ma chambre. Je cognai et entrai. Debout devant la porte-fenêtre, ma mère regardait le jardin ensoleillé. La raideur de ses épaules trahissait la tension qu'elle ressentait.

— Viens t'asseoir, lui dis-je en l'entraînant vers le fauteuil confortable.

La pierre de quartz rose dans les mains, elle la triturait rageusement. Si le quartz rose avait un pouvoir apaisant, elle ne lui laissait aucune chance de produire son effet !

J'allai chercher la chaise près du secrétaire et m'assis en face d'elle, les genoux contre les siens. Puis je pris une de ses mains dans les miennes.

— Ryan m'a dit que tu veux t'expliquer avec ta sœur. Pourquoi ?

Elle se recula et recommença à triturer la petite pierre rose, probablement sans même s'en rendre compte.

— Écoute-moi, Lacey ! Tu n'as aucune idée de ce que j'ai enduré avant notre départ de Harpers Ferry. Pendant la liaison entre ton père et ma sœur, j'ai refoulé mes émotions. J'étais alors amoureuse de Brad et je croyais que son aventure avec ma séduisante petite sœur écervelée ne serait qu'un jeu. Je souhaitais qu'il me revienne malgré tout. J'étais jalouse de l'affection que Vinnie avait pour Ardra, mais je comprends maintenant qu'Ardra avait besoin d'elle pour compenser le peu d'affection que notre mère nous manifestait.

Elle se tut un instant, puis immobilisa ses mains et respira profondément. Elle ne réussit pas à retrouver son calme et eut un sursaut de colère.

— Je veux maintenant que tout sorte au grand jour ! Il est grand temps pour moi d'affronter Ardra et de faire en sorte qu'elle prenne vraiment conscience des torts qu'elle a causés. Elle n'y a jamais été confrontée. Pas même à la naissance de Caryl.

J'essayai de détourner son attention.

— Parle-moi de toi et d'Ida. Quand les gens évoquent ma grand-mère, c'est toujours avec des sous-entendus. Et mon grand-père ? Aimait-il Ida ?

— Elle était sa femme et elle lui était dévouée. Elle savait qu'il avait été amoureux de Laura avant de l'épouser. C'était un homme agité, passionné et prompt à la colère. Il espérait sans doute trouver l'apaisement auprès de ma mère.

— Il s'est peut-être enfin calmé, dis-je sans en être trop assurée. J'ai de l'affection pour lui. Je suis contente d'être ici et de commencer à apprendre et à comprendre tout ce qui concerne notre passé. À présent que nous parlons enfin ensemble de tout cela, peux-tu me dire ce qui s'est passé avant ton départ de Harpers Ferry ?

Elle aurait préféré continuer à s'abandonner à sa colère, mais elle comprit sans doute qu'elle me devait maintenant la vérité.

— L'intérêt d'Ardra pour Brad n'a pas duré. J'avais toujours cru qu'il en irait ainsi, mais je ne m'étais pas rendu compte à quel point elle avait commencé à le haïr. Ma mère était évidemment sous la coupe de mon père et n'était d'aucune aide. Lui jouait le rôle du père outragé. Il m'est arrivé de penser que c'était vraiment lui qui avait tué Brad. Quel horrible gâchis ! J'étais incapable alors de dire à Ardra ce que j'avais sur le cœur. C'était ma petite sœur. Je me sentais en partie responsable de ce qui était arrivé et qui, pensais-je, aurait pu être évité si seulement j'avais été une meilleure épouse ou une compagne plus excitante. De nos jours, les thérapeutes et les psychologues écrivent des livres pour aider les femmes à transformer leur sentiment de culpabilité en une saine colère. Mais il n'y avait rien de tel à l'époque. Je me suis retrouvée toute seule avec ma honte et mes doutes.

Délicatement, comme si elle y attachait une grande importance, ma mère déposa le quartz rose sur la table et croisa les mains plus calmement. J'attendis qu'elle poursuive.

— J'ai donc réprimé mon envie de dire à Ardra ce que je pensais de son comportement, ajouta-t-elle après une pause. Je n'ai jamais essayé de faire face à Brad, non plus. Puis, tout à coup, il fut trop tard : il était mort.

— Vinnie m'a dit que tu étais partie après la naissance de Caryl.

— C'est juste. Tout s'est passé si vite. J'aimais toujours ton père, j'imagine, et je devais penser à toi. Je ne savais pas quoi faire. Mon père était outragé, et, pour une fois dans sa vie, Vinnie elle-même était secouée. Mon père voulait voir Brad puni, mais le seul désir de Vinnie était de protéger sa jeune nièce rebelle. Vinnie pense que c'est Ardra qui a tué Brad. Elle ne me l'a pas dit, mais je le sais.

— Et toi, qu'en penses-tu ?

Elle ne me répondit pas directement.

— Les gens disaient que mon père avait tué Brad. Puis il a disparu lui aussi. Moins d'une semaine plus tard, ma mère s'est suicidée. Après cela, je ne voulais rien d'autre que de me retrouver le plus loin possible en t'emmenant avec moi. Tout le monde s'était si mal comporté, y compris ma grand-mère. Je n'avais plus la force de rien affronter de plus. Alors je t'ai emmenée à Charlottesville et j'ai tout fait pour effacer le passé. Dans un sens, je ne l'ai jamais regretté. À l'époque, je me sentais également responsable de la mort de ma mère et j'en éprouvais un profond sentiment de désespoir. Mais je sais maintenant que c'est Ardra la responsable de tous ces malheurs.

Elle avait les yeux un peu fous et la bouche grimaçante. Cette fois, je lui pris les deux mains et les retins fermement.

— Arrête ! Ça ne sert à rien de décharger maintenant toute

la colère refoulée depuis des années sur la pauvre Ardra. Elle n'est sans doute pas aussi coupable que tu l'imagines.

Je n'étais pas convaincue moi-même de ce que je disais, mais je voulais tenir ma mère loin d'Ardra jusqu'à ce qu'elle ait retrouvé son calme et soit redevenue la femme raisonnable que je connaissais.

Cela se produisit plus rapidement que je n'aurais cru. À moins d'avoir eu une telle habitude de porter un masque qu'elle pouvait le remettre à volonté. Elle retira doucement ses mains et commença à parler des deux jours précédents.

— Je ne t'ai pas tout dit, Lacey. Je ne suis pas arrivée à Harpers Ferry ce matin. Après ton téléphone hier, j'ai fait mes bagages et j'ai pris la voiture jusqu'ici. J'ai passé la nuit dernière à Hilltop House.

— Lady Lacey me l'a dit. Elle m'a dit que tu étais allée la voir hier après-midi. Mais pourquoi ?

— Je savais que tu étais installée chez elle, et c'est toi que je venais chercher. Mais je voulais surtout trouver Henry. Il fallait que je le voie avant toute chose. J'avais pensé qu'il serait peut-être là.

— Henry ! Mais pourquoi voulais-tu le voir ?

Je me sentais de nouveau inquiète. Elle mit une veste sur ses épaules.

— Après ton départ pour Harpers Ferry, j'ai téléphoné à Vinnie et je lui ai demandé de me mettre au courant de ce qui se passait. Je ne lui ai pas dit que tu étais en route. Elle m'a appris, entre autres, que Henry était ici et qu'il avait un comportement étrange qui ne semblait pas entièrement dû à l'alcool. J'avais toujours soupçonné que Henry en savait plus qu'il ne voulait bien le dire sur la disparition de Brad. Alors j'ai décidé de l'affronter lui aussi et de le faire parler.

— L'as-tu vu hier ?

— Non. Grand-mère m'a dit qu'il habitait chez Laura, mais quand j'y suis allée il était apparemment sorti. Laura n'était pas chez elle non plus.

— Lady Lacey ne m'a pas mentionné que tu cherchais Henry quand je lui ai parlé plus tôt aujourd'hui.

— Je lui avais demandé de ne pas en parler. Je voulais terminer ce que j'avais à faire avant qu'on sache que j'étais ici. Mais je n'ai pas réussi à trouver Henry.

— Et il est mort à présent. Le savais-tu ?

— Vinnie me l'a dit ce matin. Et c'est alors que j'ai recommencé à avoir peur. Lacey, je veux que tu reviennes à Charlottesville avec moi dès maintenant. Nous ne devons pas rester ici un instant de plus ni l'une ni l'autre.

— Je ne veux pas partir, dis-je.

Elle m'observa attentivement.

— C'est à cause de ce jeune homme, Ryan, n'est-ce pas ?

Je n'étais pas encore disposée à lui faire des confidences.

— C'est Ryan et moi qui avons trouvé le cadavre de Henry. Comme on soupçonne maintenant qu'il s'agit d'un meurtre, je dois rester à la disposition de la police pour interrogatoire. Mais si tu préfères partir...

— Je vais rester jusqu'à ce que nous puissions partir ensemble.

Elle sursauta en entendant frapper à la porte, mais ce n'était que Vinnie.

— Ça va, Amelia ? demanda cette dernière en entrant dans la chambre.

— Je ne pourrai pas dire que ça va tant que je n'aurai pas parlé à Ardra. Ça ne sera pas agréable, mais il faut que je le fasse.

Elle n'avait donc pas changé d'idée, malgré tout.

Vinnie protesta.

— Qu'est-ce que ça donnerait? Elle a certainement déjà bien assez souffert à cause de tout ce qui est arrivé. Caryl est maintenant pour elle une consolation et elle a refait sa vie. Je ne veux pas que tu la tourmentes. Ardra a une santé fragile et elle n'aurait pas la force de résister à la tempête que tu pourrais déchaîner. J'ai donc demandé à Caryl de fermer la boutique pour quelques jours et de partir avec sa mère.

— Non! Je dois la voir.

— Je ne crois pas qu'Ardra souhaite te voir, Amelia. Je vais demander à Jasmine de vous apporter un plateau pour que Lacey et toi puissiez déjeuner ici.

Avant que ma mère n'ait répondu, on entendit un petit coup à la porte. J'allai ouvrir: c'était Ardra. Blême, elle entra dans la pièce d'un pas incertain pour faire face à sa sœur.

— Amelia... Je suis désolée que tu aies été si malade.

Ma mère ne bougea pas de son fauteuil. Les yeux fixés sur le visage d'Ardra, elle resta muette. En la regardant, je voyais sa colère s'évanouir. Dans ses souvenirs pleins de rancœur, elle n'avait jamais dû imaginer que sa sœur, jadis si séduisante, si aguichante, avait maintenant cette apparence.

Toute tremblante, Ardra se laissa tomber sur le bord du lit, incapable de soutenir le regard de sa sœur. C'est d'une voix chevrotante qu'elle reprit la parole.

— Tu ne pourrais rien me dire que je ne me sois déjà dit, Amelia. Je n'ai pas d'excuses. J'étais jeune, égoïste et sans cervelle.

Ma mère acquiesça gravement.

— Tu étais tout cela. Tu pensais que Brad était prévenant, bon et compréhensif. Et, évidemment, que je ne le comprenais pas. Je m'en souviens. Il aimait les femmes et il aimait surtout être aimé des femmes. Mais il lui fallait toujours une nouvelle flamme pour raviver son ardeur et pour se rassurer sur son charme et son mérite.

Les yeux d'Ardra se voilèrent. Elle semblait pratiquement prête à serrer Amelia dans ses bras. Mais pour ma mère, il n'en était pas question.

— Je croyais avoir beaucoup de colère à décharger sur toi quand je te reverrais, Ardra. Mais à présent je n'ai que de la pitié pour toi. À présent, nos sentiments pour Brad se sont transformés en amertume et en regrets, n'est-ce pas?

Ardra se cacha le visage dans les mains et ne répondit pas.

Vinnie était restée à l'écart, l'air inquiet. Elle s'approcha d'Ardra.

— Viens, ma chérie. Il est presque l'heure du déjeuner.

Elles sortirent ensemble, et je pris ma mère dans mes bras.

— Je suis fière de toi. Tu as dû lui en vouloir terriblement toutes ces années, la détester même. Mais tu t'es très bien contrôlée à l'instant.

— Je n'ai rien contrôlé du tout. Je n'ai rien fait dont tu puisses être fière. J'ai bien vu qu'il serait trop facile de la démolir. Elle s'est déjà suffisamment punie elle-même et elle ne peut plus faire grand mal.

Comme je connaissais peu ma mère! Les enfants se fient généralement aux apparences quand il s'agit de leurs parents. Je n'avais eu aucune idée de la vie de souffrances qu'elle m'avait cachée. J'avais toujours senti entre nous une barrière infranchissable, mais il m'apparaissait maintenant possible que nous devenions de véritables amies.

Elle continuait de penser à Ardra et elle réfléchissait tout haut.

— Quand j'étais jeune, j'étais jalouse de voir Vinnie toujours prendre le parti de ma sœur et la protéger. Elle agissait comme si Ardra était sa fille. Depuis mon arrivée, j'ai constaté que rien n'a changé. J'imagine que Vinnie a besoin de sentir que quelqu'un dépend d'elle. C'est une chose que je ne lui ai jamais accordée.

Ryan apporta notre repas sur un plateau et déjeuna avec nous. J'aurais voulu lui raconter tout de suite ce qui venait de se passer, mais ça devrait attendre. Nous bavardâmes avec ma mère en mangeant, puis la laissâmes se reposer.

Un trait de caractère que j'appréciais chez Ryan, c'était son enthousiasme. La plupart du temps, c'était un homme tranquille, mais il pouvait s'enflammer au moment d'agir. C'était le cas, maintenant.

— J'ai essayé de retrouver tous ceux qui ont connu Henry Elliot, dit-il une fois dans le corridor, et j'ai découvert une piste intéressante. J'ai peut-être même trouvé quelque chose de crucial. Voulez-vous venir avec moi, Lacey?

Sa fougue me toucha. De toute façon, avec lui, j'étais prête à aller n'importe où, n'importe quand.

20

Charles Town est une autre vieille ville de la Virginie-Occidentale, située un peu à l'ouest de Harpers Ferry. Elle est célèbre depuis longtemps pour son hippodrome et ses belles maisons anciennes dont la construction remonte souvent au siècle dernier. C'est là aussi que John Brown a subi son procès et qu'il a été exécuté.

Ryan nous conduisit jusqu'à un immeuble contemporain, un grand édifice d'un seul étage revêtu d'aluminium et percé de grandes fenêtres. Propriété du Service des parcs nationaux, il abritait le Service de conservation dont le mandat spécifique était de restaurer les antiquités exposées sur le site des parcs dans tout le pays.

Henry y avait travaillé comme concierge pendant de nombreuses années. L'immeuble comptait de vastes laboratoires où on réalisait les différentes étapes du processus de restauration. De précieux artefacts y arrivaient de partout pour y être traités. Le Service informait également le public sur la façon de présenter une exposition de trésors historiques et sur la lutte contre la vermine. Le tambour de Royal Fenwick y serait réparé pour Lady Lacey qui était une de leurs bienfaitrices. Il se retrouverait ensuite dans un musée à Shepherdstown.

Les hommes et les femmes qui y travaillaient consacraient leur vie à la restauration et à la conservation de ces objets exceptionnels. Ryan semblait être un visiteur assidu. Il venait recueillir, à l'arrivée d'antiquités locales, les bribes d'information qui pouvaient l'intéresser.

Pendant le trajet vers Charles Town, il m'avait dit que l'un des directeurs du laboratoire, Stan Wallace, avait toujours manifesté de l'attachement pour Henry Elliot qui le considérait comme un ami. En apprenant la mort de Henry, Stan avait appelé Laura. À la suite de cette conversation, Laura avait à son tour appelé Ryan et lui avait suggéré un entretien avec Stan. Ses propos avaient suscité la curiosité de Ryan.

L'immeuble avait une superficie de plus de deux mille mètres carrés. Nous suivîmes un long corridor jusqu'au laboratoire où Stan travaillait. C'était une vaste pièce blanche, très bien éclairée, mais sans lumière éblouissante, comme il convenait aux tâches délicates qu'on y exécutait. Les murs étaient couverts d'étagères et de placards conçus avec ingéniosité, avec des affiches encadrées disposées çà et là. Il y avait des antiquités en cours de traitement sur plusieurs longues tables.

Stan était un grand homme aux cheveux foncés et d'allure affable. Il était évident qu'il avait eu de l'affection pour Henry et qu'il avait prêté l'oreille à ses épanchements occasionnels. Mais Henry n'était pas très loquace, nous dit Stan.

— J'ai l'impression qu'il était bourrelé de remords depuis des années. C'est peut-être pour cela qu'il buvait tant.

Stan nous invita à nous asseoir près d'une table sur laquelle se trouvaient deux énormes pattes d'éléphant en piètre état. D'après Stan, il s'agissait de trophées de chasse provenant de la maison de Theodore Roosevelt sur Long Island.

Henry était obsédé par le désir de récupérer un objet à Virginius Island, une chose enterrée là depuis longtemps, poursuivit Stan. Henry lui avait parlé d'un crime qui, d'après lui, y avait été commis, mais sans jamais lui préciser de quoi il s'agissait.

— J'avais l'impression qu'il fabulait et je n'insistais pas pour obtenir plus de détails, dit Stan. Je pensais qu'il me l'aurait dit de lui-même s'il avait vraiment voulu que je sois au courant.

Il écarta une des pattes creuses et s'assit sur le coin de la table tout en continuant de nous parler.

— Henry m'a dit qu'il avait l'intention d'aller fouiller un peu sur l'île pour trouver quelque chose qu'il voulait montrer à la police. Comme il ne faisait pas un secret de ses projets, quelqu'un l'a peut-être entendu et l'a suivi. Ce matin, j'ai dit tout ce que je savais aux gardes du parc. Ils vont faire des fouilles près de l'endroit où le cadavre de Henry a été trouvé. Ils ne découvriront probablement rien de bien intéressant, puisque je n'ai même pas pu leur préciser ce qu'il devait chercher.

Ryan lui expliqua que Henry était mon oncle, le frère de Brad Elliot.

— Croyez-vous que Henry était à la recherche du cadavre de mon père ? demandai-je.

Stan parut abasourdi.

— Comme je vous l'ai déjà dit, il ne m'a jamais confié la nature de ce qu'il recherchait. Mais avec tous les travaux réalisés sur l'île au cours des dernières années, quelque chose d'aussi gros qu'un cadavre ne serait probablement pas passé inaperçu.

J'étais de plus en plus mal à l'aise en l'écoutant. J'avais peine à croire que nous étions assis, là, à parler calmement d'un cadavre enterré. Même si je n'avais pas vraiment de sympathie pour mon père, ce qui venait d'arriver à Henry avait rendu proche et très réelle à mes yeux l'idée de la mort.

— Henry cherchait probablement quelque chose d'autre, dit Ryan, un objet plus petit dont il savait qu'il était enterré quelque part sur l'île.

Tout cela ne nous avançait pas à grand-chose, mais nous convînmes que c'était peut-être le mobile de l'assassinat de Henry. Nous remerciâmes Stan qui nous raccompagna. Il s'arrêta près d'un mannequin revêtu d'un manteau d'homme datant d'un autre siècle. En fine laine bleu foncé, il était garni d'une courte cape sur les épaules.

— Voilà qui pourrait vous intéresser, mademoiselle Elliot, dit Stan. C'est un don de Lady Lacey Enright à un musée local. Nous réparons les traces d'usure et reprisons quelques trous de mites. Ce manteau a appartenu à Royal Fenwick, un membre de votre famille, si je ne m'abuse.

Comme à plusieurs reprises depuis mon arrivée à Harpers Ferry, je me sentais des affinités avec des gens qui avaient vécu au siècle dernier. J'effleurai le manteau du bout des doigts avant que nous passions à d'autres objets en réparation : un ravissant miroir de style géorgien dont on restaurait le vernis, une paire d'élégantes pantoufles qui avaient été portées par George Washington, une magnifique reproduction d'un paysage de la Blue Ridge Montain tissée à la main et que restaurait une jeune femme tout absorbée dans son travail.

De retour à la voiture, je vis bien que Ryan était déçu. En route vers Harpers Ferry, il m'expliqua pourquoi.

— J'espérais davantage. Henry avait évidemment quelque chose derrière la tête, mais il n'a pas donné assez d'information à Stan. Je sens qu'il y a une piste qui nous échappe, mais je ne sais pas laquelle. Quels sont vos projets maintenant, Lacey ?

— Je veux absolument lire au plus tôt le journal intime que vous m'avez remis.

Ryan avait une course à faire dans la ville basse et il me déposa chez Vinnie. Je me rendis directement dans ma chambre où je trouvai une note. Comme une chambre s'était libérée, Vinnie y avait installé Amelia. La note se terminait ainsi : « Elle est très fatiguée, laisse-la se reposer un peu. »

Heureuse de me retrouver enfin seule, je m'assis près d'une fenêtre bien éclairée et je manipulai quelques instants le petit cahier orné de violettes et de trèfles à quatre feuilles avant de commencer à le lire. Longtemps auparavant, Sarah Lang avait tenu ainsi ce cahier et elle y avait transcrit ses émotions et ses pensées. Je me faisais difficilement à l'idée qu'il s'agissait de la fille d'Ellen Fenwick.

Sarah avait apparemment mené une vie heureuse avec Orin Lang et sa femme. En lisant ce qu'elle avait écrit, je ne pouvais pas savoir si on lui avait jamais raconté le supplice enduré par sa vraie mère ou la part jouée dans cette tragédie par son père d'adoption. Il était évident qu'elle adorait ses parents adoptifs.

Je parcourus rapidement l'histoire de ses jeunes années. À l'âge de douze ans, elle était allée vivre avec Orin dans une ville de Pennsylvanie où il avait ouvert une petite épicerie. Sarah s'était fait de nouveaux amis, courait les fêtes et avait un ou deux cavaliers. Jeune fille brillante et heureuse, elle semblait apprécier la vie qu'elle menait et prendre plaisir à en décrire les événements quotidiens. Malgré sa réussite en affaires, Orin s'ennuyait du comté de Jefferson. À la fin de son journal, Sarah écrivait que son père prévoyait retourner vivre à Charles Town, alors qu'elle allait se marier et s'installer dans le Nord avec son mari, à Winnipeg au Canada. Elle se promettait d'y entreprendre la rédaction d'un nouveau journal qui relaterait sa vie de femme mariée en tant que Mme Philip St. Pol. Elle laissait le cahier précédent à son père. Il y avait peut-être des passages du journal dont elle ne voulait pas que son mari prît connaissance.

En terminant ma lecture, j'étais un peu triste d'abandonner Sarah sans savoir ce qu'elle était devenue. Je trouvais le cahier bien léger dans mes mains pour contenir tant d'heures d'une jeune vie. Toujours assise, je songeais à Sarah quand deux choses me frappèrent tout à coup : Winnipeg au Canada et le nom St. Pol. Anne-Marie St. Pol ne venait-elle pas de Winnipeg ? Je me rappelais l'avoir entendu dire. Pouvait-il y avoir un rapport quelconque ? Ayant appris l'histoire des liens de sa famille avec les Fenwick, Anne-Marie serait-elle venue délibérément à Harpers Ferry pour retrouver Lady Lacey et rétablir ses attaches personnelles avec le passé ? Je me le demandais. Elle était encore bien jeune à son arrivée ici, trente-cinq ans auparavant.

Mais si Lady Lacey était au courant, pourquoi ne m'en avait-elle jamais parlé ?

Il fallait absolument que je la voie au plus tôt. Après avoir prévenu Vinnie de mon départ, je me rendis aussitôt chez mon arrière-grand-mère.

La porte n'était pas verrouillée. Je frappai et, comme personne ne répondait, j'entrai. Dans le grand salon, mon arrière-grand-mère était assise sur le canapé, une photographie encadrée à la main. En raison de la façon dont nous nous étions quittées le matin, j'avais peur qu'elle ne veuille pas me voir et je restai sur le pas de la porte.

— Pourrais-je vous parler un instant ? lui demandai-je.

Sans dire un mot, elle me tendit la photographie. Je la pris, mais je ne reconnus pas la femme qu'on y voyait assise, le dos bien droit, les yeux fixés sur la lentille de l'appareil photo.

— C'est ta grand-mère, dit Lady Lacey. Ma fille, Ida Enright Griffin. Je me disais que nous l'avions tous laissé tomber à l'époque. Si j'avais été plus sensible à ses malheurs, elle serait peut-être encore en vie.

Pour la première fois, je compris que Lacey Enright était une femme absolument seule. Elle ne s'était jamais liée intimement avec personne. Il était évident que Vinnie, Ardra et Caryl n'avaient pas de vrais rapports avec elle. La générosité et la compassion n'avaient probablement jamais fait partie de son caractère. Peut-être avait-elle commencé, ces dernières années, à comprendre tout ce qu'elle avait perdu. C'était sans doute pour cela qu'elle essayait, à force de cajoleries, d'amener Egan à l'aimer et même de me soudoyer pour me garder près d'elle.

— Assieds-toi, me dit-elle en reprenant la photographie.

Pour une fois, elle ne portait pas une de ses longues robes colorées, mais un pantalon brun et un chandail à col roulé crème qui dissimulait les plis de son cou.

— J'ai travaillé dans le jardin cet après-midi. Avec le printemps qui s'installe, j'ai beaucoup de retard à rattraper.

Elle avait l'air absent, comme si elle était vidée de toute énergie.

Je m'assis près d'elle sur le canapé et lui tendis le cahier.

— Voici un journal intime tenu par Sarah Lang, la fille d'Ellen Fenwick. On vient de le retrouver dans des archives privées qui ont été léguées à Laura Kelly. Elle l'a montré à Ryan qui me l'a remis.

Lady Lacey me prit le cahier des mains.

— Tiens, tiens ! Je ne le connaissais pas, celui-là.

— À la fin, Sarah parle de s'installer à Winnipeg au Canada avec son nouveau mari, Philip St. Pol.

— Tu as fait le lien, n'est-ce pas ? Ça ne m'étonne pas.

— J'ai compris dès que j'ai lu ce que Sarah avait écrit. Saviez-vous qu'elle avait été adoptée par Orin Lang, l'un des agresseurs d'Ellen ?

Lady Lacey considéra calmement le cahier.

— Je le savais. Mais je ne savais pas que ce journal existait encore. Sarah était l'arrière-grand-mère de la mère d'Anne-Marie. À la mort de sa mère, Anne-Marie a trouvé le journal tenu par Sarah pendant sa vie à Winnipeg et elle est venue à Harpers Ferry pour voir s'il y restait des membres de sa famille. À sa première visite chez moi, il y a bien des années, elle m'a apporté un des cahiers pour me le montrer. Elle n'avait plus de famille. J'ai eu pitié d'elle et je me suis mise à éprouver de la curiosité pour toutes ces histoires du passé. Dans le journal que j'ai lu, Sarah relatait l'histoire du viol et de la mort de sa mère, telle que son père, bourrelé de remords, la lui avait confiée sur son lit de mort. Qu'est-ce que ça te fait de savoir que tu es du même sang qu'Anne-Marie ?

J'étais intriguée et intéressée. Je comprenais mieux maintenant pourquoi Anne-Marie était obsédée par la chambre d'Ellen et pourquoi elle était si possessive envers Lady Lacey. Je comprenais même ce qui m'avait d'abord paru de la jalousie envers ma famille et moi.

— C'est justice que de léguer cette maison à Anne-Marie comme vous avez l'intention de le faire, dis-je. Personne, mieux qu'elle, ne pourra l'apprécier à sa juste valeur.

— Oh, ça ! dit négligemment Lady Lacey. J'ai rédigé un nouveau testament par rancune contre toi, mais Anne-Marie sait bien que je vais le changer de nouveau. Sarah était une bâtarde et la fille d'un criminel. Cette maison historique ne reviendra jamais à un de ses descendants !

Je trouvai ses paroles choquantes et je commençai à ressentir de la sympathie pour Anne-Marie. Mais avant que je puisse ajouter quoi que ce soit, Lady Lacey tourna son regard vers la porte qui donnait sur le corridor.

— Entre, Anne-Marie. Tu nous écoutais, n'est-ce pas ? Lacey m'a apporté quelque chose qui pourrait t'intéresser.

Anne-Marie entra hardiment dans la pièce et s'empara du cahier que Lady Lacey lui tendait. Elle avait bien tout entendu, et je sentais la colère monter en elle.

Comme Lady Lacey, elle portait un pantalon et elle avait passé un blouson bleu marine. Sans ses vêtements noirs habituels, elle paraissait plus forte, d'une certaine façon, et plus inquiétante que jamais. Anne-Marie était maligne, et, pendant un court instant, j'eus un peu peur pour Lady Lacey. Une colère refoulée depuis tant d'années pouvait être dangereuse.

Elle prit la parole d'une voix haut perchée. Elle ne prêtait attention qu'à Lady Lacey.

— Je vous ai servie fidèlement et loyalement pendant trente-cinq ans. Je vous ai écoutée quand je n'aurais pas dû. Même si nous étions amoureux l'un de l'autre, je n'ai pas épousé Henry Elliot parce que vous affirmiez que ce serait une erreur.

Je n'en croyais pas mes oreilles ! Anne-Marie et Henry, ça me semblait incroyable.

Indignée, Lady Lacey frappa le sol de sa canne.

— Tu devrais m'en être reconnaissante. Regarde ce qu'il est devenu.

La colère d'Anne-Marie se transformait en rage. Je crus un instant qu'elle allait frapper Lady Lacey et je voulus faire un geste pour l'en empêcher. Mais elle se retourna violemment, quitta la pièce et sortit de la maison comme un ouragan. J'essayai de la rejoindre, mais je la vis monter dans la voiture de Lady Lacey.

Mon arrière-grand-mère m'avait suivie. L'expression de son visage manifestait clairement qu'elle se rendait compte qu'elle était allée trop loin.

— Il faut la rejoindre ! s'écria Lady Lacey. Quoi qu'elle veuille faire, nous devons l'en empêcher. Elle pourrait se faire du mal.

Mon arrière-grand-mère éprouvait peut-être un peu d'affection pour Anne-Marie, après tout. Ou peut-être voulait-elle simplement éviter que sa vie soit perturbée.

Lady Lacey à mon bras, j'allai à ma voiture. Avant de démarrer, je me retournai vers la maison et j'aperçus Egan qui nous observait, appuyé contre la balustrade de la galerie.

— Va dire à grand-papa Daniel que nous avons besoin de lui ! m'écriai-je.

Mais il continua à nous observer gravement pendant que je mettais la voiture en marche pour me lancer à la poursuite d'Anne-Marie.

21

Je gardai une distance respectable avec l'autre voiture, espérant qu'Anne-Marie ne nous remarquerait pas. Elle se rendit à la ville basse et emprunta Shenandoah Street jusqu'à Virginius Island.

Abandonnant ma voiture, nous la suivîmes à pied. Elle fit quelques pas jusqu'aux anciennes fondations d'une usine, jusqu'à cette dépression dans le sol où Ryan et moi avions trouvé Henry. Je compris que nous allions bientôt savoir pourquoi Henry s'était rendu ici et un frisson, qui n'avait rien à voir avec la fraîcheur de l'air ou la nuit tombante, me parcourut.

Anne-Marie semblait chercher quelque chose par terre. Au bout d'un instant, elle sortit un déplantoir de la poche de son blouson, s'agenouilla près d'un pan des vieilles fondations, et se mit à gratter les briques couvertes de vase à la base du mur.

Lady Lacey et moi étions accroupies derrière un épais fourré. Mon arrière-grand-mère agrippa mon bras si fort que je grimaçai. Après avoir gratté assez longtemps, Anne-Marie réussit à dégager une brique et passa la main dans l'ouverture ainsi produite. Quand elle se redressa, elle tenait à la main ce

289

qui me parut être un sac à main en cuir très délabré. Le prenant avec précaution, elle secoua la terre qui y était accrochée. Elle introduisit ensuite sa main dans le sac et en sortit un pistolet ancien.

Lady Lacey poussa un cri et sortit du fourré. Je la suivis. Anne-Marie nous jeta un regard étonné et furieux.

— D'où sortez-vous ?

Lady Lacey s'exprima avec toute la dignité dont elle aurait fait preuve sur son propre terrain.

— Ce pistolet a appartenu à Royal Fenwick. Il y a trente ans qu'il a disparu.

— Vous n'auriez pas dû me suivre.

Elle n'était plus en colère, mais semblait froide et implacable. Elle s'adressa directement à Lady Lacey.

— Vous venez de commettre la dernière erreur de votre vie.

Je passai un bras autour de l'épaule de mon arrière-grand-mère pour la protéger et j'essayai de m'adresser à Anne-Marie aussi calmement que possible.

— Vous étiez hors de vous en quittant la maison tout à l'heure. Lady Lacey s'inquiétait pour vous.

— Savez-vous comment ce pistolet se trouve ici ? continua Anne-Marie comme si je n'avais rien dit. C'est celui que j'ai utilisé pour tuer Brad Elliot. Henry a enterré l'arme ici pour qu'on ne la retrouve pas. Je voulais qu'il la jette dans le canal, mais Henry était un petit malin. Il a pris mon sac à main pour protéger le pistolet. J'ai l'impression qu'il s'est dit que j'y avais probablement laissé des empreintes et qu'il pourrait le produire au besoin pour sauver sa propre peau. C'était sans doute ce qu'il avait l'intention de faire hier. Mais je l'ai suivi jusqu'ici.

— Tu as tué et Brad et Henry ? demanda doucement Lady Lacey.

Un peu faible, elle s'affaissa dans mes bras.

— Il s'apprêtait à faire des révélations ! J'ai dû l'en empêcher. Je l'ai tué avec votre canne, Lady Lacey, juste retour des choses en somme. Puis j'ai eu l'idée d'intriguer tout le monde en la déposant dans le jardin de fines herbes de Vinnie. Je m'amusais à les imaginer, tous, essayant de résoudre l'énigme ! Mais c'est Egan qui l'a trouvée le premier.

Le pire, dans ce qui se passait, c'était justement qu'Anne-Marie s'amusait visiblement. C'était effrayant. J'étais incapable de prévoir le prochain geste dément qu'elle poserait. Il valait donc mieux continuer à la faire parler.

— Comment mon père est-il mort ? lui demandai-je sans que ma voix tremble, Dieu merci.

Elle semblait de plus en plus éprouver un malin plaisir à nous faire ses révélations.

— La nuit de sa mort, Brad avait emmené le bébé d'Ardra sur l'île. Il avait dit à Henry qu'il devait rencontrer quelqu'un qui s'en chargerait et l'adopterait. Il ne pensait à rien d'autre qu'à empêcher la révélation de son horrible secret. Henry et moi étions amoureux à l'époque. Il valait beaucoup mieux que son frère. Henry se rendait bien compte que ce que Brad voulait faire était odieux. Nous sommes venus ici pour l'en empêcher. Ils ont eu une violente altercation. Brad avait complètement perdu la tête. Il aurait probablement tué Henry, qui était loin d'être aussi fort que lui, si je n'étais pas intervenue. J'avais apporté ce vieux pistolet datant de la guerre de Sécession. C'était la seule arme à laquelle j'avais pu penser. Je savais que Lady Lacey en était fière et qu'elle le gardait toujours en état de bon fonctionnement. Après avoir jeté Henry par terre, Brad s'empara d'une lourde branche en guise de matraque pour l'achever. Alors, j'ai tiré sur lui, ajouta-t-elle en brandissant furieusement vers nous l'arme ancienne. Ça a été si facile. Je ne sais pas comment j'ai fait, j'ai tiré un seul coup, et il était mort. Après que Henry eut repris son souffle, nous avons traversé l'île en traînant le cadavre de Brad que nous avons fait rouler dans la rivière. La Shenandoah était en furie cette nuit-là. Le corps disparut aussitôt. Le fort courant lui a sans doute arraché sa veste qui a reparu quelques jours plus tard sur un rocher en aval. C'est tout ce qu'on a retrouvé de lui.

Henry a dit qu'il fallait ramener le bébé à la maison, pour-suivit-elle encore. Mais en l'entendant parler, j'ai compris que tout était fini entre nous. Pour lui sauver la vie, j'avais tué son frère. Avec son esprit tordu, il ne pourrait jamais me le par-donner. Ce n'est donc pas seulement vous, Lady Lacey, qui m'avez empêchée d'épouser Henry.

Je connaissais enfin le fin mot de l'histoire et j'étais main-tenant plus inquiète que jamais des réactions d'Anne-Marie.

— Rentrons à la maison, dis-je à Lady Lacey.

Anne-Marie ne parut pas m'entendre, et Lady Lacey ne bougea pas.

— Henry a enterré le pistolet juste ici. Je me suis dit qu'il serait en sécurité caché derrière une brique dans le mur. C'était peut-être mieux que de le lancer dans le canal, qui aurait pu être dragué. J'allai chercher le bébé sous l'arcade de pierre où Brad l'avait déposé. Nous l'avons ramené chez Vinnie et nous l'avons laissé sur le seuil de la porte arrière où Ardra a dû le trouver pour le remettre ensuite dans son berceau.

— Et qu'est-il arrivé de la personne qui devait soi-disant rencontrer Brad sur l'île? demandai-je calmement.

— Qui sait si cette personne existait? Qui sait ce que Brad prévoyait faire? Je crois qu'il avait un peu perdu la tête ce soir-là. De toute façon, tout cela est resté mort pendant trente ans. On a rejeté la responsabilité sur Daniel, ce qui me convenait parfaitement. Jusqu'à ce que Henry se mette à parler de rouvrir le dossier et de dire la vérité pour que Daniel ne soit plus soupçonné. Henry ne parlera plus à présent, et j'ai en ma possession le pistolet qui aurait pu m'incriminer. J'ai aussi un gros compte à régler avec vous, Lady Lacey.

Lady Lacey se redressa et se dégagea de mon étreinte.

— Je t'ai recueillie. Je t'ai donné un foyer pendant toutes ces années.

— Et vous m'avez traitée comme une servante ! J'ai moi aussi du sang Fenwick dans les veines. Je suis désolée de vous mêler à tout cela, Lacey, mais je n'ai plus le choix à présent.

Elle tenait toujours le vieux pistolet. Son geste était si imprévisible que je ne pus éviter le coup quand elle me l'asséna. La crosse du pistolet me frappa à la tête, et je tombai, à moitié assommée. J'avais l'impression d'être dans le brouillard, je sentais une douleur lancinante à la tête et du sang coulait sur ma joue. J'eus vaguement conscience qu'Anne-Marie avait saisi Lady Lacey par le bras et l'entraînait vers l'autre côté de l'île, en direction de la rivière. Je vis également la lune se lever et éclairer le ciel, mais j'étais incapable de bouger ou d'appeler à l'aide.

En entendant des pas résonner sur le pont, j'essayai de me relever. Ryan et Daniel Griffin arrivaient en courant. Ryan se dirigea vers moi, et Daniel vers l'endroit où Anne-Marie avait traîné Lady Lacey au centre de l'île. Ryan s'agenouilla près de moi. Je ne souhaitais rien de plus que de me sentir en sécurité dans ses bras et de percevoir tout son amour et toute son affection pour moi.

Je me rendis compte que Daniel avait rattrapé Anne-Marie et qu'il la ramenait près de nous avec Lady Lacey. Cette dernière semblait avoir recouvré toute sa force et son courage et elle s'approcha aussitôt de moi.

— Chère Lacey, s'écria-t-elle. Tu es blessée. Nous allons prendre soin de toi...

— Écoutez! dis-je.

Je ne voulais pas perdre un mot de ce que Daniel était en train de dire. Ses paroles s'insinuaient dans mon cerveau embrouillé.

— Anne-Marie St. Pol, nous vous arrêtons pour les meurtres de Brad Elliot et de son frère Henry.

Il procédait à une arrestation civile! Mon cerveau s'éclaircit, et j'essayai de me redresser. Ryan m'en empêcha délicatement.

C'est alors qu'Anne-Marie nous prit tous par surprise. Elle se dégagea de l'emprise de Daniel et s'enfuit en courant, non pas vers le pont, mais vers la rivière, de l'autre côté de l'île. Du côté où elle avait précédemment entraîné Lady Lacey. En atteignant la rive, elle se débarrassa de ses souliers et plongea dans l'eau, puis nagea vers les rapides avec puissance et détermination. Le vent s'était levé et faisait gonfler la rivière dont le grondement s'amplifiait.

Daniel partit à sa poursuite, mais Ryan le rappela.

— Attendez, Daniel! Les rapides sont traîtres de ce côté. Elle va se noyer avant de réussir à s'en dégager. Elle sait ce qu'elle fait. Elle a fait son choix.

D'où j'étais, je ne voyais pas l'eau. Mais, en tendant l'oreille, j'entendis un cri s'élever au-dessus du fracas des rapides, une voix humaine qui se tut brusquement.

Lady Lacey se mit à pleurer et Daniel l'entoura de son bras pour la soutenir.

— Il faut rentrer à la maison maintenant. Nous appellerons la police lorsque nous y serons.

Il la retint doucement alors qu'elle s'affaissait contre lui et il nous jeta un regard avant de s'engager avec elle sur le pont, un regard empreint tout à la fois de tristesse, de triomphe et d'espoir.

Ryan me tenait toujours dans ses bras.

— Une visite à l'hôpital s'impose maintenant, me dit-il.

Mais je me sentais déjà mieux, seulement un peu ébranlée.

— Si vous me ramenez chez Vinnie, elle s'occupera de ma blessure. Je vous promets de voir un médecin demain.

Il essuya ma joue avec un mouchoir propre. Le sang ne coulait plus, je n'étais donc probablement pas sérieusement blessée. Il m'embrassa de nouveau, tout doucement cette fois. Nous traversâmes ensuite le pont nous aussi pour nous rendre jusqu'à la voiture de Ryan.

Épilogue

Lady Lacey a rédigé un nouveau testament dans lequel elle lègue tous ses biens à sa petite-fille, Amelia Elliot. Comme elle ne voulait plus vivre à Charlottesville sans moi, ma mère a emménagé avec Lady Lacey. C'est elle qui s'en occupe maintenant, pas à la façon d'Anne-Marie, mais avec une affection inconnue jusqu'à présent dans la vie de Lady Lacey.

Mes rêves se sont réalisés. Ryan et moi sommes en train de nous faire construire une maison sur Bolivar Heights, tout près de celle de Laura Kelly. J'ai d'abord craint d'annoncer nos projets à Caryl, mais elle a pris la nouvelle de notre mariage avec sa générosité coutumière. Elle m'a avoué avoir été amoureuse de Ryan, tout en sachant qu'il ne partageait pas ses sentiments. Elle m'a donc souhaité d'être heureuse sans me faire de souci pour elle.

Daniel habite toujours dans le cottage derrière la maison de Lady Lacey et il a recommencé à faire de merveilleuses sculptures en bois, y compris une nouvelle tête pour la canne de Lady Lacey. Pas un griffon cette fois-ci, mais un phénix. Egan lui rend souvent visite et il apprend à sculpter des pièces de bois au couteau. Daniel va voir Laura Kelly à l'occasion, mais il dit que ça ne doit pas me donner des idées.

Mon livre pour enfants est presque terminé. J'ai pris beaucoup de plaisir à raconter l'histoire de Harpers Ferry. Ryan trouve que mes cartes imagées sont superbes. Il aime tout particulièrement les petites maisons qui semblent se découper en trois dimensions, le long de High, Potomac et Shenandoah Streets. Encore une fois, nous nous retrouvons au confluent des rivières, point de jonction de trois États. Tout est calme ce soir, et la « Fille des étoiles » scintille en coulant vers sa perpétuelle rencontre avec le Potomac.

Ryan et moi sommes silencieux, à l'écoute de la nuit et du mouvement de l'eau qui nous entoure. Silencieux, mais très proches l'un de l'autre. Nous nous sentons envahis par la présence du passé et du présent qui, réunis comme les deux rivières, nous entraînent vers l'avenir.

Tout près d'ici, il y a bien longtemps, un mélange de brume et de fumée produite par le tir des fusils flottait sur un champ et camouflait les traces d'un drame horrible. Cette fumée vient peut-être à peine de se dissiper, dispersée enfin par la révélation des faits. Les victimes et les coupables peuvent maintenant dormir en paix.

Ryan sent que je deviens mélancolique et il me serre dans ses bras. Je me tourne vers lui. Dans un baiser, nous renouvelons encore une fois l'engagement que nous avons pris l'un envers l'autre. Avec un doux sentiment d'intimité et de confiance, nous repartons vers Shenandoah Street puis remontons la High Street de Harpers Ferry, plongés dans nos rêves.